INFLUÊNCIA NA CARREIRA

Desperte o protagonista que há em você

INFLUÊNCIA NA CARREIRA

Desperte o protagonista que há em você

GIANINI COCHIZE FERREIRA

Publisher
Henrique José Branco Brazão Farinha
Editora
Cláudia Elissa Rondelli Ramos
Preparação de texto
Gabriele Fernandes
Revisão
Vitória Doretto
Renata da Silva Xavier
Projeto gráfico de miolo e diagramação
Lilian Queiroz | 2 estúdio gráfico
Capa
Bruno Ortega
Impressão
BMF

Copyright © 2019 *by* Gianini Cochize Ferreira.
Todos os direitos reservados à Editora Évora.
Rua Sergipe, 401 – Cj. 1.310 – Consolação
São Paulo – SP – CEP 01243-906
Telefone: (11) 3562-7814/3562-7815
Site: http://www.evora.com.br
E-mail: contato@editoraevora.com.br

Dados Internacionais de Catalogação na Publicação (CIP) de acordo com ISBD

F383i	Ferreira, Gianini Cochize
	Influência na carreira: desperte o protagonista que há em você / Gianini Cochize Ferreira. - São Paulo : Évora, 2018.
	296 p.
	ISBN: 978-85-8461-188-1
	1. Administração. 2. Carreira. 3. Coaching. I. Título.
	CDD 658.311
2018-1397	CDU 658.3

Elaborado por Vagner Rodolfo da Silva - CRB-8/9410

Índice para catálogo sistemático:
1. Administração : Carreira 658.311
2. Administração : Carreira 658.3

AGRADECIMENTOS

Agradeço primeiramente a Deus a vida e a possibilidade de contribuir com quem investe em aprendizagem. À minha mãe Maria Helena Ferreira a formação do meu caráter. À minha esposa Patrícia Herrera, que me fez entender e sentir o verdadeiro significado do amor. A todos os entrevistados que acreditaram neste projeto e generosamente abriram espaço em suas agendas para compartilharem sua biografia e conhecimento. Ao amigo Alcir Miguel, que me ajudou a focar e definir o tema do livro. Aos amigos Nilson Cruz e Rodrigo Barros, que me ajudaram a convidar os autores do prefácio e do posfácio. À Márcia Dias, profissional competentíssima que me ajudou com a revisão do livro. Ao amigo Alessandro Paes, que intermediou o início da minha relação com a Editora Évora. Ao amigo Alexandre Santille, que intermediou a entrevista com Allan Cohen. À amiga Lilian Soares, que intermediou a entrevista com Emilio de Mello. Ao amigo Fabio Carleto, que intermediou a entrevista com o empreendedor Sila da Conceição. A Ernesto Haberkorn e Carlos Wizard, por terem aceito, respectivamente, escrever o prefácio e o posfácio do livro. A todos os amigos, consultores, professores, colegas de trabalho, participantes de treinamento, alunos e ex-alunos que participaram da minha história de alguma maneira e me estimularam a escrever este livro.

APRESENTAÇÃO

> Todos os nossos sonhos podem se tornar realidade
> desde que tenhamos a coragem para segui-los.
> *Walt Disney*

OBJETIVO DO LIVRO

Meu objetivo é levar você à posição de protagonista, colocá-lo no centro da influência e ajudá-lo a se posicionar e prosperar na carreira. A proposta é apoiar todos os profissionais, independente da fase em que estão, a se prepararem para tomar decisões mais conscientes sobre carreira, considerando as grandes transformações do mercado de trabalho influenciadas por mudanças demográficas, novas tecnologias, novos modelos de negócios e, principalmente, pela nova visão sobre o sentido do trabalho na sociedade do século XXI.

A DINÂMICA DO PROCESSO DE INFLUÊNCIA

Por que a influência é importante? Porque não mandamos ou controlamos pessoas, e, se desejamos o compromisso delas, precisamos convencê-las, persuadi-las, isto é, influenciá-las. Não prosperamos na carreira sozinhos, dependemos de outras pessoas para fazer as coisas acontecerem, e o oposto também deve ser considerado. As pessoas não nos controlam, apesar de algumas tentarem. Na verdade, elas estão usando da influência para tentar afetar o nosso comportamento. Nesse sentido, o processo de influência tem duas mãos e acontece sempre em relação a algo ou alguém.

O objetivo central deste livro é explicar como funciona esse processo para que você saiba como usar a influência na sua carreira.

HABILIDADE DE INFLUÊNCIA × INFLUÊNCIA EXTERNA

Este livro oferece duas propostas: a primeira é apoiá-lo a compreender o que é e como usar a habilidade de influência na carreira, e a segunda proposta é ampliar sua consciência sobre as forças externas que podem influenciar suas decisões de vida e carreira.

Para desenvolver a habilidade de influência, as pessoas precisam tornar-se mais relevantes no seu meio e criar redes de relacionamento e de colaboração dentro e fora da organização, afinal sabemos que uma carreira vai além dos muros do local de trabalho. Contudo, por diversar razões, muitos profissionais acomodam-se e transferem a gestão de suas carreiras para terceiros. Infelizmente, só valorizam e buscam a rede de relacionamento quando dependem dela, o que representa um erro gravíssimo no processo de influência.

O influenciador pratica deliberadamente o networking de forma objetiva para ampliar as possibilidades de parceria e as oportunidades na carreira.

Sobre as influências externas, precisamos reconhecer que somos frutos do meio, sensivelmente influenciáveis por diversos fatores ao longo da vida, os quais formam nossos valores e visão de mundo. Por vezes podemos nos ver defendendo ideias e crenças que não são originariamente nossas – algumas podem até se converter em "crenças limitantes", barreiras internas que criamos, resultado de experiências e influências externas que nos impactaram de alguma forma. Por meio do autoconhecimento podemos ressignificar crenças que limitam nosso crescimento pessoal e profissional. A jornada do autoconhecimento é um pilar essencial que será explorado principalmente nos capítulos três e quatro.

A ABORDAGEM DO LIVRO

A abordagem deste livro é simples, incisiva e direta, visando valorizar o seu tempo. Tem um tom provocativo com a consciente intenção de provocar inquietude e curiosidade. Em verdade, desejo que o livro converse com você como se eu estivesse ao seu lado.

Quero que cada página agregue valor e, para isso, o conteúdo foi rigorosamente revisado por um time de consultores sêniores – o que me ajudou a selecionar as melhores ideias. Indico as principais referências acadêmicas e do mundo dos negócios sobre o tema. Acima de tudo, desejo imprimir meu estilo e dar espaço a minha própria voz. Compartilho aqui minhas experiências e opiniões para que o livro seja algo vivo, próximo da realidade, para que teoria e prática caminhem juntas.

Eis uma das coisas que aprendi: todas as pessoas podem exercer influência, mesmo caladas. Reputação, presença e postura, muitas vezes, são suficientes para influenciar o comportamento do outro ou do grupo. Esse poder aumenta exponencialmente quando dominamos nossa "competência-mãe": a comunicação.

Chamo de competência-mãe porque diversos aspectos do relacionamento humano se apoiam nela. São filhas da comunicação as habilidades de liderar, negociar, vender, gerenciar conflitos, delegar, dar e receber feedback, argumentar, persuadir etc. Todas elas são necessárias para acelerar uma carreira.

Examine o conteúdo e coloque em prática aquilo que poderá ajudá-lo prontamente. A dica é não tentar aplicar tudo de uma vez, portanto priorize o que pode impactar mais rápido sua carreira.

Minha proposta não é apresentar receitas ou um passo a passo para o "sucesso". Aliás, o que é sucesso para uns pode não ser para outros. O meu papel aqui é selecionar os melhores métodos, princípios, ferramentas e técnicas, priorizando elementos que se fundamentam nas ciências sociais e no comportamento humano.

Você conhecerá os conceitos e as técnicas para argumentar, convencer e persuadir alguém de maneira ética.

Concordo com Owen (2011) quando diz que a melhor aprendizagem ocorre com a experiência. É nesse sentido que este livro colaborará até certo ponto, o restante é com você.

A missão desta obra é tirar você de um aprendizado aleatório – e possivelmente penoso – e apresentar atalhos, encurtar o caminho para alavancar ou reposicionar sua carreira.

Entenda-se atalho como evitar "dar cabeçadas na vida" por falta de experiência, conhecimento e habilidade. Inclusive, vale ressaltar que não estou dizendo que, por ser mais curto, o caminho será mais fácil. A eficácia dependerá da velocidade com que você decidir experimentar cada exemplo à sua realidade e, claro, aprender com isso.

Neste livro, você conhecerá os quatro requisitos para se tornar o protagonista da sua carreira. Além de reforçar a ética no uso da influência, eles servirão para orientar as questões técnicas e as ferramentas que serão abordadas no restante do livro. Mergulharemos no núcleo do processo de influência, local de onde deve emergir de forma consciente a essência de um influenciador.

Parte do conteúdo deste livro é resultado de mais de trinta anos observando os movimentos políticos e sociais de líderes e não líderes com grande capacidade para mobilizar pessoas e recursos para atingir um objetivo. O que aprendi até o momento e desejo compartilhar é consequência de anos de pesquisa sistemática. Desde 2003 tenho atuado como consultor em estratégia e educação corporativa. Já atendi a mais de cem empresas que figuram entre as mais importantes do país e conduzi workshops, palestras e sessões de coaching para mais de dez mil profissionais. Entre os vários temas pesquisados e desenvolvidos, apaixonei-me pelo assunto influência e decidi especializar-me nele.

Minha paixão por influênica é por compreender que influência é vida. Ela não cabe somente no ambiente profissional, já que os conceitos tratam de relações humanas e podem ser aplicados, inclusive, em qualquer ambiente social e familiar, sem nenhum tipo de restrição.

Se você quiser obter êxito em sua carreira e ao mesmo tempo conquistar poder e prestígio para impactar o mundo, esta obra será provavelmente sua companheira nessa empreitada. Saiba que agora é o melhor momento para começar ou recomeçar sua carreira.

COMO O LIVRO ESTÁ ESTRUTURADO

O livro está dividido em onze capítulos, que exploram três focos:

1. Fundamentar o que é influência e quais são os principais fatores que influenciam as decisões de carreira: Capítulos 1, 2, 3 e 4;
2. Incentivar o leitor a dominar os principais conceitos, modelos e ferramentas de influência: Capítulo 5, 6 e 7;
3. Exemplificar aplicações práticas de influência na gestão da carreira: Capítulos 8, 9, 10 e 11.

Capítulo 1

Estimula o leitor a entender o porquê de a influência ser importante e útil para sua carreira e defende as razões para desenvolver a habilidade nessa área. A construção e a sustentação de uma relação de confiança diferenciam uma influência virtuosa de um processo de manipulação. Este capítulo coloca a ética no centro do uso da influência com a intenção de alertar o leitor sobre a tentação de usar as técnicas e ferramentas sem escrúpulos.

Capítulo 2

Fundamenta as diferenças entre emprego, profissão, trabalho e carreira. Uma visão equivocada ou a compreensão tardia desses preceitos pode atrasar, atrapalhar e até inviabilizar o sucesso de uma trajetória profissional. A falta de compreensão, principalmente, entre emprego e trabalho pode fazer que a pessoa parta de premissas equivocadas para tomar decisões sobre a sua carreira.

Há muito tempo a gestão da própria carreira foi delegada a empresas, departamentos de recursos humanos e gestores, ou seja, as pessoas não assumiam o protagonismo das suas próprias vidas, adotando uma postura passiva em relação a seu futuro profissional. Felizmente isso vem mudando, principalmente pela facilidade de acesso à informação, mudança nas estruturas organizacionais e amadurecimento do próprio profissional.

Capítulo 3

Este e o próximo capítulo têm como pilar o autoconhecimento. Elucida os principais fatores que influenciam nossas decisões na primeira fase da carreira. Cada fator pode dar um peso significativo no processo de escolha, gerando riscos, medos, ilusões, decisões sem informação ou tendências de mercado, e até mesmo pressões sociais e familiares. Discorro sobre cada um desses fatores e analiso seus impactos, com o objetivo de ampliar a consciência do leitor para que faça escolhas assertivas. Apoiei-me no conceito que divide os ciclos da vida em Setênios e tratei nesse capítulo até o Setênio dos 14 aos 21 anos, momento das primeiras escolhas profissionais.

Capítulo 4

Completa a visão sobre os Setênios, considerando o aumento da expectativa de vida e o conceito de pós-carreira. Além de trazer as informações e as características de cada ciclo, o capítulo apresenta um resumo do estudo do MIT sobre Âncoras de Carreira. Se o terceiro capítulo enfatizou quais são as bases que influenciam as decisões da primeira fase da carreira, o foco deste capítulo é apoiar o leitor a consolidar, criar marcos e superar as principais transições de carreira.

Capítulo 5

Aborda os quatro requisitos para um profissional se tornar o protagonista de sua carreira. Mergulha no núcleo do processo de influência, local de onde deve emergir de forma consciente a essência de um influenciador. Além disso, reforça a ética no uso da influência. A função dos quatro requisitos é estabelecer diretrizes para orientar a formação de um influenciador.

Capítulo 6

Desenha a roda de competências que, conectadas, capacitam um influenciador. A partir da visão dos principais especialistas sobre influência, foram selecionadas oito competências. Dois critérios foram utilizados para a seleção das competências: meus estudos e experiência profissional, e os traços culturais do mercado nacional.

Capítulo 7

Apresenta dois modelos de influência para apoiar o processo de conquista de aliados e de construção de uma rede de relacionamento sólida para prosperar na carreira. Apresenta dois modelos de influência: o primeiro foi desenvolvido por Alan Cohen e David Bradford no livro *Influência sem autoridade* e conta com as minhas observações para cada etapa do modelo. O segundo modelo foi criado por mim a partir da Tríplice A, elaborada por Les Giblin no livro *Como ter segurança e poder nas relações com as pessoas*. Batizei esse modelo de Pentagrama de Influência. Ele é extremamente simples e poderoso e ressalta que a influência é um processo de conquista e não de disputa – apoiado na psicologia social – e que apresenta diretrizes de relacionamento interpessoal para ganhar a confiança, conquistar a empatia e aumentar a chance de influenciar qualquer pessoa.

Capítulo 8

Explora o conceito de poder e como utilizá-lo. Influência é o poder em ação, por isso é importante saber como mapear as bases de poder dos envolvidos no processo de influência e ter habilidade e prudência em sua prática, ou seja, não basta ter poder, ele precisa ser exercido.

Trata da comunicação, uma vez que por meio dela fluem as táticas de influência. É pela comunicação que influenciamos, persuadimos, convencemos, inspiramos, negociamos, vendemos, delegamos, expressamos nossos pontos de vista e escutamos, percebemos e entendemos a visão do outro e os seus interesses. Praticamente, em influência, tudo passa pela comunicação.

Capítulo 9

Esclarece o conceito dos gatilhos mentais e explica os processos de decisão baseados em reações automáticas. Apresenta um resumo dos seis princípios universais mapeados pela psicologia social, com exemplos aplicados à gestão da carreira.

Capítulo 10

Esse capítulo traz um dos conceitos centrais do processo de influência: Moedas de Troca. O domínio desse tema fecha o estudo sobre os principais pilares que capacitam um influenciador.

Capítulo 11

A parte prática do livro é complementada com a elaboração do Mapa de Influência. A função do mapa é exemplificar a aplicação dos três pilares do processo: Poder, Táticas de Influência e Moedas de Troca. Entender as bases de poder dos envolvidos, exercer poder na medida certa, dominar as táticas de comunicação influente e estar disposto a oferecer algo que o outro valoriza para conquistar o compromisso dele, são passos que edificarão a sua plataforma técnica de influência. A aplicação do Mapa de Influência explora o conceito de 360 graus, direcionando influência para chefes, pares e equipes.

UM ACORDO ENTRE NÓS

Tenho uma ambição: que você, ao ler este livro, sinta que estamos conversando durante a leitura, interagindo. Quero estabelecer um diálogo provocativo e envolvente.

Ao final, o seu feedback será fundamental para o meu aperfeiçoamento. Posso contar com isso?

PREFÁCIO

Atendendo a uma necessidade comum de todos nós, Gianini compartilha com os leitores ideias que ajudam no convívio que temos não só com nossos colegas de profissão, mas também com nossos amigos e familiares, pois influência é um assunto para todas as esferas da vida.

Este livro responde a uma demanda atual e preenche uma grande lacuna de aprendizagem entre profissionais e organizações: a necessidade de criar uma cultura genuína de cooperação.

Com muita propriedade, Gianini revela que a competência mais emergente para atender às constantes mudanças nos modelos de negócio e nas relações de trabalho é o poder de influenciar pessoas.

A obra é um guia prático que nos leva a repensar como obter das pessoas uma atitude que não só melhora o nosso relacionamento, mas que certamente traz benefícios tanto a nós como àqueles que, segundo o livro, conseguimos conquistar. Sem pressão, sem litígio, sem imposição. Apenas com inteligência e com as lições ricamente apresentadas.

Com fluidez e uma dose de provocação, é feito um chamado ao leitor, para que ele se posicione como protagonista, assumindo a responsabilidade e a direção da própria carreira.

De uma maneira clara e objetiva, o livro analisa os problemas e as situações que enfrentamos ao longo de nossas carreiras e propõe soluções que, se não são mágicas, estão ao alcance de todas as pessoas para galgar, degrau por degrau, o caminho do sucesso, do êxito e da conquista.

A colaboração, que tanto desejamos, depende do nosso comportamento ou, como propõe Gianini, da nossa visão do que é inteligência, do que é sabedoria e de como praticá-la de forma natural, transformando assim nossa personalidade.

A inteligência sem sabedoria leva o ser humano ao recuo, ao enfrentamento que gera a competitividade e o desamor. A inteligência, aliada à sabedoria, conduz o ser humano ao altruísmo, à solidariedade, à colaboração e ao respeito pelo semelhante. Além disso, Gianini ainda mostra que precisamos nos reeducar e levar em conta as pequenas atitudes que podem fazer a grande diferença.

Observando a história da humanidade, deparamo-nos com muitas teorias e filosofias que foram criadas visando a convivência e o bem viver das pessoas, mas que nem sempre conseguiram o resultado almejado porque não se levou em conta a complexidade da natureza humana, ou seja, a forma mais adequada de agir nos relacionamentos interpessoais. Diante disso, o ser humano vem sempre procurando uma resposta para a pergunta mais simples e que todos nós um dia indagamos: como posso conseguir o apoio das pessoas que comigo convivem e trabalham? Ou será que as pessoas só pensam em si e buscar a ajuda dos outros é uma utopia? Gianini ensina como alcançar o resultado desejado e explica que tudo depende de como usamos o nosso poder de influência com ética. Ao ler o livro, as dúvidas desaparecem e um novo conhecimento é adquirido, o qual certamente ajuda a mudar nossa vida e carreira.

Os capítulos que ensinam como nosso modo de agir influencia nos relacionamentos que temos são de suma importância, e o texto propõe várias etapas que todos podemos seguir para atingir objetivos. Além de apresentar as bases do processo de influência com grande competência, as entrevistas no fim de cada capítulo trazem exemplos práticos sobre como profissionais distintos usaram a influência no desenvolvimento de suas carreiras.

A teoria é complementada com exercícios práticos e questões para debate e reflexão, levando o leitor a uma jornada de autoconhecimento e aprendizagem. A profundidade dos referenciais teóricos e a qualidade dos exemplos deixam-me seguro para afirmar que esta é a obra nacional mais importante que conheci sobre influência e carreira.

Em minha longa e desafiadora experiência empreendedora, presenciei diversas situações onde a competência de influência fez a diferença. Como sócio-fundador da Totvs influenciei e fui influenciado em diversos momentos do negócio, principalmente nos períodos de grandes decisões.

Atualmente dedico-me a outro empreendimento. Criei um programa de treinamento denominado Netas, que visa melhorar a qualidade de vida das pessoas. Entendo que qualidade de vida passa essencialmente pela gestão dos relacionamentos, tema que foi especialmente abordado neste livro.

Os últimos capítulos trazem um conjunto de ferramentas que facilmente servem como base para a criação de um programa de treinamento e desenvolvimento. Ao final, é apresentada a Carta ao Influenciador, um chamado para que o leitor aplique todo o seu poder de influência. Ela consolida com chave de ouro tudo o que foi apresentado.

Recorra a esta obra sempre que possível para desenvolver sua jornada de mudanças até você transformar os ensinamentos apresentados em hábitos naturais que passarão a fazer parte de sua personalidade e forma de agir.

Boa leitura a todos.

Ernesto Haberkorn
Sócio-fundador da TOTVS e criador do Netas, um programa
de treinamento que visa melhorar a qualidade de vida das pessoas.

SUMÁRIO

CAPÍTULO 1
POR QUE A INFLUÊNCIA É IMPORTANTE EM SUA CARREIRA? 1
OBJETIVO DO CAPÍTULO 1
ACELERANDO SUA CARREIRA 2
COMO A INFLUÊNCIA PODE ACELERAR SUA CARREIRA? 3
ALGUMAS APLICAÇÕES E BENEFÍCIOS 4
    Influenciar seu chefe 4
    Melhorar sua performance 4
    Liderar uma força-tarefa com pessoas de outras áreas 4
    Identificar, ter e usar o poder da maneira correta 5
    Alinhar e negociar prioridades com mais assertividade 5
    Melhorar a performance e aumentar o grau de compromisso de sua equipe 5
    Influenciar pares, encurtando o caminho para atingir suas metas 5
    Formar uma rede de relacionamento dentro e fora da empresa para apoiar momentos de crescimento e transição de carreira 7
CONVERSAS INFLUENTES 7
RESUMO DO CAPÍTULO 9
QUESTÕES PARA DEBATE 10

CAPÍTULO 2
CRENÇAS E PERSPECTIVAS SOBRE CARREIRA 11
OBJETIVO DO CAPÍTULO 11

O QUE VOCÊ QUER SER QUANDO CRESCER?	12
Querer	12
Crescer	13
Ser	13
TRABALHO	14
PROFISSÃO	16
EMPREGO	18
CARREIRA	21
PERGUNTAS PARA REFLETIR	23
UM PEDIDO ESPECIAL	23
CONVERSAS INFLUENTES	23
RESUMO DO CAPÍTULO	26
QUESTÕES PARA DEBATE	26

CAPÍTULO 3
OS PRIMEIROS PASSOS DE UMA CARREIRA

	27
OBJETIVO DO CAPÍTULO	27
AS FASES DA VIDA	28
Minha relação com o tema	28
Os fundamentos	28
OS SETÊNIOS	29
1º Setênio (0 a 7 anos) – Nascer físico, fase infantil	31
2º Setênio (7 a 14 anos) – Nascer emotivo, fase juvenil	32
3º Setênio (14 a 21 anos) – Nascer da identidade, fase adolescente	33
PARA SABER MAIS	36
CONVERSAS INFLUENTES	37
RESUMO DO CAPÍTULO	39
QUESTÕES PARA DEBATE	40

CAPÍTULO 4
CICLOS DE CARREIRA: CONSOLIDAÇÃO E TRANSIÇÕES

	41
OBJETIVO DO CAPÍTULO	41
OS SETÊNIOS	42
4º Setênio (21 a 28 anos) – Fase emotiva	42

5º Setênio (28 a 35 anos) – Fase racional ... 46
6º Setênio (35 a 42 anos) – Fase consciente ... 47
7º Setênio (42 a 49 anos) – Fase imaginativa ... 49
8º Setênio (49 a 56 anos) – Fase inspirativa ... 50
9º Setênio (56 a 63 anos) – Fase intuitiva ... 51
MENSAGEM FINAL SOBRE A ABORDAGEM DE FASES DA VIDA ... 54
ÂNCORAS DE CARREIRA ... 54
PARA SABER MAIS ... 57
CONVERSAS INFLUENTES ... 58
RESUMO DO CAPÍTULO ... 60
QUESTÕES PARA DEBATE ... 61

CAPÍTULO 5
COMO SER O PROTAGONISTA DE SUA CARREIRA ... 63
OBJETIVO DO CAPÍTULO ... 63
REQUISITO 1: SEJA UM INFLUENCIADOR, NÃO UM MANIPULADOR ... 64
REQUISITO 2: SEJA O PROTAGONISTA DE SUA VIDA ... 66
    Círculo de Influência ... 67
    Controles: Direto, Indireto e Inexistente ... 68
    Lócus de Controle ... 69
REQUISITO 3: CONHEÇA E USE SEUS TALENTOS E PONTOS FORTES ... 70
REQUISITO 4: TENHA UM PROPÓSITO FIRME E CLARO ... 71
    Qual seu propósito de carreira? ... 71
PRIMEIRA ABORDAGEM: TÉCNICA ABCD ... 72
SEGUNDA ABORDAGEM: *GOLDEN CIRCLE* OU CÍRCULO DE OURO ... 74
UTILIZANDO O CÍRCULO DE OURO PARA CONSTRUIR SEU PROPÓSITO DE CARREIRA ... 76
CONVERSAS INFLUENTES ... 77
RESUMO DO CAPÍTULO ... 79
QUESTÕES PARA DEBATE ... 80

CAPÍTULO 6
A RODA DE COMPETÊNCIAS DO INFLUENCIADOR ... 81
OBJETIVO DO CAPÍTULO ... 81
O QUE É SER UM INFLUENCIADOR? ... 82

AS CARACTERÍSTICAS DE UM INFLUENCIADOR	83
RODA DE COMPETÊNCIAS DO INFLUENCIADOR	84
Competência 1: Integridade visível	85
Competência 2: Coragem	86
Competência 3: Empatia	87
Competência 4: Comunicação	88
Competência 5: Poder	93
Competência 6: Conexão	95
Competência 7: Inteligência emocional	97
Competência 8: Carisma	100
CONVERSAS INFLUENTES	104
RESUMO DO CAPÍTULO	106
QUESTÕES PARA DEBATE	107

CAPÍTULO 7
COMO CONSTRUIR SUA REDE DE INFLUÊNCIA NA CARREIRA

	109
OBJETIVO DO CAPÍTULO	109
ORIGEM DOS DOIS MODELOS DE INFLUÊNCIA	110
MODELO 1: ADAPTADO DO MODELO COHEN-BRADFORD, DO LIVRO *INFLUÊNCIA SEM AUTORIDADE*	111
Como utilizar o modelo de influência?	113
MODELO 2: PENTAGRAMA DE INFLUÊNCIA	117
Abertura	119
Atenção	122
Aceitação	124
Aprovação	125
Apreciação	125
CONVERSAS INFLUENTES	127
RESUMO DO CAPÍTULO	130
QUESTÕES PARA DEBATE	131

CAPÍTULO 8
PODER E TÁTICAS DE INFLUÊNCIA

	133
OBJETIVO DO CAPÍTULO	133
FUNDAMENTOS DO PODER	134

AS SEIS BASES DE PODER	136
Poder Legítimo	137
Poder de Referência	139
Poder Coercitivo	142
Poder de Recompensa	144
Poder de Especialização	145
Poder de Informação	146
A dinâmica do poder	148
TÁTICAS DE INFLUÊNCIA	148
Meu contato com as táticas de influência	148
Por que dominar as táticas de influência e persuasão?	150
Definindo influência, persuasão e argumentação	151
Referencial teórico sobre as táticas de influência	152
As onze táticas de influência	153
Como usar as táticas de influência	160
CONVERSAS INFLUENTES	161
RESUMO DO CAPÍTULO	164
QUESTÕES PARA DEBATE	165

CAPÍTULO 9
COMO APLICAR OS GATILHOS MENTAIS NA CARREIRA

	167
OBJETIVO DO CAPÍTULO	167
CONTEXTUALIZAÇÃO	168
O QUE É GATILHO MENTAL?	168
DUAS DIRETRIZES PARA O ESTUDO DOS PRINCÍPIOS DE PERSUASÃO	169
OS SEIS PRINCÍPIOS DE PERSUASÃO	169
Princípio da Reciprocidade	169
Princípio da Autoridade	174
Princípio da Aprovação Social	177
Princípio da Escassez	179
Princípio da Coerência e do Compromisso	182
Princípio da Afeição	184
Vantagens e desvantagens dos atalhos	186
Desafios e perspectivas	187
CONVERSAS INFLUENTES	188
RESUMO DO CAPÍTULO	191
QUESTÕES PARA DEBATE	192

CAPÍTULO 10
COMO USAR AS MOEDAS DE TROCA NA CARREIRA — 193

OBJETIVO DO CAPÍTULO — 193
MOEDAS DE TROCA — 194
   Dez características das Moedas de Troca — 195
   Dez formas de como não usar as Moedas de Troca — 196
AS TRINTA MOEDAS MAIS RELEVANTES PARA A CARREIRA — 196
   Moedas de inspiração — 199
   Moedas de operação — 203
   Moedas de posição — 205
   Moedas de relacionamento — 208
   Moedas de autoestima — 212
   Moedas organizacionais — 214
FECHANDO A CAIXA DE FERRAMENTAS — 216
CONVERSAS INFLUENTES — 217
RESUMO DO CAPÍTULO — 220
QUESTÕES PARA DEBATE — 221

CAPÍTULO 11
APLICAÇÕES DE INFLUÊNCIA NA CARREIRA — 223

OBJETIVO DO CAPÍTULO — 223
COMO APROVEITAR AO MÁXIMO ESTE CAPÍTULO — 224
VOCÊ INFLUENTE — 224
CONSTRUINDO A PRÓPRIA HISTÓRIA DE CARREIRA — 225
   Onde quero estar? — 226
   Onde estou? — 229
   Como chegarei lá? — 230
TRANSIÇÃO DE CARREIRA — 251
   Transição de carreira forçada — 252
   Transição de carreira planejada — 252
   Custo da transição — 253
O QUE VEM A SEGUIR? — 254
TENHO UMA CARTA PARA VOCÊ! — 255
RESUMO DO CAPÍTULO — 256
QUESTÕES PARA DEBATE — 256

POSFÁCIO	257
REFERÊNCIAS BIBLIOGRÁFICAS	259
APÊNDICE	
CAIXA DE FERRAMENTAS	263
Exercício 1 – Objetivo de carreira	263
Exercício 2 – Técnica SMART	263
Exercício 3 – Retrospectiva com perguntas de carreira	264
Exercício 4 – Checklist do patrimônio de carreira	264
Exercício 5 – Matriz de Influência na carreira	266
Exercício 6 – Inventário de Influência na carreira	266
Exercício 7 – Mapa de Influência	268

CAPÍTULO 1

POR QUE A INFLUÊNCIA É IMPORTANTE EM SUA CARREIRA?

> *Se a lâmina do machado não está devidamente afiada,*
> *será preciso redobrar a força para fazê-la cortar.*
> *Eclesiastes 10, 10*

OBJETIVO DO CAPÍTULO

O objetivo deste capítulo é demonstrar a relevância da influência para engajar pessoas e ampliar o conhecimento sobre quais situações essa competência deve ser invocada, independentemente de profissão ou área de atuação.

ACELERANDO SUA CARREIRA

> Influência é o poder de ver seu trabalho realizado.
> *Allan Cohen e David Bradford*

Essa definição de influência é a que mais gosto por estar mais próxima do objetivo central deste livro: que você tenha êxito em sua carreira.

Felicidade e sucesso têm relação direta com o sentimento de autorrealização, o que para muitos é o ápice da satisfação em relação à execução de um trabalho.

Para Giblin (1998), seja lá qual possa ser a sua definição de felicidade, uma reflexão o convencerá de que ela, em grande parte, depende do tipo de relação que você mantém com outras pessoas.

Admita, portanto, que sozinho você não é capaz de fazer as coisas acontecerem. Por mais habilidade técnica que tenha, sempre dependerá dos outros. Aliás, ninguém nessa Terra é autossuficiente. É natural na vida em sociedade querermos algo de outras pessoas e elas de nós. Vivemos em uma constante relação de trocas, sejam materiais, sociais ou psicológicas.

Não se sinta culpado por querer ser bem-sucedido por intermédio dessas relações. Obter o que deseja delas é legítimo e natural. Entretanto, como fazer isso é o que o tornará uma pessoa influente ou manipuladora. No Capítulo 5 mostro a distinção entre essas duas abordagens.

Reconhecer essa interdependência possibilita que a qualidade de nossos relacionamentos melhore, porque significa que os outros também podem precisar de nós. A reciprocidade é a base do processo de influência.

Allan Cohen e David Bradford (2012, p. 50) afirmam no livro *Influência sem autoridade*: "Se é verdade que todo mundo espera ser pago de uma forma ou de outra, então é importante analisar esta questão 'de uma forma ou de outra'". Ou seja, todos buscam recompensa naquilo que fazem. Se conseguirmos identificar o que as pessoas querem e oferecer isso a elas, pronto, a conexão estará formada. Dessa maneira, o potencial para ativarmos a reciprocidade aumenta.

Em seu projeto de carreira, muitas habilidades serão exigidas. No início, é natural que o foco esteja no domínio técnico. Mas, conforme a carreira avança, outras habilidades ganham importância, entre elas a habilidade para influenciar pessoas. Contudo, muitos a negligenciam, não dão a ela o real valor até perceberem que dependem dos outros para fazer as coisas acontecerem.

Minha proposta é o apoiar a dominar essa habilidade o quanto antes, pois nunca é tarde para aprender. Neste livro vou mostrar como preencher essa lacuna de aprendizagem, independentemente da fase em que sua carreira está. Porém, lembre-se: nenhum livro substitui a experiência prática. A boa notícia é que influência é uma habilidade universal, com padrões comportamentais consistentes que qualquer um pode aprender.

COMO A INFLUÊNCIA PODE ACELERAR SUA CARREIRA?

Não tenha dúvida: se você melhorar a capacidade de direcionar o comportamento do outro na direção necessária, a chance de obter êxito em sua carreira aumentará.

O problema: Talvez você não saiba ou não tenha consciência, mas já pratica influência sem perceber. O problema é que, sem consciência, você não sabe o quanto domina e como usar. Isso pode atrapalhar seu desenvolvimento profissional, atrasar ou prejudicar sua carreira e/ou seu negócio.

Agora, responda para si a pergunta: como eu conquisto a colaboração das pessoas?

(Reflita um pouquinho.)

Se puder, pare alguns minutos e anote suas ações. Liste pelo menos cinco exemplos e os mantenha com você. Durante a leitura, perceba em que pontos suas ações se encaixam e podem ser fortalecidas a partir das ferramentas apresentadas no livro, ou seja, como utilizá-las de maneira sistematizada. Com isso, você poderá mensurar aquilo que já faz hoje e comparar com a lacuna que deverá ser preenchida.

Anotou? Então vamos adiante.

A solução: acelerar a curva de aprendizagem para progredir de maneira rápida e consistente. Colocar imediatamente em prática o conhecimento e corrigir os possíveis erros naturais do percurso. Com o tempo, o índice de assertividade aumentará.

Lembre-se: saber e não fazer continua sendo não saber, ou seja, para aprender é preciso praticar.

ALGUMAS APLICAÇÕES E BENEFÍCIOS

INFLUENCIAR SEU CHEFE

É imprescindível aprender a lidar melhor com seu chefe, pois influência é uma habilidade que pode ser utilizada em todos os tipos de relacionamento. No âmbito organizacional, existe o conceito de direcionalidade, ou seja, para onde direcionamos a ação de influência. Exemplos: Influenciar o chefe, para cima. Influenciar os pares, para o lado. Influenciar a equipe, para baixo. Atualmente, existem dois conceitos que demonstram como influenciar para cima: *Managing Up* e *Influencing Up*, sendo este último o título de outro livro de Allan Cohen e David Bradford, ainda não publicado no Brasil. Você deve saber, mas corre o risco de negar ou negligenciar o quanto seu chefe tende a ser a pessoa mais influente para acelerar ou travar sua carreira. Ter sabedoria nessa relação é fundamental. Acredite!

MELHORAR SUA PERFORMANCE

Sua performance poderá ser melhor nas seguintes situações:

- Conquistar a cooperação do outro e construir alianças duradouras;
- Conduzir ou participar de reuniões de forma mais influente;
- Planejar e executar apresentações de alto impacto;
- Desenvolver conversas decisivas em qualquer situação.

LIDERAR UMA FORÇA-TAREFA COM PESSOAS DE OUTRAS ÁREAS

As empresas estão cada vez mais se estruturando de forma horizontal e matricial, os níveis hierárquicos estão diminuindo e, muitas vezes, os profissionais estão se tornando multifuncionais.

Talvez você já tenha assumido ou vá assumir a liderança de uma força-tarefa e terá que contar com a cooperação de pessoas de outras áreas que não estão muito comprometidas com o projeto. Este livro fornecerá ferramentas para ajudá-lo a mapear as perdas e os ganhos dos *stakeholders* envolvidos e ter uma comunicação mais persuasiva com eles.

IDENTIFICAR, TER E USAR O PODER DA MANEIRA CORRETA

Esse desafio o levará a entender a dinâmica do poder e aprender a navegar na organização com mais fluidez, desenvolvendo a habilidade política para avançar com projetos e atingir metas.

ALINHAR E NEGOCIAR PRIORIDADES COM MAIS ASSERTIVIDADE

Toda organização é um extrato da sociedade, as pessoas tendem a priorizar seus objetivos pessoais e de suas áreas e, por vezes, evitar compromissos que prejudiquem o seu dia a dia. Neste desafio, você aprenderá a elaborar um Mapa de Influência para se preparar para o exercício da influência, identificando, alinhando e negociando prioridades com mais assertividade.

MELHORAR A PERFORMANCE E AUMENTAR O GRAU DE COMPROMISSO DE SUA EQUIPE

A essa altura, se você é líder, já percebeu que o poder do crachá é limitado. O cargo pode dar poder e, ao mesmo tempo, limitações se não souber usá-lo. É essencial entender as aspirações de carreira de cada liderado e qual é o canal de comunicação para conquistar sua cooperação. O melhor poder é aquele delegado pela equipe. Isso, sim, é o que legitima um líder. Veremos algumas diretrizes de como se tornar um líder assim.

INFLUENCIAR PARES, ENCURTANDO O CAMINHO PARA ATINGIR SUAS METAS

Dependendo de sua posição e do momento de carreira, você tem ou terá várias interfaces, sendo que, na maioria delas, não há nenhum poder formal para exigir algo das pessoas. Terá de influenciá-las. O caminho mais desgastante para isso é escalar a hierarquia, solicitando que seu gestor fale com o gestor do alvo, para que ele faça o que você precisa.

O problema desse modelo é que a empresa fica lenta, e uma empresa lenta é uma empresa cara. Ao final, mesmo atingindo o resultado, a relação com essa pessoa tende a ficar fragilizada, aumentando a resistência dela em um próximo contato. Dominar as ferramentas de influência o ajudará a encurtar esse caminho e construir relações colaborativas. Veja a diferença entre as Figuras 1.1 e 1.2.

Figura 1.1   Escalando a hierarquia

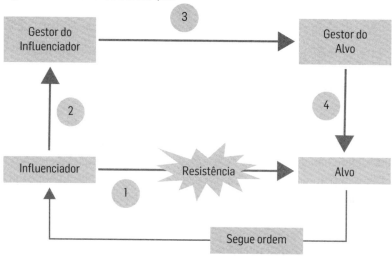

Fonte: O autor.

Figura 1.2   Influência direta

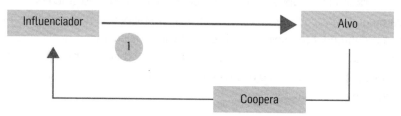

Fonte: O autor.

Com os pares, o poder do cargo é quase nulo e você deve, portanto, aprender a exercer influência sem autoridade. Dependendo de sua matriz de relacionamento e das interfaces que possui, posso afirmar que cerca de 85% de seu sucesso dependerá de quatro coisas:

- Clareza de seus objetivos;
- Inteligência emocional;
- Qualidade e tamanho de sua rede de influência;
- Capacidade para influenciar pessoas.

FORMAR UMA REDE DE RELACIONAMENTO DENTRO E FORA DA EMPRESA PARA APOIAR MOMENTOS DE CRESCIMENTO E TRANSIÇÃO DE CARREIRA

É determinante entender que a empresa é um núcleo social objetivo, um extrato da sociedade com propósitos e metas preestabelecidos. Nesse núcleo social existe uma estrutura política, desenvolvida e vivenciada a partir do interesse de todos os envolvidos. Uma pessoa influente é uma pessoa relevante porque gera valor no meio em que atua. Lembre-se: no ambiente de negócios, todos têm algum tipo de interesse.

Os autores Ferris, Davidson e Perrewé, no livro *Political Skills at Work* [Habilidades políticas no trabalho], explicam que astúcia social, ou seja, saber o jeito certo de lidar com diferentes perfis de pessoas, desenvolvimento da rede de contatos, sinceridade e poder de influência são os quatro pontos fundamentais que balizam as habilidades políticas de um profissional.

O desafio é mapear o que cada um ganha ou perde e como você pode interagir nesse meio sendo ético. As habilidades técnicas aumentarão o seu poder de expertise, mas, para ser um profissional completo, a habilidade social é o que fará diferença para sua ascensão e transição de carreira no mercado de trabalho.

CONVERSAS INFLUENTES

Convidado: Marco Antonio Campos
Biografia: Diretor-executivo de recursos humanos na Allianz Seguros

Gianini – Qual o papel da influência na construção de sua carreira?
Marco Antonio – Entendo que depois da resiliência, a influência exerceu e ainda exerce um papel fundamental em minha carreira, pois, sem influenciar pessoas, seja por meio de atitude/comportamento, seja por *know-how* técnico, nenhum profissional sobrevive nos dias atuais. Num longo histórico de carreira nos deparamos com pessoas de diferentes personalidades e competências. É fundamental saber lidar com cada perfil para a conquista da confiança do outro. Dedico-me a essa conquista para que num segundo passo possa exercer a influência. A influência é uma troca. Influenciamos e somos influenciados.

Gianini – Você desenvolveu o modelo de carreira vertical na Allianz, começando como office boy até chegar à posição atual de diretor de recursos humanos. Como a influência contribuiu em sua jornada?

Marco Antonio – Exercito o poder de influência diariamente em todos os contatos profissionais. Do contrário, não teria uma ascensão em uma empresa multinacional, ou mesmo não sobreviveria se não tivesse crescido profissionalmente. É necessário recorrer à rede de relacionamento, pois dificilmente se desenvolve algo de sucesso para outros sem antes consultar e sensibilizar pessoas que possam influenciar o "sim". Em minha jornada, cada reconhecimento que tive, tanto por promoções, ajustes salariais, como por elogios e outros, é fruto de influências positivas que exerci com os diversos gestores que me reportei. Entretanto, a influência precisa ser sustentável, para isso tive que construir relações de confiança com as pessoas que faziam parte da rede de relacionamento em cada fase da minha carreira.

Gianini – Qual pessoa na organização exerceu maior influência em sua história profissional e porquê?

Marco Antonio – Várias pessoas tiveram influência na minha história profissional, algumas como exemplo do que fazer e outras do que não fazer. Porém duas se destacaram de modo positivo, ambas pelo comportamento ético e profissional em todas as suas atitudes. Lembro até hoje com muito carinho da Flora, que em minha adolescência evitou que eu tomasse uma decisão precipitada e infantil quando pensei em sair da empresa após pouco mais de um ano. Lembro-me de que todos tinham muita admiração e respeito por ela, por sua integridade. A segunda pessoa que me influenciou foi o Jean-Marie Monteil, um CEO de nacionalidade francesa que inspirou vários bons profissionais que conheço. Ele assumiu a empresa nos anos 1980 e transformou o que mais parecia ser uma estatal numa empresa rentável e desejada por todos os profissionais do mercado de seguros. Ele foi um executivo sempre presente e atuante em todas as decisões. Um profissional que enxergou muito além do seu tempo e influenciou seu time na busca de qualidade, gestão participativa e criação de um ambiente organizacional extremamente bom, dentre outros. Procuro me espelhar nas atitudes desses dois profissionais durante toda a minha carreira profissional.

Gianini – As organizações estão se tornando menos burocráticas e as relações mais horizontais e matriciais. Nesse cenário a habilidade de influência ganha cada vez mais relevância. Como é isso na cultura da Allianz?

Marco Antonio – A Allianz tem um modelo estratégico de negócio que se baseia fundamentalmente na simplicidade. Isso se aplica aos seus produtos, aos seus clientes diretos e indiretos e consequentemente à estrutura organizacional. Esse modelo de hierarquia com poucos níveis é mais eficaz, pois torna as decisões mais ágeis e rápidas de serem implementadas. Colaboração é fundamental entre as áreas para se manter a agilidade e entrega rápida e de qualidade para nossos clientes. Ter profissionais com poder de influenciar suas equipes em prol de um objetivo comum é o grande segredo do sucesso.

Gianini – Quais os principais desafios de influenciar as novas gerações, considerando as etapas de atração, desenvolvimento e retenção de talentos?
Marco Antonio – As novas gerações já vêm com um modelo mental diferente, que em comum podemos destacar três características: "Quero ser feliz", "Quero ser reconhecido rapidamente", "Meus pais me deram tudo, por que esse patrão não me dá?". As empresas têm que estar preparadas para isso. Não simplesmente para atender e gerenciar as expectativas da nova geração, mas principalmente para ajudá-la no complemento da educação e formação profissional. Para isso é fundamental a diversidade. Jovens devem conviver com Baby Boomers, com pessoas com necessidades especiais e com outros que pensam diferente deles para que passem a enxergar o mundo não somente por sua ótica, mas de forma mais diversificada.
O segredo para atrair as novas gerações é ter uma marca de credibilidade com consciência social além do básico, ou seja, uma marca desejada. Para desenvolvimento, é necessário quebrar paradigmas e estruturas predefinidas de cargos e salários das empresas. Temos que ser rápidos na resposta e no reconhecimento dos talentos. Por vezes as empresas quebram regras para trazer talentos de mercado e não fazem o mesmo para reter os que já possuem. Os talentos das novas gerações são movidos por desafios, portanto temos que alimentá-los com isso e reconhecê-los à medida que superam desafios cada vez maiores.

RESUMO DO CAPÍTULO

Objetivo
Demonstrar a relevância da influência para engajar pessoas e ampliar o conhecimento sobre em quais situações esta competência deve ser invocada, independente da profissão ou área de atuação.

Definição de influência
É o poder de ver seu trabalho realizado (COHEN; BRADFORD, 2012).

Por que influência?

Porque não mandamos ou controlamos pessoas, e, se desejamos o compromisso delas, precisamos convencê-las, persuadi-las, isto é, influenciá-las. Ser uma pessoa influente é aumentar nossa relevância para ter mais condições de impactar o mundo positivamente.

Como a influência pode acelerar a sua carreira

Segue uma lista de benefícios que podem acelerar sua carreira:

- Influenciar seu chefe;
- Melhorar sua *performance*;
- Liderar uma força-tarefa com pessoas de outras áreas;
- Identificar, ter e usar o poder da maneira correta;
- Alinhar e negociar prioridades com mais assertividade;
- Aumentar o grau de compromisso de sua equipe;
- Influenciar pares, encurtando o caminho para atingir suas metas;
- Formar uma rede de relacionamento dentro e fora da empresa para apoiar momentos de crescimento e transição de carreira.

Conversas influentes

Próximo capítulo

No próximo capítulo você conhecerá a diferença entre trabalho, profissão, emprego e carreira. Tais distinções são essenciais para entender seu modelo de negócios pessoal. Esse conhecimento o ajudará a perceber as grandes possibilidades de carreira para que você tenha mais mobilidade diante da velocidade das mudanças nos modelos de trabalho.

QUESTÕES PARA DEBATE

1. Por que influência é importante em sua carreira?
2. Quais as aplicações dela em sua carreira?
3. Quais os principais benefícios que a influência pode trazer?
4. Como você influencia as pessoas no trabalho?

CAPÍTULO 2

CRENÇAS E PERSPECTIVAS SOBRE CARREIRA

> Minha fórmula geral para os meus alunos é:
> "Siga sua felicidade".
> Encontre onde ela está, e não tenha medo de segui-la.
> *Joseph Campbell*

OBJETIVO DO CAPÍTULO

O objetivo deste capítulo é fundamentar as diferenças entre emprego, trabalho e carreira. Normalmente, as pessoas confundem emprego com trabalho, e a compreensão da distinção desses dois conceitos é primordial para o processo de escolha da carreira.

Este capítulo visa provocar algumas reflexões no leitor sobre a sua visão de mundo e a sua relação com o trabalho. Uma maior compreensão de si mesmo e dos modelos de trabalho podem ser libertadores para explorar novas possiblidades de realização pessoal e profissional.

O QUE VOCÊ QUER SER QUANDO CRESCER?

De certa forma, boa parte de nós, em algum momento, fez ou terá de fazer alguma escolha sobre a carreira. Sobre cursar ou não um curso superior. E, se sim, que faculdade fazer? Muito tempo, dinheiro e energia são investidos nessa fase da vida. É um período de muita ansiedade em busca da resposta para a seguinte pergunta: qual profissão vou exercer?

Entender as diferenças entre trabalho, profissão, emprego e carreira é crucial para ter mais clareza nas decisões que impactarão parte ou toda uma vida. Escolher "errado", sem critérios e conhecimento, gera angústia e faz muitas pessoas pularem de um curso para o outro tentando se encontrar. É triste ver que muitos, mesmo assim, não se encontram. Outro aspecto lamentável é o alto índice de evasão, relacionado a pessoas que desistem de um curso superior por não se encontrarem em um universo acadêmico cada vez mais descolado da realidade do mercado e das necessidades de aprendizagem. Há ainda os que concluem o curso, mas não exercem a profissão. Enfim, são muitas variáveis que influenciam o processo decisório nessa fase da vida.

A não compreensão dos conceitos centrais deste capítulo pode impactar todas as fases de construção de uma carreira. Desde como se preparar para uma transição, devido à constante ameaça de defasagem profissional, até uma "aposentadoria" antecipada ou malgerenciada. Além disso, há o impacto que as decisões de trabalho podem gerar nos relacionamentos e na educação dos filhos. Ou seja, estamos falando de vida, e o assunto é muito sério.

No momento, vamos nos lembrar de nossa resposta e do grau de compreensão que tínhamos sobre o assunto quando nos fizeram a seguinte pergunta pela primeira vez: o que você quer ser quando crescer? Vamos nos deter em partes importantes dessa pergunta poderosa.

QUERER

Imaginamos que o "querer" deva ser a base da decisão, que seja movido pelo o que nos atrai, por aquilo que admiramos. Neste caso, a resposta vem de dentro, baseada em interesses e vontades. Ao responder a esta pergunta na infância, poucos têm consciência sobre as responsabilidades e os desafios de qualquer profissão. Quanto vamos ganhar com isso? Bem, normalmente, a inocência nem sequer resvala nesta preocupação.

CRESCER

Normalmente quando a fazemos para uma criança, o tom da pergunta refere-se ao crescimento físico, mas é óbvio que o "crescer" é muito mais amplo. Também crescemos em conhecimento e compreensão do mundo, o que nos dá oportunidade para amadurecermos emocionalmente para encarar os desafios da vida adulta. Quando a criança cresce, esperamos que ela tenha conhecimento suficiente para tomar as próprias decisões e assumir as consequências. Esperamos que cada criança seja o piloto da própria vida e não um refém do sistema de trabalho.

SER

Uma vez, ouvi a seguinte resposta para a pergunta que estamos explorando: "Não entendi a pergunta, quando eu crescer eu não vou ser eu mesmo?". O que achou da resposta em formato de pergunta? Profunda, não? Por trás dela existe muita sabedoria.

Você talvez esteja pensando que estou introduzindo um pouco de filosofia ao texto, e talvez espere algo mais pragmático, com respostas e informações mais objetivas, que respondam mais a como você pode melhorar seu processo de escolha de profissão. Porém, o que é a filosofia senão a arte de elaborar perguntas para compreender melhor a realidade?

Na fase adulta podemos nos deparar com muita confusão e crise de identidade quando não conseguimos separar o nosso "eu" de nossa profissão. Muitos realmente não conseguem definir quem são sem colocar a profissão em primeiro lugar. Tanto é que a pergunta-chave que muitos ensinam para começar uma conversa persuasiva é: "O que você faz?". Geralmente, ao respondê-la expressamos nossa autodefinição.

Como essa pergunta ressoa dentro de você? Como trabalho, emprego, profissão e carreira definem quem você é?

Espere um pouco, então a conversa é muito mais profunda e séria do que eu estava imaginando. Você está querendo dizer que o meu conceito sobre essas coisas pode reforçar o conceito que tenho sobre mim mesmo? Meu autoconceito?

Sim, exatamente isso. Espero ter alcançado de maneira genuína sua essência, para que juntos possamos explorar algumas visões para você ajustar suas escolhas na vida. Vamos lá?

Primeiro vamos reconhecer alguns fatos. Mesmo antes de responder a "o que você quer ser quando crescer?", já tinha gente o observando e conversando sobre o seu futuro. Seus pais, certamente, conversaram sobre isso entre eles e com outros que fizeram parte do ciclo social durante sua infância e adolescência, observando seus comportamentos e aptidões para especular sobre sua profissão. "Eu acho que ele(a) tem jeito para...". Nosso primeiro ciclo social, em sua maioria familiar, representa a primeira e uma das mais fortes influências sobre o que gostaríamos de ser no futuro. Ainda que seja por uma pressão indireta ou pelo simples desejo de agradar aos pais.

Reconheço que isso pode ter acontecido comigo. Agora vamos lá: entender a distinção entre trabalho, profissão, emprego e carreira pode ajudar a pessoa a corrigir a rota em qualquer momento de sua vida?

Sim e não. Sim, porque essa base norteará o entendimento sobre as outras variáveis, entre elas o respeito à sua fase de vida. Não, ou talvez não, porque mudar essa ordem exige sacrifício, desapego, clareza de propósito e disponibilidade para aprender algo novo. Percebe que esse caminho de mudança não é simpático para muitas pessoas? A raiz desses desafios está nas crenças e nos valores de alguém. E, nesse aspecto, devemos respeitar as escolhas e não definir o que é certo ou errado.

Agora convido você a entender as diferenças e, no fim deste capítulo, voltaremos a conversar sobre algumas possíveis conclusões.

TRABALHO

Trabalho é transformação. É o uso das capacidades humanas para servir a um propósito. Sob uma perspectiva mais ampla, é servir a sociedade em suas necessidades e seus desejos. É o ato de transformar e melhorar as coisas, as pessoas e a sociedade. Bem, pelo menos deveria ser assim. No trabalho, em tese, são depositadas todas as capacidades físicas, emocionais e mentais para servir, aprimorar e entregar algo de valor para alguém. O trabalho não necessariamente é remunerado. Você pode produzir algo para beneficiar somente a si mesmo, sem gerar situações de troca com ninguém, como cultivar sua própria horta e beneficiar-se do alimento.

O trabalho é um processo de autodescoberta. Por meio dele ampliamos nossa perspectiva de vida. Nele, normalmente, buscamos significado, propósito e alinhamento com a nossa vocação, o chamado que nos atrai.

Entendo que não existe um único significado de trabalho. A relação que cada um pode ter com ele muda de acordo com crenças e experiências. Entretanto, é possível encontrarmos algumas pistas de identificação geral.

No livro *Business Model You*, Tim Clark dá algumas definições interessantes que eu gostaria de compartilhar por mais se aproximarem de minha visão sobre o trabalho como uma fonte de realização pessoal.

Clark (2013, p. 125) afirma que "pessoas que veem o trabalho como realização podem escolher carreiras não convencionais que favoreçam interesses pessoais sobre a recompensa financeira, reconhecimento ou prestígio. Tal trabalho pode ser uma importante fonte de sentido na vida".

Concordo e estimulo as pessoas a encontrarem significado no trabalho, pois nele vivemos a maior parte de nossas vidas. E viver todo esse tempo sem propósito não faz sentido. Pelo menos para mim.

Entre os pontos de vista sobre trabalho, eu, particularmente, também gosto e concordo com Geofrey Bellman (1993, p. XXVII) quando ele diz na introdução do livro *A vocação do consultor* que: "[...] o trabalho, ainda que essencial para a vida, não é a vida". Por mais importante que ele seja, temos que colocá-lo dentro de uma perspectiva maior para evitar desilusões. Você não é o seu trabalho, ele é uma parte da sua vida que acontece dentro de um horizonte de tempo. Ele normalmente torna-se um dos maiores consumidores do tempo, da vida. Portanto, equilibrá-lo com outros aspectos da absoluta brevidade da existência trará mais plenitude, paz de espírito e felicidade. Enxergue por essa perspectiva.

O desenvolvimento de nosso potencial está intimamente ligado com aquilo que pode nos proporcionar prazer durante a ação. É aceitável que ao longo da vida façamos sacrifícios. Entretanto, se você conseguir conectar cada sacrifício ao seu chamado, o esforço valerá a pena. Quando temos um senso de direção, criamos uma visão de longo prazo, essencial para respondermos a alguns porquês do agora. E um deles é: por que dedico meu tempo a esse trabalho? Por quê?

Outra visão sobre trabalho vem da contribuição dos franceses. Eles aplicam a palavra *métier*, que na origem significa "ministério" ou "serviço", para dirigirem-se ao trabalho de suas vidas. Nesse sentido, trabalhar é um ato de servir.

Pessoalmente, sou mais atraído pelo conceito de trabalho do que pelos outros três. Mas isso também tem relação com minha Âncora de Carreira, conceito sobre o qual conversaremos no Capítulo 4.

PROFISSÃO

Profissão está normalmente relacionada com ocupação e pode ou não estar atrelada a um curso técnico ou de graduação. Nesse sentido, um profissional pode ter diversas ocupações. No meu caso, como "administrador formado", durante algum tempo exerci as ocupações de executivo (carreira corporativa) e professor (carreira acadêmica) e também empreendi criando uma pequena empresa de consultoria em gestão.

Em todas as ocupações, as competências que adquiri em minha formação acadêmica, somadas às experiências práticas, contribuíram para meu desempenho. Dessa maneira, quando tenho que preencher um formulário para responder qual é a minha profissão, tenho as seguintes opções: professor, empresário ou consultor empresarial. A resposta a essa pergunta de vez em quando muda, dependendo de qual atividade está me demandando mais trabalho em determinado período. Hoje, por exemplo, uma das minhas atuações é como coach de carreira. Isso é uma profissão? Se sim, é passageria ou tem durabilidade? Enfim, a identidade profissional se constrói e muda de acordo com a ocupação.

O assunto não sou eu, mas esses exemplos têm um objetivo prático: ajudar você a ter algum parâmetro para refletir sobre seu caminho, sua profissão e perceber que o tema é mais complexo que qualquer teste vocacional. Outro exemplo para ajudar: uma pessoa formada em psicologia pode atuar como professor, analista de recursos humanos, psicoterapeuta etc. E existem casos cada vez mais comuns em que as pessoas se formam em profissões que não exercem. Muitos advogados e engenheiros, por exemplo, não ocupam funções afins às suas graduações. Acabaram escolhendo ou "sendo escolhidos" para funções administrativas nas áreas de finanças, planejamento, vendas, entre outras. Aliás, no Brasil, temos muitos engenheiros trabalhando em bancos.

A sociedade aceita a definição de uma profissão de acordo com a formação acadêmica da pessoa. Contudo, fica evidente que essa única perspectiva não é suficiente para definir uma profissão, e muito menos a identidade de uma pessoa no mundo. Este é um grande equívoco social. Quantas pessoas ocupam profissões importantes sem ter formação superior? A profissão se deu na prática, a partir de experiências, influências e aptidões, tais como: pintores, pedreiros, mecânicos, fotógrafos e o clássico exemplo de jogadores de futebol. E o que falar do profissional de vendas? Se você participou de algum workshop ou palestra direcionada a vendedores, talvez já tenha ouvido a seguinte frase clichê: "Não existe faculdade de vendas, vendedor se forma na vida".

Outro exemplo para o ajudar: adquiri o *Guia do Estudante Profissões*, edição 2016, para estudar o tema profissões. Resumi abaixo como os conceitos que estamos discutindo são mencionados na capa do guia. Perceba a ênfase nas palavras em *itálico*:

"Como escolher. O que levar em conta para chegar à *profissão* certa."

"No *emprego*. Raio-X do mercado de trabalho em todas as áreas."

"*Profissões*. Vestibular 2016."

"*Carreiras*. Encontre o curso superior que mais combina com você."

Percebeu que na capa misturaram tudo? Profissão, trabalho, carreira e emprego. Concorda comigo que a capa gerou mais confusão e não ajudou muito? Porém, como minha proposta não é travar um debate conceitual com especialistas do assunto, vamos "acordar" um caminho para direcionar nossa conversa. O convencional diz que a profissão de alguém será determinada pelo curso superior que escolher, entretanto, se isso vai mudar no futuro é outra história – e sobre essa mudança já fornecemos algumas dicas. Resumindo: o ensino superior está focado na formação de um profissional para o mercado de trabalho. Ponto!

Qual o valor social de nossa conversa? A questão é que muitos jovens desconhecem o que estamos discutindo neste capítulo e, geralmente, sentem-se despreparados para tomar a decisão do que cursar. Quem chega nesse estágio de formação vive um dos momentos mais angustiantes: decidir algo que pode impactar toda a sua vida. Dedicam anos em uma sala de aula, cumprindo um currículo que pode não ter correlação com sua trajetória de carreira. Triste? Sim. Mas faz parte da realidade de muita gente.

Como mencionei, parte desse dilema tem a ver com nossa identidade. A sociedade, muitas vezes, para dar significado à existência de alguém, pergunta: "O que você faz?". Alguns entendem que aquilo que você faz define quem você é.

Perceba que normalmente, quando alguém está sendo entrevistado por alguma emissora de TV, no rodapé aparece: "João da Silva, contador". Para apresentar a pessoa ao público o padrão é informar o nome e a profissão. Viajo muito a trabalho e aprendi a me divertir com os formulários de hotéis. Um campo comum nesses formulários é o "profissão". Em alguns momentos não foi fácil preenchê-lo.

Vou lhe contar sobre uma possível crise de identidade profissional quando eu tinha que preencher esse campo. No caminho que escolhi, a resposta sempre dependia do meu estado de espírito e do que estava ocupando mais minha agenda no momento. Administrador? Consultor? Palestrante? Empresário? Professor? Para resolver essa dúvida, decidi simplificar e hoje respondo "professor" em todos os formulários.

E você, como preenche o campo profissão?

As profissões no mercado formal são regulamentadas pelo Ministério do Trabalho e Emprego (MTE), por meio da Classificação Brasileira de Ocupações (CBO),[1] que visa proteger os direitos dos trabalhadores ao estabelecer critérios para as relações entre empregados, empregadores e sindicatos. Essa perspectiva não tem relação com o objetivo deste livro, mas julguei necessário citá-la para informar o caminho, caso queira se aprofundar no assunto. Vamos em frente!

EMPREGO

O emprego é uma forma inventada pelo e para o homem passar parte do tempo de sua vida trabalhando vinculado a um contrato formal de trabalho, para um empregador que lhe remunera de acordo com o tempo, competências e resultados do trabalho. Com a predominância e a expansão do regime capitalista no mundo, os contratos de trabalho baseados no emprego atendem a um modelo patrão-empregado. Em meu ponto de vista, das quatro dimensões que estamos discorrendo, esta é a mais deprimente. Como quase tudo no mundo moderno, o emprego é tratado como um índice totalmente influenciado por questões políticas, econômicas, tecnológicas e demográficas de envergadura global. E não devemos olhá-lo como um conceito em si mesmo, mas sim como parte integrante e opcional das outras três dimensões: trabalho, profissão e carreira.

O emprego está associado a medo e preocupação. Muita dor é causada nessa perspectiva, que é a que mais me incomoda. Posso citar um exemplo clássico do terrorismo em volta do tema: em 1996, Jeremy Rifkin publicou o livro *O fim dos empregos*. Uma visão alarmista que mereceu e continua merecendo atenção sobre o impacto das tecnologias na sociedade. Computadores, robótica, telecomunicações e outras tecnologias da Era do Conhecimento estão rapidamente substituindo pessoas em diversos setores e mercados. Além do desemprego ser algo estrutural e sistêmico, muitas pessoas também ficam desempregadas por não se atualizarem e, principalmente, por não repensarem formas criativas de trabalho e renda.

---

1 Classificação Brasileira de Ocupações (CBO). Disponível em: <http://www.mtecbo.gov.br/cbosite/ pages/saibaMais.jsf,>. Acesso em: 10 abr. 2017.

O fato é que o processo se tornou muito mais dinâmico do que todos os agentes sociais envolvidos são capazes de lidar. Em minha visão, governo, empresas, universidades e famílias estão míopes e reativas sem saber lidar com os desafios do século XXI. Entendo que todos nós estamos falhando e as razões são as mais diversas, mas isso não altera as perspectivas nada animadoras.

Na Era Industrial, os trabalhadores eram tratados como máquinas, tinham "manuais do empregado", ou seja, não precisavam "pensar", tinham que executar uma sequência de movimentos predeterminados. Eram reconhecidos pela descrição dos cargos e não como pessoas. Reconheço que esse paradigma ainda não mudou totalmente, mas que, na Era do Conhecimento, esses aspectos são ultrapassados e insuficientes tanto para a manutenção de um emprego quanto para a estratégia de uma carreira. A Era do Conhecimento é mais veloz e repleta de incertezas, e isso tem assustado empregados e empregadores. Empresas e empregos deixam de existir rapidamente, enquanto empreendimentos da economia moderna chegam a valer bilhões em um horizonte de tempo até vinte vezes menor que o de empresas que demoraram séculos ou décadas para se consolidarem. O emprego "para toda a vida" praticamente acabou e dificilmente retornará. É um mundo novo que precisa de pensamentos novos. É a primeira vez que um deslocamento do modelo de trabalho acontece em proporções globais. Portanto, precisamos de novas perguntas para nos guiarmos.

Defendo que pode faltar emprego, mas nunca faltará trabalho. Essa é a minha visão mais animadora sobre as mudanças. Convido você a ressignificar esse tema em sua vida. Quem procura emprego tem um currículo. Quem procura trabalho tem uma proposta clara de valor para o mundo, dentro ou fora de uma organização.

Quem vive dentro de uma perspectiva só do emprego pelo emprego pode estar desperdiçando seu potencial. Se não exploramos nossas potencialidades, perdemos a trilha de nosso valor. Viver o paradigma do emprego pode deixá-lo obsoleto. Não seja a descrição de um cargo!

Por necessidade, você pode ingressar ou estar em um emprego. Todavia, lembre-se: nunca deixe de ouvir o chamado. Enquanto houver vida, haverá oportunidade. Em uma carreira, algumas etapas podem ser preenchidas com empregos – e não há nada de errado nisso, desde que encare com consciência estratégica. Até meus 29 anos, também tive meus empregos, e isso fez bem para minha carreira.

Conhece alguém ou já enviou um currículo para uma empresa sem ter conhecimento a que setor ela pertence, que mercado disputa, quem são os concorrentes? Se ela faz parte de um conglomerado, se é nacional ou global? O que a empresa produz, como distribui e vende? Quem não se interessa por essas questões procura mais um emprego do que um trabalho.

Ao pesquisar uma profissão, procura-se saber qual a remuneração média. Ao buscar um emprego procura-se saber qual é a oferta salarial. Ao escolher um cargo público, os anunciantes de cursos e concursos fazem questão de incluir salário inicial e às vezes até que patamar pode chegar a remuneração no plano de carreira da organização. Resumindo: a perspectiva financeira cega o candidato. O que ele vai fazer lá? Como é a dinâmica do trabalho? Quais competências serão exigidas? Deixemos isso para depois, primeiro é preciso passar no concurso.

Quando a busca exclusiva por um emprego é o que norteia a pessoa, ela pode deixar de lado variáveis importantes como realização profissional e senso de utilidade social. Quando para ser alguém a pessoa precisa "estar empregada", ela acaba aceitando qualquer tipo de emprego. Com o tempo ela corre o risco de não encontrar uma identidade profissional, passando a vida por ocupações vazias e sem sentido.

Reforço: empregos podem aprisionar pessoas em caixinhas e descrições de cargos, deixando-as em estado vegetativo até chegarem à aposentadoria. A intenção de ficar na organização por 25 ou trinta anos mudou, embora tenha consciência de que essa ideia ainda persiste em algumas regiões do país, também pelos valores de alguns sobre o que significa trabalho.

Pensando na construção de uma trilha de carreira, para alguns o emprego pode ser interessante para adquirir experiência ao dar os primeiros passos em busca de desenvolvimento de habilidades e de amadurecimento pessoal. Tenho diversas críticas à visão restrita que muitos têm sobre o emprego, depositando nele o seu "porto seguro". Alguns procuram "segurança" acima de tudo. Não é um erro, é só uma visão diferente que atende a um tipo de expectativa também conhecida como Âncoras de Carreira, tema que trataremos no Capítulo 4.

O último ponto que quero abordar sobre emprego é o sonho de jogar tudo para o alto em algum momento e começar uma nova carreira, libertando-se das garras do patrão ou do chefe e tornando-se o dono do próprio negócio.

Ser patrão, empresário, empreendedor é sinônimo de sucesso? Com o boom do empreendedorismo no mundo e no Brasil, iniciou-se uma tendência de muitos quererem tornar-se "o patrão", talvez supondo que consigam ter mais liberdade em sua agenda, mais tempo de folga e regalias. Ledo engano. Ex-empregados não imaginam o tamanho do desafio de empreender. Junto com o suposto bônus, toda posição na vida traz consigo também o ônus. A tal liberdade dependerá muito de firmeza de propósito, disciplina e competências, sendo a capacidade para influenciar o outro a principal entre elas.

CARREIRA

Chegamos ao conceito central deste capítulo. Carreira pressupõe uma trajetória que soma experiências e ocupações. Ela constrói nossa linha do tempo, conectando feitos e passagens. Já vimos que a formação acadêmica não determina uma profissão ou uma carreira, mas, quando decidimos ir à faculdade, em grande medida começamos a construir o alicerce de nossa carreira.

Na visão de trabalho como carreira apresentada por Clark (2013, p. 124), o autor diz que "o trabalho como carreira é motivado pelo desejo de sucesso, realização e status". Trabalho como carreira pode ser uma importante fonte de sentido e preenchimento da vida.

Existem caminhos e possibilidades diferentes na construção de uma carreira, que podem mesclar experiências diferentes ou não. Como exemplo de algumas grandes possibilidades de carreira, podemos destacar a carreira desenvolvida como empregado de uma empresa e a carreira empreendedora de quem logo cedo percebeu que não conseguiria cumprir a rotina formal de um emprego e decidiu ser um prestador de serviço autônomo ou abrir o seu próprio negócio. Ainda como autônomo, em diversas áreas podemos encontrar a carreira de consultor externo. Este profissional pode apoiar diversos tipos e portes de organizações com sua expertise. Outra carreira que pode acontecer em paralelo ou com dedicação exclusiva é a acadêmica, constituída por professores, pesquisadores e outros profissionais que atuam no suporte acadêmico, entre outras possibilidades.

A carreira desenvolvida dentro das organizações pode ser vertical ou horizontal. A visão vertical pode levar alguém de estagiário a diretor da empresa. Outros preferem um caminho técnico, sem assumir uma equipe. Por enquanto, o essencial é entender que a decisão por uma carreira impactará diretamente em nosso estilo de vida, respondendo como e se queremos nos desenvolver, onde e em qual modelo social e familiar.

Infelizmente, muitas pessoas, por diversos motivos, estão aprisionadas em empregos torturantes, realizando trabalhos que não gostam e sem nenhuma visão de carreira. Muitos "encaixam-se" no mercado de trabalho como uma engrenagem de uma máquina gigante, passando anos e anos aleatórios guiados pelo destino – o que chamo de *desperdício de potencial*. Vivem olhando passivamente os poucos "sortudos" que fazem o que gostam e são bem remunerados por isso. Aliás, alguns absurdamente bem remunerados por isso.

O que fazer? É possível mudar isso?

Sim, é possível. Talvez você não seja absurdamente bem remunerado pelo seu trabalho, mas há possibilidade sim de obter uma remuneração mais digna e alinhada com o estilo de vida que escolher.

Quando possível, o ideal é tentar responder a todas as dúvidas que surgirem logo no início da carreira e desenhar sozinho ou com a ajuda de um profissional uma trilha de carreira. Desde escolher a faculdade, uma profissão, um segmento ou empresa para trabalhar até o modo de viver e ganhar dinheiro com o trabalho.

Mas se por acaso o caminho começou torto e a insatisfação está impregnada em sua alma, levando-o a aceitar uma vida no piloto automático e esperar o fim de semana para ser feliz, saiba que sempre é possível recomeçar.

O que fazer? Como começar ou reposicionar-me na carreira?

A principal dica é: procure trabalho, não procure emprego.

O trabalho pode até estar no formato de emprego, mas essa perspectiva amplia as possibilidades. A economia oscila, funções são extintas e outras aparecem e a dinâmica da oferta de emprego adapta-se. Às vezes pode faltar emprego, mas nunca falta trabalho. Sempre haverá algo que precisa ser feito, corrigido, transformado, criado, aprimorado e que faça sentido para a sociedade.

A próxima dica é: tenha um propósito.

A premissa básica para ser protagonista de sua carreira é ter um propósito claro. O propósito lhe dá foco e o conecta com as oportunidades que estão a sua volta. A tendência é que você evolua com outra velocidade e qualidade. Antes de tudo, encontre seu propósito de vida, que irá se desdobrar em uma carreira, em um trabalho e, se for o caso, em um emprego.

Para inspirá-lo, deixo como exemplo meu propósito, o que me faz levantar todos os dias:

"Comprometo-me a dedicar minha inquietude, expertise, experiência e paixão pelo desenvolvimento humano para apoiar as pessoas a encontrarem propósito em suas carreiras. Farei tudo o que estiver ao meu alcance para apoiar as pessoas a explorarem e aprimorarem suas fortalezas para que se sintam realizadas. Desejo transformar as pessoas em agentes de mudança com capacidade para impactar positivamente os ambientes em que trabalham e o pedaço de mundo onde vivem. Eu farei isso um pouco e melhor todos os dias, com os recursos que Deus prover."

Lembre-se: um propósito pode mudar e aprimorar-se dependendo da fase da carreira, contudo ele normalmente é o leme que não deixa você perder o foco e a razão de tudo.

PERGUNTAS PARA REFLETIR

- Compreendeu a diferença entre trabalho, profissão, emprego e carreira?
- Em qual das quatro perspectivas você deve focar primeiro para checar se está no trilho certo ou ajustar o que for necessário?
- Gostaria de ter compreendido isso antes, porque o ajudaria a fazer melhores escolhas no começo de sua carreira?
- Se você disse "sim" para a última pergunta, lembre-se: realmente seria bom, mas já foi, já passou. O principal é: o que você quer e pode fazer agora para mudar? Isso só ocorrerá se o nível de desconforto for suficiente para impulsioná-lo a outro patamar.

UM PEDIDO ESPECIAL

Se você achou este capítulo relevante e que pode ajudar mais pessoas, como pai, mãe, professor, professora, gestor, gestora ou qualquer papel social que exerça no momento, leve o conhecimento adquirido para aqueles que estão angustiados sobre o assunto. Leve luz aos que podem estar confusos.

CONVERSAS INFLUENTES

Convidado: Cris Bonini
Biografia: COO – Global People & Culture na KPMG

Gianini – Como foi a decisão de trocar uma posição no Brasil por uma carreira internacional?
Cris Bonini – A primeira ação foi conversar com a família. Meu marido estava em uma transição de carreira, o que favoreceu o apoio dele. A parte mais difícil foi com minha filha que tinha 13 anos quando conversamos. Deixar os amigos na adolescência não é muito fácil. Contar para o restante da família também foi muito difícil, minha mãe está com 92 anos. A decisão provocou todo meu esquema familiar, impactando a rotina das minhas irmãs. A vinda pra Inglaterra virou nossas vidas do avesso. Estava infeliz na posição em que estava. Poderia recomeçar no Brasil ou recomeçar dentro de uma perspectiva internacional que também não estava muito clara. Foi uma das decisões mais corajosas que tive que tomar.

Gianini – Você passou por outras decisões importantes em sua carreira? Como a distinção entre emprego e trabalho apresentada neste capítulo pode tê-la influenciado?

Cris Bonini – Sempre mergulhei nas mudanças, e isso tem tudo a ver com a distinção que você traz entre emprego e trabalho. Nunca fiquei apegada a esta coisa de estar empregada. Embora tenha tido consciência de que qualquer decisão que eu tomasse afetaria primeiro meu marido e depois também minha filha. Desde jovem, na construção da minha identidade profissional, sempre tive foco no que precisava ser feito, guiada pelo coração. Nunca a preocupação com o emprego foi algo que me interrompeu de fazer algo diferente. Talvez porque a gente sempre teve uma vida muito simples. Você tem razão quando diz que eu rompi com uma posição de prestígio no Brasil. Contudo, vim por trabalho e não por emprego. Percebi a oportunidade de um desafio diferente, uma proposta internacional, e me joguei nela.

Gianini – Algumas pessoas utilizam exclusivamente do cargo para exercer influência. Como foi isso para você antes e depois dessa última transição?

Cris Bonini – Com ou sem cargo de comando, por questão de sobrevivência e crescimento, a prática da influência sem dúvida sempre me ajudou a crescer. Na minha última posição, é claro que como diretora de recursos humanos da América Latina a decisão que eu tomava tinha certa áurea, ou seja, um poder que o cargo emprestava. Além de construir fortes relações de confiança ao longo da carreira, sem dúvida o cargo ainda me ajudava a ter influência na rede de relacionamento que construí dentro e fora da empresa. Mas, como disse, esse tipo de "poder" nunca me impediu de tomar as decisões de carreira que faziam sentido pra mim. No Brasil eu tinha salário e status incomparáveis com o que eu tenho hoje. Sabia que teria um preço a pagar ao vir pra cá. Na minha atual posição não tenho poder de decisão, preciso reportar tudo para outras pessoas. Enfim, perdi o poder do cargo e preciso novamente, em outro cenário e cultura, exercer influência sem a autoridade do cargo e, principalmente, construir novas relações. Nas minhas decisões sobre carreira sempre segui a sensação de ter prazer naquilo que fazia, naquilo que fazia sentido pra mim. Continua sendo assim.

Gianini – O que a influenciou a seguir sempre de alguma maneira ligada à educação?

Cris Bonini – Parte foi influência de minhas irmãs. Elas têm uma personalidade muito forte e sempre foram voltadas para a questão social, com muito carinho para com a educação. Sempre tive um olhar muito positivo para a função do ensinar. O ato de orientar alguém para mim tem muito valor e não tenho nenhuma dúvida de que isso vem de uma influência familiar. É incrível como meus pais, mesmo sendo quase analfabetos, por abrirem mão do estudo para sobreviverem, sempre influenciaram os cinco filhos para buscarem na educação o caminho do desenvolvimento. O sonho de meu pai era que todos os filhos fizessem faculdade. Independente de todas as funções que já exerci na carreira, nunca perdi minha veia educadora.

Gianini – Como você vê o RH como influenciador dentro de uma organização?
Cris Bonini – Acho que a influência do RH irá existir se ela se alinhar com o negócio. Enxergo o papel do RH como alguém que desenvolve pessoas, porque isso gera oportunidade para elas e gera valor para a empresa. É uma relação de ganha-ganha. No meu entendimento, o RH tem influência no desenvolvimento de seu capital intelectual a partir do momento em que esse capital gera valor. Valor para o indivíduo, valor para a organização.

Gianini – Como mulher, quais os desafios que você enfrentou em um ambiente corporativo majoritariamente masculino, principalmente nos cargos de comando?
Cris Bonini – Não me considero uma daquelas mulheres que impõe a bandeira a favor da diversidade de gênero. Acho que porque sempre briguei pela competência. Mas você tem razão ao trazer essa pergunta, porque presenciei bons e maus exemplos. E também sempre me posicionei. Pessoalmente, nunca vivi uma situação de preconceito, digamos até certo nível. Fui uma das primeiras mulheres a chegar à posição de diretora. E da mesma forma, a primeira a gravidar e comunicar a empresa que estava grávida, mas não estava doente. Simplesmente saí de licença quando chegou o momento e depois voltei a trabalhar normalmente. Essa questão para mim nunca foi uma bandeira. Algumas amigas até me criticaram forte porque segundo elas eu deveria ter brigado por outras, mas eu sempre dizia que cada mulher é diferente, que cada gravidez é diferente e que cada uma de nós deve ser respeitada como pessoa e não como mulher. Mas é claro que em uma empresa predominante masculina, em algumas reuniões as brincadeirinhas e chacotas passaram do tom, mas nunca deixei de me posicionar. Acho que nunca tive dificuldade de ingressar no universo masculino e ele nunca me denegriu.

RESUMO DO CAPÍTULO

Objetivo
Fundamentar as diferenças entre emprego, trabalho e carreira. Normalmente, as pessoas confundem emprego com trabalho, e a compreensão da distinção desses dois conceitos é primordial para o processo de escolha da carreira.

Trabalho
É a ação de transformar alguma coisa em algo melhor.

Profissão
Está normalmente relacionada com ocupação e pode ou não estar atrelada ao curso técnico ou de graduação.

Emprego
É uma forma inventada pelo e para o homem passar parte do tempo de sua vida trabalhando dentro de um contrato formal de trabalho, para um empregador que lhe remunera de acordo com o tempo, competências e resultados do empregado.

Carreira
Pressupõe uma trajetória que soma experiências e ocupações. Ela constrói nossa linha do tempo, conectando feitos e passagens.

Conversas influentes

> **Próximo capítulo**
>
> No próximo capítulo apresentarei os principais fatores que influenciam nossas decisões de carreira e falarei sobre: fases da vida, Âncoras de Carreira, como definir seu propósito e quais fatores sociais atuam sobre nossas escolhas.

QUESTÕES PARA DEBATE

1. O que mais chamou sua atenção neste capítulo?
2. Qual a diferença entre emprego e trabalho?
3. Qual parte deste capítulo pode se tornar a maior barreira para o crescimento profissional?
4. Relate o episódio mais marcante de sua carreira até agora.

CAPÍTULO 3

OS PRIMEIROS PASSOS DE UMA CARREIRA

> De todos os conhecimentos possíveis, o mais sábio e útil
> é o conhecer a si mesmo.
> *William Shakespeare*

OBJETIVO DO CAPÍTULO

Como abordado na Apresentação, o livro traz duas propostas claras sobre o tema influência: a primeira relaciona-se ao que é e como usar a habilidade de influência na carreira; e a segunda diz respeito à influência externa, aos diversos fatores que podem influenciar nossos pensamentos, comportamentos e decisões na carreira.

Neste e no próximo capítulo exploraremos a segunda proposta, equilibrando os fatores externos com o tema autoconhecimento. Entre tantas abordagens sobre autoconhecimento, selecionei as duas que, em meu ponto de vista, gerarão mais significados quando relacionadas aos temas influência e carreira: fases do desenvolvimento humano e Âncoras de Carreira.

Existem inúmeras definições sobre autoconhecimento, mas para os fins de nossa conversa podemos o considerar como a capacidade de entender quem somos e porque agimos de determinada maneira.

Neste capítulo, a proposta é levar você a compreender as principais características da **primeira grande fase do ser humano, que vai de 0 a 21 anos.** Nesse período, já é possível enxergar as influências externas e os dramas que envolvem as decisões sobre carreira. Para enfrentar esses desafios, é necessário se conhecer melhor, reconhecer seus valores, interesses, talentos, pontos fortes e fracos e como eles afetam seu processo decisório.

Para Dick Bolles (2016), autor de *What Color is Your Parachute?*, guia de carreira em inglês que está na lista dos mais vendidos há quarenta anos: "A maior parte das pessoas que falham ao procurar o emprego dos sonhos não é por falta de informação sobre o mercado de trabalho, mas por falta de informação sobre eles mesmos".

AS FASES DA VIDA

MINHA RELAÇÃO COM O TEMA

Meu primeiro contato com o assunto Fases da Vida foi em 1998, quando participei de um curso de formação de consultores com abordagem antroposófica ministrado pela Adigo.[1] Ao decidir que usaria esse conceito no livro, fui atrás da apostila do curso. Quase vinte anos depois, as páginas, já com tons amarelados, estavam intactas, com anotações que fiz durante o curso. Como é incrível nossa memória emocional. Transportei-me para o Gianini daquele ano, que vivenciava a mais importante transição de carreira até então. Depois do curso, pedi para ser desligado da organização onde atuava e decidi viver a experiência de consultor, carreira que sigo até hoje.

OS FUNDAMENTOS

A abordagem sobre as fases da vida fundamenta-se nas imagens arquetípicas do ser humano, baseadas nos estudos de Rudolf Steiner, filósofo austríaco e fundador da ciência espiritual ou antroposofia. Ela está divida em três grandes ciclos, retratados em um famoso provérbio chinês: "O ser humano tem vinte anos para aprender, vinte anos para lutar e vinte para tornar-se sábio".

Jair Moggi (2003, p. 25), especialista no tema, apresenta em seu livro *Assuma a direção de sua carreira* as três grandes fases de nossa vida, como ilustrado abaixo:

---

[1] Adigo. Disponível em: <http://www.adigodesenvolvimento.com.br/>. Acesso em: 13 mar. 2007.

Quadro 3.1 Três grandes fases da vida

Fases	Característica	Provérbio Chinês
0 – 21 anos	Fase do amadurecimento biológico (Corpo)	Aprender
21 – 42 anos	Fase do amadurecimento psicológico (Alma)	Lutar
Acima de 42 anos	Fase do amadurecimento espiritual (Espírito)	Tornar-se sábio

Fonte: Jair Moggi (2003, p. 25).

O estudo de Steiner contribui para três aspectos de nossa existência ou biografia:

- A questão espiritual;
- A questão da vida;
- A questão do trabalho.

Cada fase da vida divide-se em ciclos de sete anos, daí a expressão **Setênios** que utilizaremos várias vezes daqui em diante, conforme a Figura 3.1 (MOGGI, 2000, p. 99).

Apoiada na abordagem dos Setênios, vamos olhar nossa carreira como uma trilha. Assim como a vida, ela pode ser formada por subidas, descidas e irregularidades, ou seja, um processo em que podemos enfrentar quedas, retrocessos, avanços, desacelerações, transições e, enfim, os desafios que cada fase pode provocar.

OS SETÊNIOS

Como adiantamos no início deste capítulo, trataremos dos primeiros três Setênios que representam nosso Amadurecimento Físico. Eles estão divididos assim:

- 1º Setênio (0 a 7 anos) – Nascer físico;
- 2º Setênio (7 a 14 anos) – Nascer emotivo;
- 3º Setênio (14 a 21 anos) – Nascer da identidade.

Figura 3.1 Fases do desenvolvimento humano

	APRENDER			LUTAR			TORNAR-SE SÁBIO		
	3 anos Consciência do eu **Individualidade (EU)**	9 anos Vivência do eu	Idealismo Sentido Crítico **Crise de identidade**	Impulsividade O que vão pensar de mim	Eu posso tudo **Amadurecimento Psíquico**	Voz Interna: o que está errado comigo? **Crise de Autenticidade**	Iniciativa Capacidade de realizar Verdade, realismo	Energia Inteligente **Amadurecimento Espiritual**	Espiritualidade Força Interior	Serenidade "Nós" em lugar de "eu" Atuação voltada para o futuro
Espírito	Andar, falar, pensar	Simpatia, antipatia	Admiração, rejeição	Viver o mundo	Ordem do mundo é questionada	Quem sou eu? Meus valores? Limites? Aceito?	Presença de espírito Fazer o que é essencial	Beleza interior Visão de conjunto Nova criatividade Fazer o que é necessário	Apego, idealização do passado Fazer o bem	
	O mundo é bom Imitar, brincar	O mundo é belo **Amadurecimento biológico** Auroridade amada	Ídolos O mundo é verdadeiro	Papéis						
0	7	14	21	28	35	42	49	56	63	
Família	Escola	Amigos	Busca Lugar	Conquista Lugar	Consolida Lugar	Liberta o pensar	Liberta o sentir	Liberta o querer	
Nascer Físico	**Nascer Emotivo**	**Nascer da identidade**	**Fase Emotiva**	**Fase Racional**	**Fase Consciente**	**Fase Artística**	**Fase Moral**	**Fase Mística**	

POTENCIAIS TRANSFORMANDO-SE EM HABILIDADES AO LONGO DA VIDA

1º SETÊNIO (0 A 7 ANOS) – NASCER FÍSICO, FASE INFANTIL

Abordaremos as principais características desta fase que poderão influenciar a formação do ser humano e seus impactos na carreira. O desenvolvimento do instrumento físico nessa fase merece todo o cuidado, pois será a ferramenta com a qual atuaremos no mundo.

Bernard Liviegoed (2007), em seu livro *Fases da vida: crises de desenvolvimento e individualidade*, reforça que:

> a nutrição tem um efeito importante no corpo. Durante os primeiros cinco meses de vida há considerável crescimento no número de células cerebrais. Se durante esta fase o cérebro é submetido à subnutrição, não haverá, subsequentemente, nenhuma possibilidade de reparação do prejuízo.

Marcus Buckingham, coautor de *Descubra seus pontos fortes*, também traz contribuições valiosas da neurociência para explicar como nosso cérebro se desenvolve nessa fase.

Você sabia que, ao contrário de outros órgãos, o cérebro diminui com o tempo? Especialistas afirmam que ele expande exponencialmente nos primeiros três anos e, à medida que vamos envelhecendo e chegando à fase adulta, ele encolhe.

Buckingham (2008, p. 57) informa que 42 dias após sermos concebidos, nosso cérebro começa a experimentar um salto de crescimento. No quadragésimo dia, criamos o primeiro neurônio e 120 dias depois, temos uma centena de bilhões. Incrível, não acha? São 9500 neurônios a cada segundo. Para entender o funcionamento do cérebro, precisamos saber o que é "sinapse". Sinapse é a conexão entre duas células do cérebro (neurônios) que as habilita a se comunicarem entre si. O autor complementa com uma informação fantástica em sua pesquisa: "Durante os primeiros três anos de vida, cada neurônio mostra-se extraordinariamente bem-sucedido em fazer conexões" (BUCKINGHAM, 2008, p. 58). Com 3 anos, cada neurônio dentro de uma centena de bilhões deles, formou 15 mil conexões sinápticas com outros neurônios.

Todos os aspectos de nutrição e ambiente impactam diretamente na formação da criança. Na infância estamos completamente abertos para o mundo exterior. A criança aprende pela imitação. Imitando ela começa a andar e falar, e a maneira de falar e formar sentenças determina seu processo de pensamento. A forma de pensar dá forma à função cerebral.

Além dos alimentos, precisamos nutrir as crianças de autoconfiança, amor e segurança. Aos 3 anos surge a consciência do EU, e toda a vivência nesta fase é fundamental para dar sentido à criança de que o **mundo é bom**, formando, assim, o seu alicerce para o **senso moral**.

2º SETÊNIO (7 A 14 ANOS) – NASCER EMOTIVO, FASE JUVENIL

Assim como na fase anterior, podemos constatar para o 2º Setênio alguns valores fundamentais para o desenvolvimento favorável da criança. São eles: fantasia, beleza, arte, veneração e autoridade.

Reside nesta fase uma preocupação genuína dos pais com a formação de seus filhos. O fenômeno da influência social e o medo exagerado com o futuro dos filhos fazem que os pais antecipem e "forcem" situações que podem trazer prejuízos à formação das crianças.

Analisando aspectos da realidade brasileira, nas famílias com condições financeiras para arcar com uma escola particular, inicia-se precocemente o "funil do vestibular". A seleção da escola terá como um dos crivos sua "reputação" em preparar as crianças para um mundo cada vez mais competitivo.

A intelectualização precoce subtrai forças vitais que a criança deveria usar ainda na formação de seu organismo e pode trazer problemas de saúde no futuro.

Se na fase anterior tivemos o nosso nascer físico e a consciência do eu, nesta temos o nosso nascer emotivo e os comportamentos de admiração e rejeição. Vivemos a fase "**o mundo é belo**". Aprendemos principalmente com o convívio de uma autoridade amada, que pode ser representada pelos pais, professores, irmãos mais velhos, amigos ou qualquer pessoa que seja esse símbolo para nós, inclusive pessoas famosas nas áreas da arte e do esporte.

Para nossos objetivos de desenvolvimento de carreira, é importante ressaltar que formamos nessa fase nosso **mundo interior** e um repertório de valores que será a base de nosso **senso estético** para o resto da vida. Entenda-se que nesse 2º Setênio fixamos nossos hábitos, normas e costumes, difíceis de serem mudados mais tarde. Os traços do profissional do futuro já estão desenhados.

CARREIRA

Nesta fase os pais observam as habilidades dos filhos. Acompanham as disciplinas nas quais o filho tem melhor desempenho e afinidade. Conversam com os professores sobre o potencial e as perspectivas de profissão dele. Em algum momento dentro da escola ou de casa, a famosa pergunta surge: "O que você quer ser quando crescer?".

3º SETÊNIO (14 A 21 ANOS) – NASCER DA IDENTIDADE, FASE ADOLESCENTE

O primeiro choque de realidade. Saímos aos poucos (ou deveríamos sair) da ilha da fantasia e começamos a nos aproximar da vida adulta. Na fase anterior havíamos experimentado a pré-puberdade com a estranheza natural. Neste Setênio, a puberdade vem à tona. Os hormônios explodem em nosso organismo, começamos a ter mais consciência física e passamos a explorar nosso corpo. Podemos procriar, e esse é um tipo de poder da natureza que, inconscientemente ou não, reconhecemos. O primeiro alerta de preocupação desta fase chega aos pais.

Neste setênio acentua-se o sentido crítico e começamos a discordar de tudo e de todos, principalmente dos mais velhos. Por vezes, nos isolamos do resto do mundo. O comportamento pode ficar agressivo, estamos nos preparando para a luta. A alma é invadida por instintos e impulsos.

Nessa fase, uma forte influência social invade os núcleos familiares. A psicologia explica esse fenômeno como uma necessidade de afiliação, de pertencimento e de ser aceito pelo outro, ou seja, aquele intento de não poder ficar de fora da turma.

Da metade para o fim do 3º Setênio, o jovem começa a formar pensamentos autônomos e independentes de conceitos ou experiências emprestadas do mundo externo. É o **nascer da identidade**: "Quem sou eu? O que vim fazer neste mundo? O que quero ser na vida?".

CARREIRA (14 A 21 ANOS)

Entramos nesse Setênio mais com perguntas do que com respostas. De todas as perguntas que nos fazem, a mais angustiante é: "Você já sabe que faculdade quer fazer?".

Agora o **mundo é verdadeiro**, portanto preciso começar a ocupar meu espaço nele. As responsabilidades da vida adulta chegam e, com elas, a **crise de identidade**.

LIDERANÇA

Para aqueles que têm talento na arte de liderar, algumas experiências, como organizar uma partida de futebol ou uma festa para os amigos, começam a ser desenvolvidas. Aqueles que têm traços de liderança poderão ter um terreno fértil para exercitá-la.

COMUNICAÇÃO E EQUIPE

Ganhar no grito! Em grupo, tentamos impor nossa opinião pelo tom da voz. Quanto mais alto se fala, mais convincente se parece. Ao observar um grupo de adolescentes conversando, presenciamos uma competição de gritos. A habilidade de comunicação, de persuasão e de saber lidar com opiniões diferentes começa a ser desenvolvida.

VESTIBULAR: A ESCOLHA DA FACULDADE

Escolher a faculdade nesse momento é um desafio. A ideia perturbadora de que se escolhermos errado corremos o risco de passar o resto da vida em uma profissão que não gostamos nos tira o sono. E, mesmo que saibamos que é possível mudar depois, não queremos perder tempo. Portanto, temos que dar o máximo para escolher certo da primeira vez. Mas reconhecemos que essa não é uma tarefa fácil, pois são muitas perguntas que chegam de uma só vez. Exemplos:

"Esse curso realmente tem a ver comigo?"
"O retorno financeiro está alinhado ao estilo de vida que eu pretendo levar?"
"Como estará o mercado de trabalho no futuro?"
"Será que terei competência para exercer essa profissão?"

Para apoiar quem precisa nessa fase importante da vida, seguem alguns passos com dicas básicas:

PASSO 1: CONSIDERAR SEUS REAIS INTERESSES E SUAS HABILIDADES

Identifique os temas e as áreas que mais chamavam a sua atenção e que você tinha prazer em estudar e aprendia rápido nos tempos de escola. Escolha um curso superior que realmente tenha a ver com suas características, talentos e traços de personalidade.

Tudo bem, mas eu gosto de tantas coisas, como é que eu vou saber identificar de verdade quais são essas tais habilidades, talentos e características?

Minha resposta neste momento é: invista sempre em autoconhecimento. Além disso, continue lendo este livro.

PASSO 2: ANTES DE ENTRAR NA FACULDADE, É PRECISO DEFINIR SEU OBJETIVO PROFISSIONAL

Tudo bem, mas o que é exatamente isso? E como eu faço?

Boas perguntas. Objetivo profissional é o ponto de chegada dentro de um horizonte de tempo que retrata como gostaríamos de estar profissionalmente.

Qual ocupação profissional poderia atender a nossas aspirações de carreira. É o momento de ouvir seus sonhos e usar a imaginação. Pare para pensar onde quer estar daqui a dez anos, já formado e trabalhando. Examine sinceramente seus valores de vida e sinta como eles se encaixam nesse exercício de imaginação. Projete a carreira junto com um estilo de vida. Se com essas dicas não conseguiu definir seu objetivo profissional, não se preocupe, os próximos passos darão mais apoio. Por enquanto saiba que esse ponto é crucial, pois, sem um senso de direção, você correrá o risco de se perder.

PASSO 3: PESQUISE A FUNDO AS ÁREAS DE ATUAÇÃO DE CADA CURSO E AS POSSIBILIDADES QUE O MERCADO APRESENTA

Como faço isso? Por onde começo?

Existem diversos veículos especializados e conteúdos bem bacanas disponibilizados gratuitamente por universidades e escolas profissionalizantes na internet. Ao final deste capítulo, deixarei algumas referências que poderão abrir seu caminho de pesquisa.

PASSO 4: CONVERSE OU ENTREVISTE PROFISSIONAIS DA ÁREA DE INTERESSE

Mas eu não conheço ninguém. E também sou muito tímido, não saberia nem o que perguntar.

Antes de responder, preciso dar um pequeno alerta. Pare de buscar muletas para justificar o porquê não dá para fazer. Essa dica vale ouro. Ajuste esse comportamento agora, porque lá na frente, quando estiver vivendo sua profissão, ele vai depor fortemente contra você. Respeitando suas características, garra e atitude devem ser as forças que o moverão em direção a seu objetivo. Se não conhece ninguém, pesquise meios que possam ajudar a encontrar as pessoas certas para conversar. Saiba que, mesmo lendo artigos e todo o material que acessar, nada se compara ao relato da experiência de um profissional que atua em sua área de interesse. Busque o máximo de informação. Conheça as principais atividades e os desafios da profissão.

PASSO 5: DEFINA SEUS OBJETIVOS FINANCEIROS

Mas eu não quero escolher minha profissão pensando em dinheiro.

Tudo bem, em partes eu concordo, mas vamos ampliar a perspectiva. Lembre-se de que o trabalho deve ser um meio para nos realizarmos como pessoas e, além disso, uma fonte de sustento. Definir um objetivo financeiro não é necessariamente estabelecer o quanto você quer ganhar. Refletir sobre isso é refletir sobre qual padrão de vida você gostaria de ter. Seus valores nesse momento, novamente, serão usados como critérios para essa definição.

PASSO 6: TENDÊNCIAS DE MERCADO

O que seria isso?

É olhar para o futuro da profissão. Mudanças ocorrem a todo o momento e são cada vez mais velozes. Vários fatores afetam as estruturas de mercado e das organizações e muitas profissões deixam de existir num piscar de olhos. A tecnologia, cada vez mais, gera rupturas nos modelos de trabalho e novas ocupações são criadas. Portanto, é prudente pesquisar e conversar sobre as tendências da profissão que escolher. Essa é uma recomendação não só para a primeira escolha, mas para toda a vida.

ESTÁGIO E/OU PRIMEIRO EMPREGO: O VALOR DA EXPERIÊNCIA

No Brasil, muitos jovens entram no mercado de trabalho antes de concluir a faculdade. Uma das portas de entrada são os programas de estágios que nas grandes empresas são muito disputados. Empresas de todos os portes podem ofertar vagas de estágio, mas algumas não praticam essa cultura ou modelo de contratação.

Em meu ponto de vista, por meio do estágio ou não, é fundamental ingressar no mercado do trabalho antes de concluir a faculdade. A experiência acelera nossa maturidade por meio de vários desafios que somente o ambiente de trabalho pode proporcionar. Em alguns casos, existem famílias que têm condições financeiras privilegiadas e não incentivam os filhos a trabalharem cedo, preferem que eles se dediquem somente ao estudo. Em outros, concordo que é bem difícil conciliar a faculdade com o emprego, como no caso de instituições que não disponibilizam horários regulares para os estudos. As mais disputadas exigem o tempo integral do aluno. No entanto, não necessariamente a primeira experiência de trabalho precisa ser através de um emprego. A criatividade sempre está à disposição para proporcionar experiências de "trabalho" nas janelas que o curso oferecer, sem prejuízos ao desempenho acadêmico. Incentivo que o comportamento empreendedor seja estimulado nesta fase da vida, atribuindo responsabilidades e desafios além do mundo acadêmico para explorar outras habilidades.

PARA SABER MAIS

Para quem deseja aprofundar-se no estudo das fases do desenvolvimento do ser humano, recomendo os livros *Fases da vida*, de Bernard Lievegoed, e *Assuma a direção de sua carreira*, de Jair Moggi e Daniel Burkhard.

Recomendo também que estude as contribuições de Jean Piaget[2] para o estudo do desenvolvimento humano. Piaget dividiu o processo de desenvolvimento cognitivo em quatro estágios: sensório-motor, pré-operacional (pré-operatório), operatório concreto e operatório formal. Para começar, leia o livro *Piaget para principiantes*, escrito pelo pedagogo brasileiro Lauro de Oliveira Lima.

CONVERSAS INFLUENTES

Convidado: Jair Moggi
Biografia: Sócio-diretor na ADIGO Desenvolvimento

Gianini – O que mais influenciou sua formação profissional?
Jair – Com 14 anos ingressei no meu primeiro emprego. A primeira grande influência foi quando atuei como office boy da área de Departamento de Pessoal em uma metalúrgica no ABC. Um dos meus trabalhos era ir aos Correios todos os dias para apanhar as correspondências e distribuir para os empregados. Entre essas correspondências vinham livros e muitas revistas e não dava para distribuir tudo no mesmo dia. Então comecei a ser influenciado pelas leituras dos livros e das revistas que ficavam à disposição, tomando gosto pela leitura e o estudo.
A segunda grande influência ocorreu com um processo de mudança na empresa, quando um novo gerente assumiu a área. Lembro-me de uma vez que ele me deu a chave do carro, era um Gordini, e pediu para eu pegar um material que estava no porta-malas e que era um presente pra mim. Quando abri o porta-malas, havia uma coleção de revista chamada *Senhor*. Essa revista nos anos 1960 trazia artigos de expoentes da cultura brasileira. Estamos falando de Guimarães Rosa, Millôr Fernandes etc. Ele foi um grande influenciador, um modelo de pessoa que incorporei como profissional, como exemplo de pessoa preocupada com questões culturais.
Lembro-me de um episódio marcante com esse gerente. Um dia quando cheguei para trabalhar havia na minha mesa uma folha de sulfite com uma gravata desenhada e nela estava escrito: amanhã venha de gravata. Então no outro dia fui de gravata. Naquele dia ele me levou para uma agência do INPS, hoje INSS. Ele

---
2 Jean Piaget foi o nome mais influente da educação durante a segunda metade do século XX. Apesar disso, ele nunca atuou como pedagogo. Antes de tudo, Piaget foi biólogo e dedicou a vida a submeter à observação científica rigorosa o processo de aquisição de conhecimento pelo ser humano, particularmente pela criança.

precisava de alguém que fizesse a ponte entre a empresa e a agência do INSS da época. E era por isso que eu precisava ir de gravata. A pergunta é: por que ele me escolheu para essa missão? O aprendizado foi que para mim a gravata virou um símbolo disso tudo, ou seja, o cara que usa gravata tem que falar de forma diferente, tem que estar bem posicionado. É claro que era apenas um símbolo.

Gianini – Vamos conversar agora sobre os Setênios, assunto que faz parte de sua expertise. Quais os fatores do primeiro Setênio que podem influenciar na formação do futuro profissional?

Jair – Diria que de certa forma o bebê já é influenciado. Além da carga genética, ele nasce em determinada família, num determinado país, que fala uma determinada língua, ou seja, onde o ser humano desembarca o leva a viver um primeiro movimento de influência já meio determinístico. A criança nasce diante de um conjunto de referências. Há uma coisa muito bonita que o Steiner fala em suas inúmeras palestras sobre esse tema: o "eu" da criança vive nos adultos que estão ao seu redor. Olha só que responsabilidade. Então, os pais, avós, tios, enfim, toda a comunidade familiar exerce e condiciona certa dose de influência. Hoje, cada vez mais cedo as crianças vão para a escola, trazendo novos personagens que não são da família e que também influenciam essa individualidade que está se preparando. Se a gente imaginar a criança como uma esponja, ela absorve tudo o que está em sua volta, principalmente os pilares éticos e morais. Tudo o que é falado e praticado pode condicionar suas escolhas de carreira no futuro. O primeiro Setênio é fundamental para essa identidade que está sendo formada, nele está a base de vida e para as escolhas que virão. Na antroposofia os Setênios são espelhos do que virá no futuro.

Gianini – Quais são as influências do segundo Setênio na formação profisssional?

Jair – Segundo a antroposofia, há um fenômeno que diz que mais ou menos até os 9 anos e meio a criança não faz muita diferenciação do que é interno e externo. Existe uma passagem do mundo da fantasia para prestar mais atenção àquilo que é exterior. Neste momento o pensar começa a ter uma qualidade diferente, iniciando a busca pela autonomia, que ficará mais acentuada no terceiro Setênio. O "eu" no primeiro Setênio prioriza a construção do corpo físico, enquanto no segundo concentra-se no corpo etérico, que atua como elo entre os veículos físico, emocional e mental. Nesse período existe uma inclinação por viver a arte, viver em movimento. O máximo de vivência e de experiência de imagens com fantasia enriquece o que virá à frente. Os tipos de brincadeiras, leituras e atividades fazem muito sentido para a criança, pois podem servir de elementos que irão subsidiar as escolhas futuras de carreira. Alguns talentos naturais podem ser percebidos nesta fase pelos adultos que convivem com as crianças.

Gianini – Quais são as influências do terceiro Setênio na formação profisssional?
Jair – É muito diferente dos Setênios anteriores. A questão da rotina e da disciplina que precisam ser absorvidas no segundo Setênio, precisam ser levadas para o mundo em situações muito concretas. Como é a educação que está sendo passada nessa fase? Há disciplina, ritmo, cobrança de responsabilidade? Muito me preocupa o tipo de educação que estamos produzindo neste momento, pois na minha visão não estamos formando seres humanos melhores a partir deste modelo educacional. O futuro nos dirá se a minha sensação está correta. Ainda sobre este Setênio, o que vive na alma de um jovem nessa fase é que ele não quer mais depender dos pais. Aliás, os jovens querem se livrar dos pais, porque eles os moldaram até ali. Chegou a hora do jovem ser ele mesmo. Minha pergunta é: o que a sociedade está criando para esse jovem? Talvez ele não tenha precisado, como nós dois, começar a trabalhar aos 14 anos e ainda não esteja trabalhando. Além disso, parece que a ONU está reconhecendo que a adolescência vai até os 24 anos. Isso significa que a alma continua com a mesma dinâmica de querer construir sua identidade. Então o "pensar" tem que se tornar independente, por isso que nessa fase normalmente nos revoltamos em relação às autoridades. O "sentir" está passando por um turbilhão de emoções, com os hormônios atuando. E o meu "querer" se choca com o querer dos outros. E se o jovem quer fazer prevalecer o seu querer em relação aos outros, isso tem uma consequência. Nessa fase deve se fortalecer a disciplina e o respeito, ou seja, amadurecer nas relações. É preciso entender que a natureza não dá saltos, independente se a adolescência está sendo estendida. O fato é que entre 14 e 20 anos o indivíduo continua passando pelo processo de construção de seu arcabouço básico, que é o corpo físico, o corpo etéreo e o corpo astral das emoções. Tenho dúvidas sobre o que ocorrerá no que diz respeito ao deslocamento do período da adolescência. Ainda não tenho respostas, mas acho que terá consequências. Vejo mães acompanhando os filhos em processos seletivos de trainees. É uma disfunção de nossos tempos. Em situações assim, o "eu" demorará a assumir a responsabilidade sobre a própria vida.

RESUMO DO CAPÍTULO

Objetivo
Compreender as principais características das fases do desenvolvimento humano dos 0 aos 21 anos para entender como elas podem influenciar a formação e as decisões de carreira.

As fases da vida
Começar a entender a primeira grande parte da vida, a fase do amadurecimento físico e a formação do ser.

Os Setênios
Uma breve visão dos três primeiros Setênios:

- 1º Setênio (0 a 7 anos) – Nascer físico, fase infantil;
- 2º Setênio (7 a 14 anos) – Nascer emotivo, fase juvenil;
- 3º Setênio (14 a 21 anos) – Nascer da identidade, fase adolescente.

Vestibular: a escolha da faculdade
Os seis passos para escolher um curso superior.

Estágio e/ou primeiro emprego: o valor da experiência
O contexto brasileiro para o primeiro estágio e/ou emprego.

Conversas influentes

Próximo capítulo

No próximo capítulo, exploraremos os próximos Setênios e o conceito de Âncoras de Carreira. Conversaremos sobre a escolha entre uma carreira técnica ou gerencial. O desafio da primeira liderança. Sobre a escolha de um curso de pós-graduação e as fases de experimentação, conquista e consolidação na carreira.

QUESTÕES PARA DEBATE

1. Qual a lembrança ou situação mais marcante em seu 1º Setênio que pode ter influenciado o profissional que você é hoje?
2. Como foi o seu 2º Setênio?
3. Como foi o processo de escolha do curso superior? Se você seguiu na carreira sem o curso superior, compartilhe como foi essa decisão ou situação.
4. Você teve alguma situação de liderança informal até o 3º Setênio? Pode ter sido no bairro, na escola, no esporte, na família etc. Em caso negativo, o que ocorreu?

CAPÍTULO 4

CICLOS DE CARREIRA: CONSOLIDAÇÃO E TRANSIÇÕES

> Escolhe um trabalho de que gostes e não terás que trabalhar nem um dia na tua vida.
>
> *Confúcio*

OBJETIVO DO CAPÍTULO

Nosso objetivo é completar a visão sobre os Setênios e incluir o estudo de Âncoras de Carreira, conceito que detalharemos na segunda parte deste capítulo.

A soma das duas abordagens fortalecerá nosso processo de autoconhecimento, o que ampliará as chances de tomarmos decisões mais conscientes e, se for o caso, de prepararmos uma transição.

OS SETÊNIOS

Os próximos Setênios completarão as outras duas grandes fases de nossa vida: a fase do amadurecimento psicológico (dos 21 aos 42 anos) e a fase do amadurecimento espiritual (dos 42 anos em diante).

4º SETÊNIO (21 A 28 ANOS) – FASE EMOTIVA

Ao atingir a maioridade, aos 21 anos, somos responsáveis por nossas ações. Contudo, sabemos que, na prática, quando analisamos o comportamento de quem chega nessa idade, a mudança não é tão literal assim. Essa observação serve para todas as divisões de Setênios, afinal existe uma transição. Lievegoed (2007, p. 50) diz que "ao dividir a vida em fases, caímos num problema: não é possível determinar um momento de transição de uma fase para a próxima". Acrescenta o autor: "a adolescência desliza gradualmente para a maioridade até que as características da última prevaleçam".

Chegamos à fase das emoções e estamos com o "tanque cheio" para desbravar as aventuras e os desafios da vida adulta. Há em nós um impulso para a ação, uma força vital poderosa para expansão em vários campos. Estamos na fase da experimentação.

Internamente buscamos encontrar um(a) companheiro(a), definir um lugar para morar e concentrar energia nas fases iniciais de uma carreira. Apesar das mudanças de comportamento social que estão transformando a visão sobre casamento e moradia, ainda podemos perceber que a maioria das pessoas casa nessa faixa etária e começa a construir os seus primeiros alicerces.

No trabalho talvez tenhamos um arsenal de conhecimento teórico adquirido na faculdade, mas não temos experiência de aplicá-lo na prática. A falta de experiência associada muitas vezes à falta de estabilidade emocional gera insegurança e impulsividade. Dependemos e buscamos a opinião dos outros para validarem nossa falta de experiência e, principalmente, retroalimentar nossos sentimentos em relação ao trabalho. A insegurança pode gerar comportamentos agressivos que podem beirar a arrogância. É uma fase de grande experimentação e autodescoberta. Pela primeira vez estamos lidando com uma autoridade que não são nossos pais, professores ou líderes religiosos. Adentramos em um sistema com regras preestabelecidas, estruturas hierárquicas e um sistema de desempenho diferente dos padrões escolares.

PAPÉIS

Chegou o momento de buscar um lugar no mundo e começar a viver nele, assumindo outros papéis. Se antes os principais papéis eram sermos filhos, irmãos e estudantes, o jogo agora muda e amplia-se, somos também colaboradores e muitos inclusive já se tornam líderes. Na família, alguns são e reforçam o papel de arrimo de família, expressão popular que se refere à pessoa que sustenta a família e atua como a tábua de salvação dos familiares. Além disso, como mencionamos antes, há ainda os que assumem o papel de marido/esposa e os que também se tornam pais.

Ao longo da vida, os papéis sociais e/ou familiares que assumimos impactam questões de decisão sobre carreira. Decisões aparentemente simples e tradicionais como casar e ter filhos afetam muitas vezes a qualidade e a velocidade da progressão profissional. Casamento e filhos trazem ingredientes, talvez anteriormente não imaginados com clareza, que afetam decisões de carreira do casal, como a necessidade de viajar a trabalho, a exigência de um curso de pós-graduação para uma promoção, ou mesmo uma grande oportunidade de trabalho em outra localidade. Quanto mais maduro for o casal, mais fácil será superar possíveis momentos críticos gerados pelo trabalho.

CARREIRA

Dois desafios devem ser priorizados nesta fase no quesito carreira: o desenvolvimento das habilidades técnicas e o amadurecimento psicológico.

Para apoiar os jovens diante desses desafios, algumas empresas criam programas de trainee. Estes, quando bem estruturados e apoiados pelos gestores, contribuem substancialmente no desenvolvimento das carreiras dos recém-formados, os quais chegam das universidades com a base acadêmica, mas sem noção da complexidade dos processos e das relações existentes numa organização.

DUAL CAREER FAMILY: CARREIRA DO CASAL

O conceito de *Dual Career Family*, desenvolvido por Rhona Rapoport e Robert N. Rapoport (1969), representa a ideia de família por meio de um casal com carreira dupla. Nesse modelo, as tarefas familiares são distribuídas entre os parceiros com igualdade de *status* e não conforme o gênero dos cônjuges.

Excetuando-se a gravidez e o parto, a divisão de funções pode ser efetuada de acordo com as habilidades e as inclinações de cada um. O assunto não é novo – os estudos dos autores foram iniciados no fim dos anos 1960, no pós-guerra –, mas a proposta ainda é inovadora e desafiadora diante da cultura machista vivida no Brasil.

Uma das visões sobre a carreira do casal diz respeito à família com renda dupla, ou seja, ambos estão envolvidos com o trabalho remunerado e, consequentemente, participam juntos das decisões sobre os investimentos e os gastos familiares. Ampliando o olhar além da renda, meu objetivo ao trazer esse conceito é tratar da carreira do casal, dos desafios das escolhas de emprego, moradia, escola dos filhos, estilo de vida, entre diversos outros fatores da vida a dois que podem influenciar o desenvolvimento da carreira de ambos. O desafio do casal está em equilibrar as aspirações de carreira com o relacionamento.

Existe uma forte tendência nesta fase para o individualismo em todos os aspectos da vida. Portanto, é um grande desafio para o casal ter maturidade e saber lidar com as decisões de carreira de ambos.

PÓS-GRADUAÇÃO OU MESTRADO

Na própria arquitetura das organizações está estabelecido que, para avançar para *x* nível, é necessária uma pós-graduação. Por essa razão formal ou pelo caminho mais genuíno que é o de investir em uma educação continuada, buscando novos conhecimentos para agregar à vida e à carreira, novamente chegou a hora de tomar mais uma decisão importante.

Como professor de graduação e pós-graduação, muitos alunos e colegas me perguntam qual a diferença entre pós e mestrado. Considero essa uma pergunta essencial e vou respondê-la apoiando-me no *Guia do Estudante Pós & MBA*. Antes de detalhar as diferenças no quadro abaixo, saiba que todos os cursos, desde que respeitadas as regras e reconhecidos pelo Ministério da Educação, são de pós-graduação. A diferença é que alguns são cursos *stricto sensu* e outros *lato sensu*.

Já ouviu dizer que não há idade para estudar? Acredito nisso, sempre é hora de aprender, seja em um curso formal ou não. Contudo, cabe um alerta em relação à trilha de carreira: existe o momento adequado para esse investimento de tempo e dinheiro. Quando deslocamos esse plano para outras fases da vida, corremos o risco de deixar uma lacuna em nosso currículo, tornando-nos menos competitivos para o mercado de trabalho.

Quadro 4.1 Diferenças entre cursos *lato sensu* e *stricto sensu*

Lato sensu: cursos de "sentido amplo" que abrangem especializações em diferentes campos do conhecimento e os MBAs (*Master in Business Administration*).

ESPECIALIZAÇÃO	MBA
Estudar é bom, mas não uma prioridade. Não pretende ou não pode se dedicar aos estudos todos os dias. Não tem inclinação para se dedicar a atividades de pesquisa. Tem domínio razoável do inglês. Deseja continuar em sua área de atuação, mas com mais chances de ascender profissionalmente.	Aprecia estudar, mas apenas assuntos de interesse direto com a profissão. Pretende encaixar os estudos nos intervalos de trabalho. Gosta de pesquisar, mas não tem tempo de se dedicar profundamente ao assunto. Domina bem o inglês. Pretende ocupar cargo de comando em uma grande empresa.

Stricto sensu: cursos de "sentido estrito". Ênfase na construção do conhecimento, em pesquisas inéditas, em práticas de campo ou em laboratório. Reflexão teórica e revisão bibliográfica.

MESTRADO PROFISSIONAL	MESTRADO
Gosta muito de estudar, mas não quer necessariamente seguir carreira acadêmica. Pode dedicar só parte do dia aos estudos. Gosta de fazer pesquisas, desde que sejam em sua área de atuação. Domina o inglês e tem conhecimento, pelo menos básico, de outro idioma. Quer especializar-se em uma área de conhecimento e continuar no mercado de trabalho, mas não descarta a possibilidade de lecionar.	Adora estudar e tem curiosidade sobre diversos temas. Planeja e tem possibilidade de estudar diariamente, durante boa parte do dia. Gosta muito de pesquisar. Domina o inglês e tem conhecimento de um segundo idioma estrangeiro. Pretende realizar pesquisas e dar aulas em faculdades e universidades.

Fonte: Guia do Estudante Pós & MBA (2017).

NA ORGANIZAÇÃO

Algumas organizações oferecem a possibilidade de Carreira em Y. A carreira em Y abre duas opções de carreira profissional: uma carreira técnica que não exigirá que o profissional assuma um papel formal de gestor de pessoas, ou seja, o seu foco dali em diante será dedicado a questões técnicas, e o outro caminho da carreira em Y será assumir um papel de gestão (liderança). Neste caso, as habilidades humanas e gerenciais terão um peso muito maior para o sucesso do profissional. Grandes organizações normalmente proporcionam essas duas alternativas. Nessas organizações, é neste Setênio que o profissional deve fazer a escolha por uma carreira técnica ou de liderança.

Nessa fase, aqueles que assumem a primeira posição de liderança tendem a querer ter as coisas e as pessoas sob controle. Costumam ser autocráticos e não lidam bem com feedback. Pela impulsividade que os caracteriza, muitas vezes o ataque é a melhor defesa. Geralmente gostam de ter um papel de destaque nas reuniões e, como comunicadores, ouvem pouco. Têm dificuldade de aceitar pontos de vista divergentes dos seus, porque, pela primeira vez, estão lidando com pessoas mais competitivas e com uma autoridade. Apresentam uma visão mais operacional, envolvida com normas, procedimentos e metas de curto prazo.

5º SETÊNIO (28 A 35 ANOS) – FASE RACIONAL

Superadas as adversidades da fase anterior, na qual estávamos buscando um lugar no mundo, chegamos à fase racional. O desafio agora é o de conquistar espaço e fortalecer nosso desenvolvimento.

Controlamos mais nossos impulsos e as emoções começam a ter menos impacto em nosso comportamento. Enfim, fazemos jus ao posto de homem racional. Ponderação é a palavra de ordem. Pensamos mais antes de agir. O mundo nos nutriu e chegou o momento de começar a devolver a ele parte do que aprendemos.

Começamos a diferenciar o SER e o TER, ou pelo menos é isso que se espera. Esse início de mudança de perspectiva impacta o modo como olhamos e vivemos nossa vida e carreira. Orientado para o TER, buscaremos mais questões quantitativas como dinheiro, bens, créditos, diplomas, tributos, *status*, prestígio e fama. Ao deslocarmos nossa orientação para o SER, as questões tornam-se mais qualitativas e existenciais. Começamos a refletir sobre o que cada situação pode nos ensinar, qual é a qualidade das nossas relações e por que costumamos reagir de uma determinada maneira. Começamos a questionar o sentido das experiências no trabalho. Olhamos com mais profundidade para nossos valores e os testamos no ambiente que nos cerca. O mundo interior e o mundo exterior começam a debater.

Um pouco mais maduros e sensíveis ao mundo interno, estamos mais receptivos para uma experiência diferente. Ela pode chegar através de uma viagem, um livro ou uma pessoa. Ficamos mais abertos para perceber coisas que antes estavam ao nosso lado e não notávamos. Se a busca de um lugar no mundo era um movimento para fora, pela primeira vez começamos a fazer o caminho para dentro.

CARREIRA E ORGANIZAÇÃO

Nessa fase, os que optaram ou foram "colocados" em posições de liderança viverão o mais importante ritual de passagem. Além de liderarem a si próprios, começam a liderar outras pessoas. Adquirem novas responsabilidades, gerenciam recursos e orçamentos. A energia desse período está concentrada em fincar a bandeira nos territórios conquistados. Chegou a hora de mostrar resultado. É uma questão de sobrevivência e de não decepcionar os outros. Não queremos falhar na primeira liderança.

Mais autoconfiante, o profissional começa de fato a delegar. Delegar é o maior desafio na primeira liderança. Temos que deixar o "porto seguro", nossa capacidade técnica, e começar a confiar de fato na equipe.

Ainda teremos forte tendência de apresentar soluções sem considerar opiniões alheias. Lembro bem minha ansiedade em conversar sobre questões de planejamento e estratégia quando passei por essa fase. Queremos entender mais o todo. Nasce o desejo pelas habilidades gerenciais e organizacionais. Esse é o momento de praticá-las e incorporá-las se realmente desejamos alçar voo para o próximo nível.

6º SETÊNIO (35 A 42 ANOS) – FASE CONSCIENTE

Já achamos nosso lugar no mundo e fincamos a bandeira para demarcar nossas conquistas. Agora é o momento de consolidar as questões externas. Estamos na fase da consciência. Aspiramos a mais responsabilidades e, em contrapartida, a uma resposta financeira à altura da nova posição.

Geralmente, para aqueles que sobreviveram aos primeiros anos de relacionamento, a família está constituída e os filhos requerem atenção e investimento. Nesse sentido, nos sentimos mais autoconfiantes para buscar mais desafios. Nossas forças físicas e psicológicas estão mais alinhadas e vigorosas.

Essa fase nos torna mais maduros, evoluindo a nossa maneira de enxergar os problemas. Ampliamos a nossa visão conceitual e capacitadade para lidar com cenários mais complexos. Observamos a vida, nossa carreira e a organização de maneira mais ampla e objetiva. Tornamo-nos mais seletivos nas escolhas e melhoramos nossa capacidade para tomar decisões. Estamos em outro patamar de autoconhecimento. Percebemo-nos melhor em relação à nossa teia de relacionamentos e à interação com a estrutura política da organização.

Todavia, um novo desafio existencial ocorre. Se aos 21 anos passamos por nossa crise de identidade, aos 42 vivemos nossa crise de autenticidade.

Algumas perguntas voltam e novas são formuladas. Sendo otimista, chegamos à metade de nossa vida. E sem ilusão, a contagem agora é regressiva. Lembro bem quando passei por esse período. Hoje, estou com 45 anos e parte dessas questões ainda continuam comigo.

A pergunta central é: o que vou fazer com a outra metade da minha vida? Esse período arrasta uma série de outras questões existenciais e de autenticidade. Se você está nesta fase, quais são as suas?

Normalmente, olhamos para o trabalho e para nossa carreira de maneira diferente. Revisitamos nossos papéis e como estamos distribuindo nosso tempo na vida como um todo. Será que estamos vivendo nossos valores? Essa é outra pergunta-chave. O que está me movendo? Percebemos que algumas motivações, principalmente as ligadas aos fatores externos, começam a ser questionadas.

Como o próprio nome da fase retrata, estamos mais conscientes, inclusive sobre nossos limites. Alguns fazem uma grande transição de carreira nesse período ou começam a construir uma carreira paralela, para buscar novas respostas às suas perguntas. Biologicamente já não temos mais as mesmas forças físicas, o que deve ser considerado para não sobrecarregar nosso corpo físico. Quem não reconhece os limites físicos e não busca o equilíbrio nesse fim de Setênio corre sérios riscos de "pifar" a máquina antes do tempo, ou seja, sofre uma parada cardíaca ou um derrame. Principalmente aqueles que por insegurança no trabalho começam a competir com os mais jovens, só que agora com menos gás para oferecer.

CARREIRA E ORGANIZAÇÃO

Normalmente as organizações exigem que os seus líderes tenham os seus comportamentos guiados pela cultura organizacional, ou seja, pelos valores e código de conduta que a organização defende. Líderes que não se ajustam ou se indentificam com esses valores têm dificuldade de imprimir um estilo de liderança adequado ao que é esperado. Outro aspecto diz respeito aos valores pessoais do próprio líder, oriundos da sua própria visão de mundo e experiências anteriores. Podem existir situações em que os valores organizacionais não se alinham com os valores pessoais. Neste caso existem três opções: o líder se adequa à cultura, o líder não se adqua e sai da organização, a organização desliga o líder por questões comportamentais. Nesse contexto todo, até por questão de sobrevivência na carreira, muitas vezes o líder busca um equilíbrio entre os valores pessoais e organizacionais – considerando a melhor forma de influenciar a equipe. O líder está mais apto a ouvir as aspirações de sua equipe, começa a perceber como suas atitudes impactam o comportamento de cada um. A maturidade o ajuda a perceber os próprios desvios e a corrigir a rota comportamental.

Como naturalmente foi deslocando sua atenção mais para o SER do que para o TER, ele começa a ganhar o respeito dos outros pelo o que É. Quem não consegue transpor essa barreira do TER para o SER pode continuar tendo um alto grau de competitividade nocivo aos liderados, ambiente e organização, podendo transformar-se em um tirano frustrado que precisa do cargo para impor sua autoridade, gerindo pessoas pelo medo e coerção.

7º SETÊNIO (42 A 49 ANOS) – FASE IMAGINATIVA

Ao viver a crise de autenticidade, chegamos à fase imaginativa. A sensação é de que encerramos um longo ciclo desde que ingressamos na faculdade e no mercado de trabalho. Chegou a hora de fazer um grande balanço de nossas conquistas e aprendizagem.

Para alguns, a metáfora é: preciso dar um Ctrl+Alt+Del para olhar a vida. Pois, como diz a famosa frase: a vida começa aos 40! E ela faz sentido quando nos apoiamos no estudo dos Setênios.

Entramos novamente em uma fase de experimentação só que desta vez com uma bagagem. Mais maduros, sabemos quando e como dizer não, pois o que a crise da autenticidade ensina é que devemos viver de acordo com nossas convicções, depositando autenticidade em nossas escolhas e ações, pois vale colocar energia no que é essencial. Não olhamos mais as árvores, percebemos a floresta que representa uma visão mais global ou holística – como está na moda há algum tempo. É a fase imaginativa que busca dar mais significado a cada movimento de vida e carreira.

CARREIRA E ORGANIZAÇÃO

O foco está no desenvolvimento de pessoas. Nessa fase, o líder estimula a criatividade e a aprendizagem. Ao conquistar o respeito de sua equipe pelo o que é, as pessoas passam a se sentir mais à vontade para manifestar suas opiniões. A escuta do líder nessa fase está mais aguçada, pois ele consegue conectar pontos antes difusos com mais facilidade. Sua visão estratégica melhora substancialmente, seus pensamentos e interesses são orientados para as tendências de mercado. Afinal, ele deve assumir um dos papéis mais relevantes na posição de um líder: conduzir as pessoas para o futuro desejado. Essa competência será exigida para contribuir com o que a organização e, em uma visão macro, a sociedade necessitam. O líder é o guardião da missão e a bússola que dá a direção estratégica do negócio para as pessoas.

8º SETÊNIO (49 A 56 ANOS) – FASE INSPIRATIVA

O jogo agora precisa ser mais inteligente. Consciente do natural declínio físico, o ritmo passa a ser essencialmente mais importante do que a força. Neste Setênio, o enfraquecimento dos órgãos indica que devemos ter mais atenção ao nosso corpo. Em verdade, já o deveríamos ter feito antes, mas agora não temos muita escolha – dores que não existiam começam a fazer parte da nossa vida e, infelizmente, alguns remédios também.

Mais importante do que velocidade, precisamos respeitar nosso ritmo, desde as coisas mais simples da vida como dormir e comer até situações mais complexas e exigidas pelo trabalho. Se não conseguimos até esse momento equilibrar vida pessoal com trabalho, isso não deve mais acontecer nessa fase. Quem continuar sem atenção a essa questão o fará por conta e risco.

O cultivo do ritmo correto é o que poderá propiciar longevidade. Isso nos ajuda a viver com foco no presente, uma característica dessa fase, pois aquele excesso de preocupações com o futuro, com a vida e com a carreira teoricamente não existe mais.

Poder estar mais conectado ao momento presente abre um potencial enorme para a fase inspirativa. Levamos as faculdades do pensar e do sentir a um padrão mais elevado, tornamo-nos mais empáticos e sensíveis às necessidades dos outros. Ouvimos os medos de seus corações. A inspiração é um fio que nos ajuda a acessar com sutileza a essência das pessoas. E, quando falamos, a mensagem tem mais poder porque vai ao encontro dos anseios alheios. Cada qual encontra nessa fase a própria voz interna e aprende a viver em harmonia com ela.

CARREIRA E ORGANIZAÇÃO

Com a elevação da capacidade de perceber e sentir, o líder melhora sua competência de identificar e desenvolver talentos. Também aprimora seu processo de tomada de decisão, pois capta a essência das situações que são difusas para outros. Torna-se um mentor, desenvolvendo as pessoas por meio de perguntas, um catalisador do potencial estratégico da organização e inspira os demais por reduzir as incertezas naturais de um mundo cada vez mais veloz e complexo.

Do meio para o fim desse Setênio a palavra "aposentadoria" começa a assombrar os profissionais, principalmente aqueles que negaram a chegada desse momento e não se prepararam de forma consciente.

9º SETÊNIO (56 A 63 ANOS) – FASE INTUITIVA

Chegamos ao fim? Como nos preparamos para a aposentadoria? Como entendemos o que é aposentadoria?

Antes de responder a essa pergunta e entender as características deste Setênio, precisamos voltar à Figura 3.1 para contextualizar o período em que o estudo foi desenvolvido.

Steiner desenvolveu seus estudos no século IX. Suas contribuições ganharam expansão e ramificações no século XX. Entre os estudiosos que prosseguiram com os estudos sobre as fases da vida, está Bernard Lievegoed, um dos autores que estamos usando como referência no desenvolvimento do tema.

Ao abordar essa fase da vida no século XXI, entendemos que são necessários novos estudos para atualizá-la, considerando o aumento da expectativa de vida. Primeiramente, deixo esse desafio aos seguidores da escola antroposófica e a outros especialistas de carreira focados no estudo desse período de vida. Eu, modestamente, farei minhas contribuições.

Voltando ao que temos para o momento, o declínio da linha biológica é irreversível, mas o que podemos fazer é tentar compensá-la. No campo espiritual, questões existenciais tomam força. A relação ou experiência que cada um teve ou não com Deus torna-se mais presente em nossos pensamentos e sentimentos. Começamos a viver a fase intuitiva, também conhecida como fase mística.

Chegamos ao fim? Não necessariamente. Temos muita vida ainda pela frente, não em quantidade, mas sim em qualidade. Tudo isso depende de como nos preparamos para essa fase. Se a questão espiritual foi negligenciada, com a chegada dos últimos Setênios a linha psíquica tende a declinar junto com a linha biológica. Nesse cenário levaremos a vida do jeito que der até o seu desfecho.

Mas vamos focar, direcionar mais luz e otimismo nessa fase fantástica da vida. Para mim, algumas ideias são marcantes para essa fase. Começo com Lievegoed (2007, p. 72): "Agora é urgente preparar-se para o que ainda se espera alcançar, o que se terá de deixar e o que ainda se será capaz de terminar". Um novo projeto de vida começa necessariamente quando revisamos nosso propósito. Como construímos nossa biografia, equilibrando ou não essas três questões, retratará como será a vida daqui em diante.

E a aposentadoria?

Enquanto estava escrevendo este livro tive a felicidade de encontrar o livro de Joël de Rosnay, *Ganhei mais vida!: o que fazer com a longevidade?*. Concordo quando o autor diz que "a palavra aposentadoria é inadequada: ninguém deve se aposentar, que é retirar-se para um aposento, nem se afastar do mundo" (Rosnay, 2007, p. 68).

Para Leivegoed (2007, p. 102), "chegou o momento de explorar ao máximo aquilo que aprendemos até agora. Uma tendência é nos voltarmos para a arte, dedicando nosso tempo aos talentos que estavam sendo alocados talvez só no mundo corporativo". O autor comenta que "em todos os setores, escritores, pintores e músicos foram capazes de continuar trabalhando muito mais do que cientistas e homens de negócio". E explica: "Assim é pelo fato de que, com o aumento da idade, o caminho introspectivo progride sempre mais, enquanto a percepção do que acontece no mundo exterior declina". O seu conselho é: "Assim que você tiver atingido a idade da aposentadoria, assegure-se de ter alguma atividade nova e criativa, que você possa iniciar de imediato".

Assim como a morte, existe uma tendência do ser humano a não gostar de falar sobre o assunto. É uma atitude de negação que nos afasta da tomada de consciência e do preparo necessário para esse momento. Maria Tereza Gomes, em seu livro *O chamado: você é o herói do próprio destino*, entrevistou diversos executivos para entender como eles estavam se preparando para esse momento. Estudando sua obra, percebi que muitos não sabiam como seria a vida sem compromissos diários de trabalho. Embora estivessem conscientes da ocasião em que fariam essa travessia, não sabiam como fariam. Ela diz que a dificuldade era grande. Destaco um trecho de um dos comentários de Gomes (2016, p. 97) sobre um de seus entrevistados, um homem de 62 anos, chamado Brandt: "O mais velho da amostra analisada em minha pesquisa, disse que não cabia a ele a decisão de se aposentar, mas à empresa".

Como contribuição, para ajudar quem está passando ou passará por um período conhecido como pós-carreira, indico o artigo *Gestão pessoal: a aposentadoria da próxima geração*, publicado em 2016 na Harvard Business Review Brasil (Vough et al., 2016). Os autores, após pesquisas e entrevistas, apontam quatro princípios orientadores:

- **Prepare-se para não seguir os planos:** poucos de nós têm controle de quando e como nossa carreira se encerra, por isso é importante que estejamos prontos para improvisar e nos adaptar;
- **Encontre sua metáfora de aposentadoria:** muitos costumam usar diversos termos na hora de falar sobre aposentadoria. Analise o que a aposentadoria significa para você;

- **Crie um negócio:** em vez de se aposentarem de fato, muitos profissionais preferem negociar para permanecer na organização com horários ou responsabilidades redesenhadas, podendo atuar como mentores de potenciais executivos;
- **Faça a diferença:** utilizar conhecimentos, habilidades e talentos para fazer a diferença em sua comunidade ou no mundo. O *know-how* de liderança, de trabalho em equipe e gerenciamento de projetos pode ser aplicado em uma série de outros contextos.

Executivos na casa dos 50 ou 60 anos utilizam várias metáforas para descrever seus planos pós-carreira. Confira algumas das mais comuns:

Quadro 4.2   Metáforas para pós-carreira

PERDAS	Falta de propósito, medo de ser esquecido ou da ameaça à identidade.
RENASCIMENTO	Novo começo, novo capítulo ou um "quadro em branco" que oferece possibilidades para perseguir interesses e paixões.
DESINTOXICAÇÃO	A experiência de "limpeza", de ficar longe de uma vida de trabalho estressante e nada saudável.
LIBERTAÇÃO	Sentir-se livre das limitações e restrições do trabalho; correr em direção a uma independência recém-descoberta.
DESACELERAÇÃO	Ganhar tempo durante a transição para um ritmo de vida recém-descoberta.
MANTER O CURSO	Engajamento contínuo e contribuição; utilização das habilidades profissionais em diferentes contextos.
MARCO	Atingir um ápice e alcançar um objetivo; marcador de fim de uma fase e início de outra.
TRANSFORMAÇÃO	Adaptação positiva para uma nova função ou outro estilo de vida; ato de assumir uma nova identidade.

Fonte: Vough et al. (2016).

Cabe a quem chega a esta fase a missão de desenvolver as grandes visões do futuro e inspirar as pessoas que irão executar as ações. Talvez ocupar posições mais estratégicas em conselhos, ajudar a formular as grandes diretrizes e, também, deixar que outros as planejem e organizem. Cabe, inclusive, o papel guardião de valores e ser referência de uma conduta ética e moral na sociedade.

MENSAGEM FINAL SOBRE A ABORDAGEM DE FASES DA VIDA

Em seu livro, Lievegoed apresenta uma contribuição feita pelo filósofo Guardini:[1] "Cada fase existe para o benefício do todo e para o benefício de qualquer outra fase; se for prejudicada, tanto o todo como qualquer fase individual sofrerão" (GUARDINI apud LIEVEGOD, 2007, p. 31). Continua:

> O homem se caracteriza cada vez de novo, e ainda é sempre o mesmo homem vivendo em cada fase. A pessoa está consciente de si mesma e tem de prestar contas às fases em questão. Cada fase tem a sua natureza própria, que não pode ser deduzida nem da fase precedente nem da subsequente (GUARDINI apud LIEVEGOD, 2007, p. 30).

Enfim, espero que você desfrute cada fase da vida em toda a sua plenitude e com saúde. Vamos às Âncoras de Carreira.

ÂNCORAS DE CARREIRA

O conceito "Âncora de Carreira" foi inicialmente desenvolvido por Edgar Schein (2006), professor do programa de Mestrado da Escola Sloan de Administração do Massachusetts Institute of Technology (MIT).

Podemos entender a Âncora de Carreira como uma metáfora que retrata o quanto o profissional se sente atraído pela profissão, considerando seus valores, atitudes e objetivos de carreira. Uma Âncora de Carreira constrói a autoimagem de como nos enxergamos profissionalmente e o quanto estamos satisfeitos.

Como conclusão, o estudo constatou que vivemos nossa "Âncora de Carreira" quando ocupamos posições que são coerentes com nossos valores, ta-

---

[1] Filósofo. Livro de referência: *Die Lebensalter*. Romano Guardini foi um sacerdote, escritor e teólogo católico-romano. Guardini iniciou sua docência em 1923, na Universidade de Berlim, onde permaneceu até 1939. Foi professor, mais tarde, na Universidade de Tübingen e na Universidade de Munique.

lentos (áreas de competência natural) e pontos fortes. Essa abordagem de autoconhecimento tem um peso enorme em nosso processo de decisão, porque nos orientará e influenciará por toda nossa carreira. É uma âncora que sempre nos "puxará" para onde nos sentimos mais produtivos e satisfeitos.

Conseguiu perceber o valor dessa abordagem e o quanto ela pode impactar todas as fases de nossa vida?

Apresentamos um breve resumo sobre as oito Âncoras de Carreira adaptado pelos professores Joel Souza Dutra e Lindolfo Albuquerque (2010) de *Career Anchors*, de Edgar H. Schein:

Competência Técnica/Funcional: nesta âncora, o profissional adquire o senso de identidade com a aplicação de suas habilidades técnicas. Dificilmente você renunciaria à oportunidade de continuar desenvolvendo essas habilidades para atingir um padrão de excelência na carreira em sua área de especialidade. Você gosta de ser reconhecido pela capacidade de resolver problemas a partir do domínio técnico de sua especialidade. O foco de desenvolvimento de carreira é horizontal, podendo até ocupar uma posição de chefia, desde que não o afaste de sua área de especialidade.

Competência Gerência-Geral (GG): você identifica seu próprio trabalho com o sucesso da organização para qual trabalha. Você não renunciaria à oportunidade de subir a um nível alto o suficiente que o permitiria integrar os esforços de outras pessoas em suas funções e ser responsável pelo resultado de determinada unidade de negócio. Pode até viver um período na área técnica, mas como ponte para chegar a um cargo com funções generalistas o quanto antes. Um cargo gerencial técnico não atrai você. Sua visão de carreira é vertical, satisfazendo-o ao avançar sempre mais um degrau para ter uma visão mais ampla e generalista do negócio.

Autonomia/Independência: neste grupo, encontram-se as pessoas que possuem um nível reduzido de tolerância às regras estabelecidas por outras pessoas, por procedimentos e outros tipos de controle que venham a cercear sua autonomia. Você não renunciaria à oportunidade de definir seu próprio trabalho, à sua própria maneira. Se você está numa organização, quer permanecer em funções que lhe permitam flexibilidade com relação a quando e como trabalhar. Tende a buscar ocupações nas quais tenha a liberdade que procura, tais como ensino ou consultoria. Para manter sua autonomia, você recusa oportunidades de promoção ou avanço. Talvez você até procure ter seu próprio negócio para alcançar a sensação de autonomia, entretanto esse motivo não é o mesmo do descritivo da Âncora de Carreira Criatividade Empreendedora.

Segurança/Estabilidade: a principal preocupação é a sensação de bem-estar, segurança e estabilidade. Você não renunciaria a isso no trabalho ou na organização. Sua principal preocupação é alcançar a sensação de ser bem-sucedido, para ficar tranquilo. A âncora está demonstrada na preocupação pela segurança financeira (tais como aposentadoria e planos de pensão) ou segurança no emprego. Essa estabilidade pode significar a troca de sua lealdade e disposição de fazer qualquer coisa que seu empregador lhe pedir por uma promessa de garantia de emprego. Você se preocupa menos com o conteúdo do trabalho em si. No que se refere à autonomia, todo mundo tem certas necessidades de segurança e estabilidade, especialmente em épocas que os encargos financeiros são grandes ou quando se está para enfrentar a aposentadoria. Entretanto, as pessoas ancoradas dessa maneira estão sempre preocupadas com essas questões e constroem toda sua autoimagem em torno do gerenciamento da segurança e estabilidade.

Criatividade Empreendedora: o foco desta âncora é a criação de novas organizações, serviços ou produtos. Você não renunciaria à oportunidade de criar sua própria organização ou empreendimento, desenvolvidas com sua própria capacidade e disposição de assumir riscos e superar obstáculos. Você quer provar ao mundo que pode criar um empreendimento que seja o resultado do seu próprio esforço. Talvez você trabalhe para outros em alguma organização enquanto aprende e avalia oportunidades futuras, mas seguirá seu próprio caminho assim que sentir que tem condições para isso. Você quer que seu empreendimento seja financeiramente bem-sucedido como prova de sua capacidade.

Serviço/Dedicação a uma causa: se sua âncora de carreira é serviço/dedicação a uma causa, você não renunciaria à oportunidade de procurar um trabalho no qual pudesse realizar alguma coisa útil, como tornar o mundo um lugar melhor para se viver, solucionar problemas ambientais, melhorar a harmonia entre as pessoas, ajudar os outros, melhorar a segurança das pessoas, curar doenças através de novos produtos etc. Você busca essas oportunidades, mesmo que isso signifique mudar de organização, e não aceita transferências ou promoções que o desviem do trabalho que preencha esses valores.

Puro Desafio: a busca incessante por superação de obstáculos aparentemente impossíveis e a solução de problemas insolúveis definem o sucesso para estes profissionais. Para você, a única razão significativa para buscar um trabalho ou carreira é que tal permita vencer o impossível. Algumas pessoas encontram esse desafio em alguns trabalhos intelectuais, como o engenheiro interessado apenas em desenhos extremamente difíceis; outras encontram seu desafio em situações complexas, como um consultor estrategista interessado apenas em clientes à beira da falência e que já esgotaram todos os recursos; algumas o encontram na competição interpessoal, como o atleta profissional ou o vendedor que define cada venda como uma vitória ou derrota. A novidade, a variedade e a dificuldade tornam-se um fim em si, e, se alguma coisa é fácil, imediatamente torna-se monótona.

Estilo de Vida: nesta âncora, o profissional busca encontrar uma forma de integrar as necessidades individuais, familiares e as exigências de carreira. As pessoas procuram fazer todos os principais segmentos de sua vida trabalhar em conjunto, para um todo integrado e, portanto, precisa de uma situação de carreira que lhe dê flexibilidade suficiente para alcançar tal integração. Talvez você precise sacrificar alguns aspectos de sua carreira (por exemplo, uma mudança geográfica devido a uma promoção, mas que desestruturaria seu planejamento pessoal) e defina o sucesso em termos mais amplos do que simplesmente determiná-lo como aquele obtido na carreira. Você sente que sua identidade está mais vinculada ao modo de viver sua vida como um todo – como lida com família e como se desenvolve, por exemplo – do que com qualquer trabalho ou organização. Uma das ferramentas para apoiar quem tem essa Âncora de Carreira é a Roda da Vida, bastante utilizada em sessões de coaching.

A proposta é que, ao ler as oito Âncoras de Carreira, você identifique qual é a mais dominante em sua vida. Pode ocorrer que fique em dúvida entre duas ou três, mas uma deve ser aquela que você não abriria mão para ter mais satisfação na vida e no trabalho. O estudo sobre Âncora de Carreira deixou um grande legado para o tema autoconhecimento e carreira. Influenciou e continua influenciando diversos profissionais que atuam com gestão e desenvolvimento de pessoas. Além disso, serve para provocar uma honesta reflexão sobre se estamos vivendo nosso valor dominante na vida em cada fase que os desafios se apresentam.

PARA SABER MAIS

Fases da Vida:

Indico os livros: *Fases da vida*, de Bernard Lievegoed; e *Assuma a direção de sua carreira*, de Jair Moggi e Daniel Burkhard.

Âncora de Carreira:

É possível encontrar publicações consistentes sobre o assunto na internet, mas, na dúvida, vá direto à fonte: Dutra, J. S.; Albuquerque, L. Âncoras de Carreira – Extraído de *Career Anchors* de Edgar H. Schein. Adaptado para Administração de Recursos Humanos. Disponível em: <http://www.erudito.fea.usp.br/Portal-FEA/repositorio/188/ documentos/ancorasdecarreira_graduacao.doc>. Acesso em: 11 abr. 2017.

CONVERSAS INFLUENTES ....

Convidado: Fernando Luis Dias
Biografia: Diretor de projetos em estratégia de RH na Career Center Consultoria

Gianini – Qual foi o papel da influência em sua carreira?
Fernando – Vejo que em alguns momentos mais conscientes e em outros inconscientes, dentro dos vários papéis que exerci em RH, sempre pratiquei influência nas situações em que precisava vender uma ideia e propor projetos, mostrando principalmente os ganhos envolvidos. Em outras vezes demonstrando para o cliente que o caminho que ele está traçando talvez não seja o melhor e que existem outras possibilidades. Os momentos mais efetivos foram em implementações de novas práticas de recursos humanos, por vezes impactando o modelo de negócio de uma área específica e, em outras, impactando a empresa toda por meio de programas de gestão da mudança. Necessariamente nessas ações precisamos de apoio, convencer pares e conquistar o engajamento deles para o melhor da empresa.

Gianini – Como você se prepara para influenciar alguém? Como é o Fernando influenciador?
Fernando – Primeiro faço um trabalho comigo mesmo, tendo clareza sobre o objetivo e como posso ajudar a empresa e as outras áreas a alcançá-lo, ou seja, analiso qual é o meu papel no contexto e quais são minhas contribuições. Entendo que, independente dos papéis que exerça com o RH, preciso focar as questões econômicas, tendo uma visão mais macro do negócio. Normalmente começo com conversas individuais. Na minha experiência não vejo como melhor caminho trazer uma proposta muito significativa de mudança ou alteração de algo de uma forma inédita em um ambiente com muita gente. Nas conversas individuais procuro entender como as pessoas estão recebendo a ideia e analiso se posso fazer alguns ajustes para que quando chegar a um fórum maior as pessoas já saibam sobre o assunto.

Gianini – Que critério você utiliza para selecionar as pessoas para as conversas individuais?
Fernando – Podem ser as pessoas que serão mais impactadas. As pessoas que terão algum tipo de influência sobre quem vai tomar a decisão. Foco também as pessoas que são seguidas em suas opiniões, ou seja, exercem influência sobre outras. E, finalmente, as pessoas que decidem sobre a estrutura da organização.

Muitas vezes, o processo de aprovação passa por várias pessoas e é prudente envolvê-las nessas conversas.

Gianini – Você tem grande atuação pela Career Center e é reconhecido no Brasil sobre o tema pós-carreira. Como funciona esse trabalho?
Fernando – É um trabalho que ajuda as pessoas a pararem para refletir sobre essa fase da vida. Não significa que nessa nova fase não haverá trabalho, mas é principalmente o momento de refletir sobre qual é o papel do trabalho nela. Qual é o significado dele dentro do contexto de vida da pessoa. É o momento de repensar, analisando qual foi a trajetória da pessoa, se ela tem uma certa autonomia financeira, ou seja, o que ela deve priorizar e como irá equilibrar a vida, refletindo sobre as coisas que são importantes para ela dali em diante. Outro aspecto importante é ajudar as pessoas a se desvincularem de uma organização ou de determinada carreira, apoiando-as a achar um novo "eu" e a construírem um novo projeto de vida.

Gianini – No reposicionamento do pós-carreira, que caminhos as pessoas costumam seguir?
Fernando – Cada vez mais existem vários caminhos, um arranjo na vida que inclui possibilidades diversas. O que gosto de dizer é que não há um caminho certo, existe aquele que é o mais adequado para cada pessoa, mas é ela quem sempre escolhe. Nessas possibilidades há pessoas que até continuam com a mesma carreira em outra empresa, mas isso ocorre em número bem menor. Outros vão para a consultoria, alguns empreendem. Esses caminhos normalmente dependem do histórico pessoal. Alguns já possuem alguma atividade em paralelo. Também existem pessoas que têm o sonho de empreender e compreendemos que não possuem o perfil e que justamente essa não é a fase de arriscar, principalmente orientando-as sobre o quanto de dinheiro ela pretende comprometer. E se elas realmente desejam empreender, que comecem com algo pequeno, testando a ideia sem abrir mão do patrimônio financeiro que pode inviabilizar o seu futuro e da família. Hoje também existem outras formas de investir. A pessoa pode atuar com "investidor-anjo" ou fazer parte de um grupo de investidores de certos negócios. Por outro lado, existem pessoas que não focam o trabalho, que decidem buscar mais tempo de lazer e viagem. Outros decidem estudar – e não necessariamente algo ligado a trabalho. A gente tem visto que muitos aproveitam para fazer intercâmbio, porque é uma geração que antes não teve tempo ou condições financeiras de investir em outro idioma. Já vi gente que saiu e disse "Agora vou cuidar da minha saúde que está complicada". Também já vi gente que saiu e decidiu estudar psicologia e hoje atua como terapeuta. Outros se encontraram no esporte e decidem não exercer nenhuma atividade relacionada a um trabalho remunerado. Enfim, "tem de tudo".

Gianini – Qual a maneira mais segura para um autônomo "se aposentar"?
Fernando – Ele precisa pensar desde o início no longo prazo e com disciplina construir seu patrimônio, ou seja, sua sustentação financeira. É necessário olhar para a remuneração dentro de um horizonte que elimine uma possível sazonalidade e separar parte do rendimento para garantir a independência financeira no futuro. Não estou dizendo que é fácil, porém exige mais visão de longo prazo e disciplina do que outras coisas. É claro que exigirá controle, principalmente comportamental e uma decisão sobre o estilo de vida do presente e do futuro. Alguns, muitas vezes, têm um alto rendimento no período produtivo e gastam na mesma proporção, quando deveria ser o oposto. Deveriam poupar mais no período de alta, simplificando a vida, para ter mais autonomia no período menos produtivo. São escolhas, não há muito segredo. As pessoas no fundo sabem, mas não querem.

RESUMO DO CAPÍTULO

Objetivo

Compreender as principais características das fases do desenvolvimento humano dos 21 anos em diante e as oito Âncoras de Carreira, duas abordagens de autoconhecimento que podem influenciar diretamente as decisões de vida e carreira.

Os Setênios

- 4º Setênio (21 a 28 anos) – Fase emotiva;
- 5º Setênio (28 a 35 anos) – Fase racional;
- 6º Setênio (35 a 42 anos) – Fase consciente;
- 7º Setênio (42 a 49 anos) – Fase imaginativa;
- 8º Setênio (49 a 56 anos) – Fase inspirativa;
- 9º Setênio (56 a 63 anos) – Fase intuitiva.

Âncoras de Carreira

- Competência Técnica/Funcional;
- Competência Gerência Geral (GG);
- Autonomia/Independência;
- Segurança/Estabilidade;

- Criatividade Empreendedora;
- Serviço/Dedicação a uma Causa;
- Puro Desafio;
- Estilo de Vida.

Conversas influentes

Próximo capítulo

A partir do próximo capítulo começarei a explorar um conjunto de princípios, competências, modelos e ferramentas para capacitar um profissional a usar a influência para ser o protagonista da sua própria carreira. Especificamente, trataremos de quatro requisitos de "Como se tornar o protagonista da sua carreira".

QUESTÕES PARA DEBATE

1. Qual a diferença entre pós-graduação e mestrado?
2. Quais os desafios do quarto Setênio?
3. O que significa Âncora de Carreira?
4. Qual sua principal Âncora de Carreira? Detalhe a resposta.

CAPÍTULO 5

COMO SER O PROTAGONISTA DE SUA CARREIRA

> *Quando uma criatura humana desperta para um grande sonho e sobre ele lança toda a força de sua alma, todo o universo conspira a seu favor.*
>
> *Goethe*

OBJETIVO DO CAPÍTULO

Neste capítulo, você conhecerá os quatro requisitos para se tornar o protagonista de sua carreira. Eles servirão para orientar as questões técnicas e as ferramentas que serão abordadas no restante do livro.

O objetivo é primeiro firmar os alicerces para depois completar a obra. Acredito que colocar uma ferramenta nas mãos de alguém que não sabe para quê e como deve usá-la seja um sinal de desperdício.

A outra razão para reforçar esses requisitos é porque me sinto responsável em difundir os princípios de influência para que as pessoas a usem com ética e não como instrumento de manipulação. Contudo, estou ciente de que não tenho controle nenhum sobre como você irá utilizar os conhecimentos compartilhados neste livro.

Os quatro requisitos para desenvolver o poder de influência são:

- Seja um influenciador, não um manipulador;
- Seja o protagonista de sua vida;
- Conheça e use seus talentos e pontos fortes;
- Tenha um propósito firme e claro.

REQUISITO 1: SEJA UM INFLUENCIADOR, NÃO UM MANIPULADOR

Percebo que algumas pessoas depositam um tom pejorativo e resistem a entender e aprender sobre influência. Isso se dá porque assistimos, infelizmente, a diversos exemplos negativos de pessoas se utilizando da influência sem ética. O volume de notícias negativas no Brasil e no mundo que usam as expressões "poder, influência, moedas de troca" é tão grande que faz esses instrumentos de relação humana caírem na vala comum dos manipuladores.

Logo, a relevância e o impacto que uma influência positiva pode trazer em todas as relações sociais são ignorados e enquanto isso os exploradores de plantão empenham-se em dominar as armas da persuasão para atingir objetivos puramente egoístas. Não rejeite a necessidade de aprender tudo o que puder sobre influência pelo fato de interpretá-la de maneira equivocada.

Não sou juiz de ninguém, cada um é responsável por seus atos. Contudo, sou um combatente ferrenho contra os manipuladores e quero convidá-lo a trilhar essa senda comigo. A primeira arma para isso chama-se conhecimento.

Influência é uma ferramenta poderosa que pode ser utilizada tanto para o bem como para o mal. A intenção de quem a está utilizando é poder transformá-la em um instrumento de manipulação.

Jo Owen, em seu livro *A arte de influenciar pessoas*, ajuda-nos a quebrar alguns mitos sobre influência. Um deles é o mito da moralidade. Em linha com minhas observações, Owen (2011, p. 236) diz que:

> algumas pessoas enxergam a influência como nociva e manipuladora. Querem que a influência tenha princípios morais e seja uma força para o bem. A influência não tem princípios morais. Não é moral e nem imoral, mas amoral. É uma força para o bem ou para o mal, dependendo de quem a usa e para que fins. Em outras palavras, a influência é tão moral quanto o influenciador que utiliza as habilidades de influência.

Considerando as duas vertentes anteriores, a alternativa é sabermos como a influência funciona para não sermos alvo de manipuladores e aprendermos a resistir conscientemente às suas espertezas. Para isso, por meio de alguns exemplos, vamos distinguir influência de manipulação com o apoio do livro *Influência sem autoridade*, de Allan Cohen e David Bradford (2012, p. 290).

Manipulação:

- Fingir preocupação e interesse pelos outros;
- Mentir a respeito de suas intenções;
- Mentir a respeito dos custos envolvidos;
- Mentir a respeito dos benefícios;
- Comprometer-se com algo que não pretende fazer;
- Procurar fraquezas e vulnerabilidades nos outros, para fazer que se comprometam de forma a violar a própria integridade.

Influência:

- Estar consciente do que está fazendo para obter influência;
- Adaptar argumentos e linguagem aos interesses da outra pessoa;
- Não mencionar o objetivo final se ninguém perguntar;
- Esforçar-se para demonstrar interesse e atenção pela outra pessoa;
- Fazer um favor que não faria por qualquer pessoa.

Uma maneira simples e direta para compreender a diferença entre influência e manipulação é responder às seguintes perguntas a seguir:

Você já foi manipulado (enganado)?
Como se sentiu?
A confiança foi abalada?
Sentiu vontade de cooperar novamente com a pessoa que te enganou?

A principal moeda de troca da influência é a confiança. Quando ela é quebrada, dificilmente desejaremos colaborar. Talvez, dependendo da situação, da necessidade de sobrevivência, seguiremos somente "obedecendo" e entregando o pacote básico daquilo que nos solicitam. Nosso nível de proatividade, comprometimento, desempenho e criatividade oscila entre os pontos neutros e negativos. Confiança é o que mantém o processo de influência coeso e duradouro e está intrinsicamente ligada à firmeza de caráter, que forma o que você é por dentro. Quem você realmente é tem muito mais poder que qualquer ferramenta de influência, e qualquer método de influência é um recurso secundário que não se sustenta por si só.

Portanto, ser um influenciador é diferente de dominar vários "comos", ou seja, alguém que domina um conjunto de ferramentas mas é percebido como um aproveitador, que usa as ferramentas para usar as pessoas. Cuidado para não ser percebido como alguém que não merece confiança, um simpático de fachada, cuja palavra não vale nada. Não sei o quanto dói em você deixar de ser merecedor da confiança de alguém, o quanto o machuca ouvir: "Eu não confio em você!".

Robert Cialdini, autor do best-seller *As armas da persuasão*, uma das maiores autoridades mundiais sobre os estudos da persuasão, dedicou grande parte de suas pesquisas para entender o que nos faz dizer "sim" e o que os profissionais de persuasão fazem para conseguir isso. A resposta é que nós, humanos, tendemos a tomar decisões automáticas quando estamos envolvidos em um gatilho mental. Essa confiança automática se dá por vários motivos que o autor classificou em seis princípios universais de persuasão, os quais trataremos no Capítulo 9. Por ora, cabe reforçar que existe um campo invisível em que os manipuladores podem abusar da nossa boa-fé, em resumo, como diz o autor, nos fazendo de otários.

Por essa razão, faço um apelo: leia este livro com profundidade e aproprie-se dos fundamentos que explicam como a influência funciona. Ao obter mais consciência, você terá o benefício de aprender a blindar-se contra os manipuladores e atribuir-se a missão de levar esse conhecimento para outras pessoas.

Se eu puder contar com o seu apoio para compartilhar esse primeiro requisito, entenderei que o livro cumpriu sua missão.

REQUISITO 2: SEJA O PROTAGONISTA DE SUA VIDA

Pare alguns segundos e responda à seguinte pergunta: quem de fato você controla?

Essa é uma questão provocativa para que tome consciência sobre uma verdade irrefutável: você não controla ninguém. Nenhum ser humano pode ter controle sobre o outro. Esse seria um superpoder, explorado somente no mundo da ficção dos heróis. Por mais que tenhamos esse desejo, o fato não é real.

Sabem quem de fato controlamos? Ou sobre quem no mínimo deveríamos ter mais controle? Sobre nós mesmos. Domínio próprio, de como agimos e reagimos diante do mundo, é a única dimensão possível que podemos controlar.

Para fundamentar e reconhecer as bases desse requisito, vamos conhecer os argumentos de dois autores respeitados e suas respectivas obras: *Círculo de Preocupação e Influência*, de Stephen Covey, e *Lócus de Controle*, de Julian Rotter.

CÍRCULO DE INFLUÊNCIA

Figura 5.1   Círculo de Preocupação e de Influência de Covey

Tempo e energia gastos em assuntos que não controla: crise, notícias, o que pensam sobre você.
Negligencio o que de fato tenho controle direto ou indireto e por essa razão o meu Círculo de Influência diminui.

Tempo e energia focados na resolução das situações que controla.
Ocorre consequentente a expansão do Círculo de Influência.

Fonte: Covey (1989).

Tentar desenvolver e aprimorar a habilidade de influência terá pouco efeito se o modelo mental e a postura da pessoa continuar sendo governada pelo Círculo de Preocupação. Leitura de livros, cursos com especialistas, treinamentos dirigidos não produzirão resultados efetivos e duradouros para aqueles que continuarem no papel de vítima das circunstâncias.

O influenciado deve expandir o seu Círculo de Influência para impactar as situações a seu redor. A postura proativa faz que lidemos de maneira produtiva em relação aos problemas que somos acometidos. É incongruente e pouco provável reconhecer uma pessoa bem-sucedida em sua área de atuação que não tenha adotado um comportamento de protagonismo, assumindo a responsabilidade pelas próprias decisões e as consequências que elas trazem.

Os problemas fazem parte da dinâmica da vida.

A abordagem de Covey divide o Círculo de Influência em três categorias de problemas, como apresentado a seguir.

CONTROLES: DIRETO, INDIRETO E INEXISTENTE

Controle Direto: são problemas que envolvem nosso próprio comportamento.

Controle Indireto: problemas que envolvem o comportamento do outro e podemos influenciar.

Controle Inexistente: problemas em que não podemos interferir, em que não temos alcance direto ou indireto para modificá-lo.

Os problemas de Controle Direto estão obviamente dentro de nosso Círculo de Influência e dizem respeito às nossas crenças e comportamentos. Os problemas de Controle Indireto são resolvidos pelo grau de nosso poder para influenciar pessoas. Existem diversas competências, métodos e modelos que podem ser utilizados, conforme o contexto, para influenciar as pessoas de que dependemos para atingir algum objetivo.

Para Covey (1989, p. 51):

> Problemas de Controle Inexistente implicam assumir a responsabilidade de mudar nossa atitude em relação ao que não podemos modificar – aprender a sorrir, a aceitar de modo genuíno e pacífico estes problemas, aprender a conviver com eles, apesar de não gostarmos do fato.

Concluímos esta abordagem com uma meta clara, dividida em três dimensões, para desenvolver nosso poder de influência:

Dimensão 1: Reavaliar nossas crenças e modificar nossos hábitos;
Dimensão 2: Desenvolver, aprimorar e modificar os métodos de influência; e
Dimensão 3: Modificar o modo como enxergamos e reagimos aos problemas de solução inexistente.

Figura 5.2   Círculo de Influência

Fonte: Covey (1989).

Controlo (Controle Direto): diz respeito a tudo o que temos controle direto. Podemos considerar todos os recursos e atributos que possuímos e que podem impactar os outros: nossos talentos, pontos fortes, características física e pessoal, visão de mundo, valores etc., ou seja, tudo o que diz respeito à relação intrapessoal. Nesta área ainda está o domínio próprio: autocontrole sobre as próprias emoções e a capacidade de não reagir impulsivamente diante daquilo que nos incomoda. Dentro daquilo que controlamos, está também a definição dos nossos objetivos. Ninguém tem o poder de definir o que queremos, isso é responsabilidade nossa.

Influencio (Controle Indireto): é a área de influência que diz respeito às nossas relações interpessoais, ou seja, todos os graus de interdependência que temos com as pessoas ao nosso redor. São todas as situações que não temos controle direto, porém podemos influenciar.

Não controlo (Controle Inexistente): são as situações fora de nosso controle, que não conseguimos acessar nem de forma indireta. Não diz respeito às pessoas, mas sim aos sistemas maiores e complexos que podem influenciar os resultados que queremos alcançar. Como não temos controle sobre eles, precisamos no mínimo saber que existem, monitorá-los e saber como reagir caso transformem-se em ameaças reais aos nossos objetivos.

LÓCUS DE CONTROLE

Muito antes de Covey, Julian B. Rotter, em 1966, em seu artigo *Psychological Monographs*, trouxe o conceito de Lócus de Controle Interno e Externo, que referem-se ao grau em que as pessoas atribuem responsabilidade sobre os eventos que influenciam sua vida.

Pessoas com maior Lócus de Controle Interno são mais propensas a assumir a responsabilidade por suas ações. Tendem a ser mais autoconfiantes e menos influenciadas pela opinião dos outros. As pessoas com inclinação maior ao Lócus de Controle Externo tendem a culpar mais as forças externas pelas circunstâncias que se encontram. Sentem-se mais impotentes diante de situações difíceis e atribuem os resultados a questões de sorte ou azar e até, influenciados por dogmas religiosos, suprimem suas próprias responsabilidades e as delegam para um Deus, um ser superior, as consequências de sua vida. Não estou aqui criticando a fé de ninguém. Todo meu respeito às suas crenças espirituais, mas estamos falando de nós, "terrenos".

Tim Clark (2013), no maravilhoso livro *Business Model You*, reforça a importância em adotar o Lócus de Controle Interno como referência para decisões de carreira. Ele afirma que os profissionais de carreira notam que um *lócus* interno de controle é fundamental para a satisfação profissional. O *lócus* interno de controle significa que você decide por si mesmo o que você quer fazer, ao invés de ser influenciado por terceiros (familiares, amigos, colegas, dinheiro, a sociedade em geral). Quando nós nos conhecemos bem, é improvável agir por causa das expectativas dos outros – ou deixar as nossas carreiras no piloto automático.

Para transformar-se no protagonista de sua carreira e usar as habilidades de influência de forma consciente e estruturada, invista em seu Lócus de Controle Interno.

Reflexões práticas sobre os dois conceitos:

Olhando para o Círculo de Influência, o que você controla? Quais são seus valores, interesses e objetivos de carreira?

Qual é o seu Lócus de Controle? Interno: você governa a sua vida? Externo: você está refém das influências externas?

Responder às perguntas é um grande passo para examinar a si mesmo para desenvolver o poder de influência que existe em você.

REQUISITO 3: CONHEÇA E USE SEUS TALENTOS E PONTOS FORTES

O que é um talento? Você conhece os seus?

Vamos nos apoiar em um livro que gosto muito, *Descubra seus pontos fortes*, de Marcus Buckingham e Donald O. Clifton, para começar a responder a essas questões. Entre tantas definições sobre talento, os autores simplificam de forma precisa que "talento é qualquer padrão recorrente de pensamento, sensação ou comportamento que possa ser usado produtivamente" (BUCKINGHAM; CLIFTON, 2008, p. 55). Gosto de entender talento como tudo o que fazemos de maneira natural, espontânea e instintiva repetidas vezes. É um conjunto de capacidades constituídas em nossa rede neural que gera e libera energias transformadoras. Os talentos representam a fonte de nossos pontos fortes, ou seja, para os autores, é impossível desenvolvermos um ponto forte sem um talento subjacente.

Considero Marcos Buckingham um dos maiores especialistas no estudo sobre talentos. Em 2012, o autor lançou no Brasil o livro *Destaque-se*, simplificando ainda mais sua pesquisa sobre talento e pontos fortes. O autor diz que todos temos talentos inatos. O desafio é que tenhamos consciência suficiente para reconhecê-los e canalizá-los de maneira adequada, com uma noção exata de propósito e direção (BUCKINGHAM; CLIFTON, 2012, p. 132). No entanto, apesar de seus talentos serem parte de quem você é, é extremamente desafiador entendê-los, controlá-los e fazê-los trabalhar a seu favor.

Três pistas podem nos ajudar a reconhecer os nossos talentos dominantes:

1. **Desejo:** as atividades que mais nos atraem indicam a busca pelo despertar de nossos talentos;
2. **Aprendizado rápido:** a velocidade e a facilidade com que aprendemos acima da média da maioria proporciona o indício da presença de um talento;
3. **Satisfação:** se nos sentimos bem ao executar uma atividade é bem provável que estejamos atuando dentro de nossa área de talento. Essas atividades normalmente nos proporcionam mais energia psicológica e prazer.

Se o talento representa a fonte, o que são os pontos fortes? Boa pergunta. Ponto forte é tudo aquilo que você consegue realizar de forma consistente e quase perfeita. São certas coisas que lhe são tão naturais que você pode não perceber de que se trata de uma habilidade única que lhe dá vantagens em relação às outras pessoas. Os seus pontos fortes são medidos pelo grau de excelência dos resultados que produz. As ações que geram valor para companhia e que proporcionam reconhecimento social por suas habilidades e atitudes. Ponto forte = ação + excelência no resultado.

Os pontos fortes precisam ser utilizados de forma consciente e direcionados a um propósito. Buckingham defende que não é muito útil gastar tempo e energia aprimorando os pontos fracos. Eles precisam ser melhorados e gerenciados quando podem impactar substancialmente o resultado esperado e merecem atenção até alcançarem um grau de aceitação. Segundo o autor, um ponto fraco dificilmente se tornará um ponto forte simplesmente por estar fora de nossa área de talento (Buckingham, 2008). O foco é: reconheça e saiba aplicar seus pontos fortes. E quais são os pontos fortes de um influenciador? Vamos conversar sobre eles no próximo capítulo.

REQUISITO 4: TENHA UM PROPÓSITO FIRME E CLARO

> Correr sem rumo é esperar em movimento.
> *Autor desconhecido*

QUAL SEU PROPÓSITO DE CARREIRA?

Infelizmente muitos nunca pararam para responder a essa pergunta. Não sei se você já se perguntou sobre isso. Pois bem, se ainda não fez, chegou a hora.

Para que os talentos e os pontos fortes de um influenciador sejam potencializados, eles precisam de um propósito. Parece óbvio, mas pessoas que sentem prazer em persuadir os outros devem tomar cuidado para não influenciarem simplesmente por influenciar, para vangloriarem-se de seus talentos naturais.

A pergunta-chave para produzir resultados efetivos e duradouros é: influenciar quem e por quê? Dominar uma ferramenta sem dar-lhe sentido é um dos maiores sinais de desperdício.

O QUE É UM PROPÓSITO?

Representa um conjunto de ações e comportamentos que faz que nos sintamos úteis e realizados. Viver o propósito é viver de forma coerente com os próprios talentos e valores. É um estilo de vida que dá significado às nossas escolhas.

OS PROPÓSITOS SÃO DEFINITIVOS?

Não. Nós podemos mudar de propósito dependendo do nosso ciclo de realizações e conquistas.

COMO POSSO DEFINIR OU DESCOBRIR MEU PROPÓSITO?

Para apoiá-lo a encontrar e/ou descrever seu propósito, vamos usar duas abordagens modernas de duas obras altamente respeitadas. A primeira abordagem é uma adaptação de um exercício do livro *Business Model You*, escrito por Tim Clark, já mencionado. A segunda abordagem está no *Golden Circle*, desenvolvido por Simon Sinek (2012, pp. 49-52) no livro *Por quê? – Como Motivar Pessoas e Equipes a Agir.*

PRIMEIRA ABORDAGEM: TÉCNICA ABCD

Como descrever seu propósito de carreira.

Quadro 5.1   Descrição de meu propósito de carreira

	A (verbo)	B (quem)	C (como)	D (para quê)
Eu quero	**apoiar**	**profissionais em transição,**	**compartilhando conhecimento e técnicas de influência,**	**a alcançarem os seus objetivos de carreira de maneira ética.**
Aspiração / Desejo	Proposta de Valor – solução	Clientes (interno ou externo)	Área de talento + pontos fortes	Proposta de valor – benefício para o cliente
Ter um livro relevante publicado que ajude as pessoas.	Desenhar um caminho estruturado, fundamentado em minha experiência e em autores renomados.	Pessoas que precisam aprender a exercer seu poder de influência para apoiar o desenvolvimento de suas carreiras.	Publicando um livro relevante, sério e objetivo sobre influência no Brasil. Compartilhando minha experiência com as práticas de influência. Entrevistando especialistas e líderes sobre o impacto da influência em suas carreiras.	Se sentirem seguros e aptos para a função. Desenvolver profissionais éticos e conscientes sobre seu poder de influência. Capacitar o máximo possível de pessoas para impactarem o mundo positivamente por meio de seus poderes de influência.

Fonte: Adaptado de Clark (2013, p. 146).

Agora é sua vez: descreva sua declaração de propósito. Faça como preferir, escreva no próprio livro ou faça o download do *template* deste quadro no link: www.gianiniferreira.com.br/declaracaodeproposito.

Quadro 5.2　Formulário para declaração de seu propósito de carreira

	A (verbo)	B (quem)	C (como)	D (para quê)
Eu quero				
Qual sua aspiração?	Qual é sua proposta de valor? Sua solução para o cliente?	Quem é seu cliente?	Qual é sua área de talento e seus pontos fortes? O que você faz bem?	Que benefício você vai gerar para o cliente? Qual a contribuição para o mundo?

Fonte: Adaptado de Clark (2013, p. 146).

Não se preocupe se no momento sua declaração de propósito ainda apresenta dúvidas. Escreva de forma espontânea, registrando o que vier à sua mente. Se preferir, pule este exercício e volte depois, mas não deixe de realizá-lo, pois vai fazer falta mais à frente.

SEGUNDA ABORDAGEM: *GOLDEN CIRCLE* OU CÍRCULO DE OURO

O Círculo de Ouro é um conceito desenvolvido por Simon Sinek que se popularizou a partir de sua palestra ministrada no TED[1] em 2009. Sinek explica que o Círculo de Ouro encontra ordem e previsibilidade no comportamento humano.

1　TED (acrônimo de Technology, Entertainment, Design; em português: Tecnologia, Entretenimento, Design) é uma série de conferências realizadas na Europa, na Ásia e nas Américas pela fundação sem fins lucrativos Sapling, dos Estados Unidos, destinadas à disseminação de ideias – segundo as palavras da própria organização, "ideias que merecem ser disseminadas". Suas apresentações são limitadas a dezoito minutos e os vídeos são amplamente divulgados na Internet.
SINKE, S. Como grandes líderes inspiram ação. 2009. Disponível em: <https://www.ted.com/talks/simon_sinek_how_great_leaders_inspire_action?language=pt-br>. Acesso em: 4 set. 2017.

Simplificando, ele nos ajuda a entender o porquê de fazermos o que fazemos. Ele traz evidências convincentes de quanto mais poderemos realizar se nos lembrarmos de começar tudo o que fazemos perguntando antes o porquê.

Segundo o autor, o Círculo de Ouro é uma perspectiva para entender por que alguns líderes e organizações conseguem atingir um grau de influência desproporcional. Tudo acontece de dentro para fora. Tudo começa com "por quê?".

Figura 5.3   Prática comum

Baixo engajamento, baixo grau de influência. Comunicação de fora para dentro.
O quê?: a comunicação começa pelos "o quês", colocando-nos como simples tarefeiros. Teoricamente sabemos o que precisamos fazer, mas temos dificuldade em atribuir prioridade e avaliar os impactos.
Como?: Alguns de nós pensam nos "comos" individualmente. Tentamos encontrar uma forma de fazer diferente, mas sem ter clareza do real impacto dessa diferença no objetivo.
Por quê?: Pouquíssimos de nós conseguem explicar com clareza o porquê de fazermos o que fazemos. Caímos na rotina e na obra do acaso, lutando por sobrevivência e uma esmola de reconhecimento externo, o que chamamos erroneamente de motivação.

Fonte: Adaptado de Sinek (2012, pp. 49-52).

Figura 5.4   Círculo de Ouro

Alto engajamento, alto grau de influência. Comunicação de dentro para fora.
Por quê?: a comunicação começa de dentro para fora, buscando constantemente a clareza sobre o porquê de fazermos o que fazemos. Nossa comunicação e poder de influência ganham força.
Como?: Os "comos" conectam-se com o "porquê?", irradiando autonomia, responsabilidade e criatividade nas ações, produzindo um valor com significado para quem entrega e para quem recebe.
O quê?: Cada "o quê" é uma dose de automotivação, porque cada movimento tem um propósito claro. A maioria consegue olhar para uma simples tarefa e enxergar um significado nela. Concentra-se energia e foco para gerar valor para todos os envolvidos.

Fonte: Adaptado de Sinek (2012, pp. 49-52).

UTILIZANDO O CÍRCULO DE OURO PARA CONSTRUIR SEU PROPÓSITO DE CARREIRA

Vamos adaptar a abordagem de Simon Sinek e responder algumas perguntas para construirmos um propósito de carreira firme e claro.

Quadro 5.5   Propósito de carreira

Por quê?
Por que escolhi esta profissão?
Por que trabalho nesta empresa?
Por que faço o que faço?
Por que as pessoas se importariam com o que faço?

Como?
Como posso entregar valor para as pessoas?
Como meus talentos e pontos fortes podem ajudar alguém?
Como posso me tornar referência naquilo que faço?
Como o que faço resolve o problema de alguém?
Como posso ser mais criativo ou fazer de uma forma diferente dos outros para gerar mais valor?

O quê?
O que faço é compreendido pelos outros?
Minhas ações traduzem meus porquês?
Minhas entregas (produtos/serviços) reforçam minha missão pessoal?
Meus comportamentos são consistentes e confiáveis?

Fonte: Adaptado de Sinek (2012).

Os quatro requisitos abordados devem anteceder qualquer método de persuasão, pois revelam a natureza e todo o potencial do influenciador. Kurt Mortensen (2010, p. 139) traduz a ideia central daquilo que defendo quando afirma que a influência é a maior forma de persuasão. Por quê? Com influência, as pessoas entram em ação, pois estão inspiradas por sua natureza geral e não por suas ações externas. Nesse sentido, o que emana de dentro para fora – caráter, talentos e propósito – expressam tanto poder que as ferramentas e métodos sustentam-se em uma base confiável de influência. Para Mortensen, persuasão diz respeito ao que você faz (ou seja, técnicas, habilidades interpessoais, leis da persuasão), mas influência diz respeito a quem você é. Fantástico!

Como exercer influência? O que é ser um influenciador?
Quais competências são necessárias para tornar-se um grande influenciador? É o que veremos no próximo capítulo.

CONVERSAS INFLUENTES ....

Convidado: Sila da Conceição[2]
Biografia: Empreendedor

Gianini – Como sua maneira de se relacionar ajudou você a chegar aonde está?
Sila – Se você não tem espírito de convivência, vai chegar a lugares que não irá se adequar, porque por todo lado tem ser humano. O segredo é saber se relacionar. Eu, por exemplo, passei por diversas situações na minha vida que, se eu não soubesse conviver com pessoas diferentes, eu não estaria mais aqui. Por questão de sobrevivência, eu morei na rua dos 7 aos 19 anos, tendo que aprender a conviver com todo tipo de gente. Morei no meio de mendigo, prostituta, malandro etc. Ora dormindo aqui, ora ali, dividindo um prato de comida, sendo ajudado e ajudando quando eu podia. Foram doze anos de escola da rua e nunca parei para perder tempo reclamando.

Gianini – As pessoas dizem que você está sempre com pressa, por quê?
Sila – É o seguinte, o tempo é implacável, ele não te dá revanche, o tempo te empurra e você não o vê. Tenho essa gana de fazer o que puder enquanto estiver vivo. Ele passa para todos nós, então eu não devo de maneira nenhuma dizer que posso desperdiçar o tempo. Ele não é meu, e ninguém tem o tempo na mão, não é, meu irmão? Você tem que criar algo dentro do tempo para fazer aquilo que quiser. Digo sempre que há duas coisas que trabalham contra a gente: a primeira é o tempo, e a segunda é o medo. O medo te deixa engessado. Talvez eu tenha tido vantagem porque eu aprendi na vida a lidar com o medo.

Gianini – Como foi o período da prisão?
Sila – Eu passei duas vezes pelo Carandiru, e uma delas não foi fácil porque encontrei alguém que eu tinha conhecido em Manaus. Então o cara me convidou para fazer as mesmas coisas que a gente fazia antes, e tentar convencer o cara que eu não ia fazer aquela parceria com ele dentro do Carandiru foi duro.

Gianini – E o que você fez? Quais foram seus argumentos?
Sila – Quando eu pedi para ele me deixar fora do esquema dentro da cadeia, ele disse que iria abrir uma votação com os treze que estavam na cela. Antes da votação, tive que argumentar com os caras e disse o seguinte: "Rapaziada, aqui dentro eu

---
2 A história de Sila da Conceição virou o documentário *Pega Ladrão* produzido pela Globo News e lançado em 2017.

sou só mais um, mas lá fora eu posso ser bem mais útil para vocês do que aqui dentro". Fui mostrando detalhes para eles. Demonstrei que a menor pena entre eles era de cento e poucos anos e que eu tinha só mais seis meses. E eu não tinha tempo, queria que a votação acontecesse ali na hora. Se eu deixasse aquela situação fugir do controle, perderia força, porque a conversa poderia chegar a outros poderosos. Era mais fácil eu tentar dominar treze do que um batalhão. Quando ele abriu a votação, eu acabei ganhando e até saindo antes do tempo por ser réu primário.

Gianini – E o que você prometeu que iria fazer fora. Eles cobraram depois?
Sila – Não deixei eles me cobrarem. Naquela época tinha – e ainda deve ter – o seguinte: você deixava durante o dia uma compra de supermercado para ser distribuída à noite no xadrez para os presos. O que eu fazia? Havia aquelas pastas de dente Kolynos grandona e uma cédula de dinheiro que era a mais valiosa naquele tempo, a de quinhentos cruzeiros. Eu cortava a pasta pelo fundo e ia empurrando o dinheiro enquanto a pasta saía em cima. Colocava três notas em treze tubos e destinava para eles. Fiz isso durante umas quatro semanas mais ou menos em nome do cara de Manaus. E aí, meu irmão, foi o seguinte: depois disso recebi uma carta e, como não sabia ler, pedi para um colega ali no Brás ler pra mim. Depois da terceira ou quarta linha, pedi para o cara parar porque eram muitos elogios que me fizeram até chorar. O cara dizia que malandro era eu, não ele que estava na cadeia. Por ironia, passou um mês mais ou menos eu entrei em cana de novo. Chegando lá, os caras me deram a melhor assistência. Por isso, eu digo: "A melhor malandragem do mundo é você ser honesto. Cumprir com aquilo que fala". Você imagina se eu tivesse feito aquilo para me safar e depois não mandasse o que tinha prometido?

Gianini – Quando você deixou o crime aos 29 anos, como usou a influência para recomeçar?
Sila – Meu irmão, eu digo que tive até agora três fases na vida: a miséria, a mordomia e o trabalho, que é onde estou agora. Em nenhuma delas eu acreditei na grana. Primeiro acreditei em Deus e depois acreditei em mim. Em todas elas fui entendendo como funcionava o ser humano. E percebi que o que mais vale na vida é a palavra. O meu nome sempre foi o meu maior patrimônio e o que abria porta. Gerente de banco gostava de mim porque eu entendi como funcionava. Meus carnês eram pagos todos em dia e com isso eu conseguia mais crédito. Não comprava nada à vista, usava meu crédito porque assim eu crescia. O que fazia era tentar quitar as dívidas antes. Até hoje não gosto de comprar nada à vista, porque quando você faz isso é o seu dinheiro que é conhecido. Quando você compra fiado, quem é conhecido é tu. E assim eu testo meu nome na praça. Tudo

isso pra mim significa confiança. É o que aprendi a praticar, e isso pra mim também é influência. Meu irmão, não gosto de conversa mole. Por exemplo, quando vou fechar um negócio e a pessoa diz que precisa falar com a esposa, o marido ou a mãe ou com quem for, eu não fecho. Digo o seguinte: "Se não é tu que decide e muito menos quem vai assumir a responsabilidade pela decisão, não fecho negócio com você". Aprendi a lidar com o ser humano. Como você sabe, eu sou analfabeto, mas aprendi na vida a ler as pessoas.

RESUMO DO CAPÍTULO

Objetivo
Começar a aprender como usar a influência para desenhar seu projeto de carreira.

Requisito 1: seja um influenciador, não um manipulador
Distinção entre influência e manipulação com exemplos.

Requisito 2: seja o protagonista de sua vida
- Círculo de Influência;
- Lócus de Controle Interno e Externo.

Requisito 3: Conheça e use seus talentos e pontos fortes
Definição de talento e a importância de focar nos pontos fortes.

Requisito 4: Tenha um propósito firme e claro
- Declaração de Propósito – Técnica ABCD;
- Círculo de Ouro – Reflexão sobre os "porquês", "comos" e "o quês" de nossa carreira.

Conversas influentes

Próximo capítulo

No próximo capítulo conheceremos as principais características de um influenciador. Aprenderemos sobre a roda de competências que habilitam um influenciador a impactar o comportamento de outras pessoas.

QUESTÕES PARA DEBATE

1. Qual a diferença entre influência e manipulação?
2. Quais os desafios do protagonismo?
3. Quais são seus principais pontos fortes?
4. Como você descreveria hoje seu propósito de carreira?

CAPÍTULO 6

A RODA DE COMPETÊNCIAS DO INFLUENCIADOR

> "Como" é sempre mais importante do que "o quê".
> *Eckhart Tolle*

OBJETIVO DO CAPÍTULO

O objetivo deste capítulo é descrever as qualidades que formam a roda de competências de um influenciador eficaz.

Dominar essas competências pode levar o influenciador a conquistar o SIM e formar uma rede de influência ativa e disposta a cooperar. Atenção: disse que "pode", não prometo garantia de sucesso.

Vejo autores e propagandas de cursos com frases de efeito prometendo o que não é garantido. Alguns exemplos:

"Domine a arte da persuasão, conquiste o SIM de qualquer pessoa e dobre seus resultados."

"Domine o processo de influência para aumentar os lucros de seu negócio."

"Como convencer qualquer um em seis etapas."

Imagino que você ligue o seu "desconfiômetro" quando se depara com promessas assim.

Conforme alinhado no início do livro, a conversa entre nós tem que ser transparente, ou seja, neste livro não há promessas, milagres ou algo do gênero, o que ofereço é minha experiência e meu conhecimento. Compartilho com você vivências que têm dado muito certo. Por exemplo, neste capítulo apresento oito competências que acredito que podem aumentar substancialmente suas chances de alavancar a carreira e construir uma forte rede de colaboração para apoiar seus objetivos.

Não foi nada fácil selecionar oito competências. Alguns podem questionar: por que oito? Talvez tenham razão, eu mesmo acredito que existam mais. Mas, para o propósito deste livro, adotei dois critérios para não fazer uma lista longa e exaustiva. O primeiro pautou-se em descobrir um padrão recorrente nas obras das principais autoridades sobre poder, influência e persuasão que eu consultei e respeito; o segundo critério partiu da minha experiência, pesquisa e atividades profissionais específicas sobre o tema em mais de uma década. Nesse processo, estabeleci reflexões entre teoria e prática para angular essas oito competências.

O QUE É SER UM INFLUENCIADOR?

Influenciadores eficazes demonstram algumas habilidades consistentes que constituem sua reputação. Ao longo do tempo, constroem a imagem de uma pessoa de confiança, de alguém que agrega valor e sabe conectar os indivíduos certos para fazer as coisas acontecerem. Os influenciadores são lembrados quando alguém precisa se conectar com outra pessoa para resolver alguma situação. Normalmente dizem: "Fale com fulano. Se ele não conseguir, ninguém consegue".

Além das habilidades, as questões comportamentais são fundamentais na vida de um influenciador. O modelo mental correto, guiado por crenças e atitudes positivas, representa o combustível do influenciador. A crença fundamental é de que nós não controlamos as pessoas e ao mesmo tempo dependemos delas para atender aos nossos objetivos. Não estou dizendo que vamos "usar" as pessoas para nossos objetivos egoístas, mas sim que precisamos agir para estimular a cooperação mútua.

Para Jo Owen (2011), os influenciadores não desejam o sucesso isolado, eles querem desenvolver um compromisso duradouro. Enxergam o mundo através dos olhos das outras pessoas e adaptam suas mensagens e seus comportamentos para construírem alianças de confiança e respeito mútuo. Este livro apoiará você de maneira consistente nesse caminho, contornado de dicas valiosas. Sobretudo, como já adiantei, o real aprendizado deve ser obtido pela própria experiência.

AS CARACTERÍSTICAS DE UM INFLUENCIADOR

Esta seção do livro poderá aguçar seu desejo em desenvolver ou aprimorar as habilidades de influência. Sua vontade em praticar crescerá à medida que você se identificar com os exemplos.

Marcus Buckingham (2012, pp. 77-8), autor do livro *Destaque-se*, examinou centenas de pontos fortes a partir das combinações mais comuns e relevantes entre grandes profissionais e publicou nove perfis significativos de comportamento no trabalho, entre os quais encontra-se o do influenciador, cujas principais características são:

Em qualquer situação, os olhos do influenciador buscam o resultado. Ele mede seu sucesso pela capacidade de convencer outra pessoa a fazer algo que entende ser a melhor coisa a ser feita. As perguntas que o movem são: "Como posso levá-lo a agir?", "Como posso conquistar o compromisso desta pessoa?".

O influenciador comporta-se assim porque de alguma forma enxerga o que acontecerá se o outro não fizer nada. Em parte porque instintivamente percebe quando a situação é favorável e frustra-se ao se deparar com alguém que atrapalha o andamento do trabalho. Para o influenciador é desafiador e estimulante mobilizar as pessoas para que as coisas aconteçam.

O influenciador é estratégico e concentra suas atenções na ação. Para levar o outro a agir, ele tem uma pergunta de praxe: "O que podemos fazer?". A inatividade o incomoda, por isso transmite convicção e sua fala torna-se poderosa e persuasiva.

É um grande ouvinte por dois motivos: ou para deixar que a pessoa que fala se veja por si só num lugar onde já está psicologicamente preparada para agir ou para que ele descubra o que a motiva a tomar uma decisão. Ouvir, para o influenciador, é estratégico. Para estruturar seus argumentos, ele ouve de modo a identificar o que a pessoa valoriza, e isso torna sua comunicação mais assertiva.

O influenciador, normalmente, tem um objetivo claro ou o formula e constrói quando percebe a oportunidade de formar uma aliança. Isso faz que ele seja percebido como uma pessoa objetiva e decidida.

O influenciador conecta-se com as pessoas demonstrando um interesse genuíno nelas, tornando-se um sedutor eficaz.

A habilidade de fazer perguntas e a postura proativa em focar a solução para abrir caminhos faz que o influenciador seja seguido e admirado.

Lendo com atenção as características descritas por Buckingham, percebemos que as pessoas confiam e tendem a seguir aqueles que demonstram consistência e um senso de direção claro.

Com base nos critérios mencionados no início deste capítulo e nas características defendidas por Buckingham, apresento as oito competências que considero mais importantes para desenvolver um influenciador eficaz.

RODA DE COMPETÊNCIAS DO INFLUENCIADOR

Figura 6.1   A roda de competências do influenciador

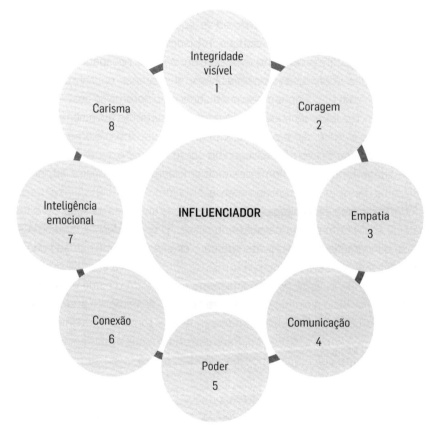

Fonte: O autor.

A ordem das oito competências não representa necessariamente uma sequência lógica ou um passo a passo de como influenciar alguém. Contudo, estabeleci uma conexão de forma a dar sentido à aplicação.

COMPETÊNCIA 1: INTEGRIDADE VISÍVEL

Um influenciador pode ocupar diversos papéis na vida: líder, vendedor, comunicador, advogado, professor, palestrante, pai/mãe, empreendedor, arquiteto, técnico de segurança, médico, pastor etc. Em linhas gerais, em qualquer posição social podemos ser influenciadores, dentro ou fora da empresa. Em qualquer um desses papéis, o influenciador conquistará uma cooperação duradoura e sustentável quando sua integridade for visível para todos com quem convive. Ele não precisa se esforçar para conquistar a confiança de alguém, pois a firmeza de seu caráter e a consistência de suas ações são facilmente percebidas. Isso lhe atribui um poder pessoal inquebrantável. O influenciador transmite credibilidade e não tenta fingir ser quem não é para agradar as pessoas para depois tirar algo delas. Diante de dilemas éticos, não titubeia, sim é sim e não é não. Alguém pode até não gostar de seu estilo, mas aprende a respeitá-lo e permite-se ser influenciado por ele ao sentir que pode confiar. Afinal, as pessoas preferem seguir e fazer alianças com aqueles em quem podem confiar.

Não escolhi por acaso começar por esta competência, que, na verdade, como tratei no requisito um do capítulo anterior, por mais que possa parecer óbvio, merece ser detalhada. Minha crença pessoal é que a integridade representa as raízes de todo processo de influência. Nas raízes encontram-se nossos substratos: princípios e valores que constituem nossa conduta e nosso maior patrimônio, denominado reputação. Entretanto, a integridade torna-se visível não por acaso. O comportamento íntegro é notado pelos outros porque o influenciador posiciona-se. Alguns podem ter o mesmo nível de integridade, mas em situações difíceis preferem se omitir. A omissão para o influenciador não é um comportamento preferencial. Em alguns casos, ele pode adotar o silêncio como estratégia até obter mais informações, mas em algum momento, se necessário, tomará uma posição.

O influenciar tem consciência de que sua integridade é a pedra mais preciosa dentro da rede de influência, por essa razão ele é um vigilante de si mesmo. Suas palavras e ações são pensadas buscando sempre um objetivo de caráter racional ou emocional. O que mais o machuca é quando percebe de alguma maneira que alguém não confia nele. Normalmente, ele investirá tempo e energia para validar se a desconfiança é real e tentará descobrir o motivo para reverter a situação. Esse é um tema que o influenciador não deixa de lado.

Por manter a sua integridade sempre visível, o influenciador inspira e conquista confiança com facilidade e naturalidade.

Avalie esta competência em sua personalidade.

1	2	3	4	5
Ruim	Fraca	Média	Forte	Excelente

Foque como pode usar melhor esta competência ou como pode aprimorá-la e escreva a seguir.

_____
_____
_____

COMPETÊNCIA 2: CORAGEM

Quando identificamos qual é nosso objetivo, precisamos de coragem para buscá-lo. Coragem é a principal virtude do influenciador. Por mais que seja clichê, na teoria todos sabemos que, quando não tentamos, o "não" é garantido. Contudo, qual é a razão que leva alguns a tentar e outros não? Percebo duas respostas para esse dilema: ou alguns não tentam porque o engajamento com o próprio objetivo é fraco ou falta coragem para tentar persuadir as pessoas necessárias para atingir o objetivo.

Em geral, temos que ser muito corajosos para expressar nossos sentimentos e, ao mesmo tempo, habilidosos o suficiente para direcionar a conversa para um propósito.

O influenciador não tem medo de ser vulnerável ao expor seus pontos de vista para persuadir os envolvidos. Ele é movido pela coragem para superar os possíveis obstáculos. A resistência dos interlocutores o estimula a encontrar alternativas, já que o foco do influenciador está na solução. Ele enxerga as objeções como fonte de informação para entender os motivos da resistência. Ao entender o outro, ele se conecta e abre espaço para a persuasão.

A coragem do influenciador não é um ato irresponsável ou ingênuo. Ele arrisca e ao mesmo tempo observa os comportamentos dos interlocutores para entender os interesses deles. Navega da análise para ação conforme o resultado da interação.

A postura corajosa do influenciador tem um efeito contagiante e inspirador. As pessoas percebem que ele tem coragem de agir com o coração e faz exatamente o que disse que iria fazer.

Sim, é preciso coragem para tentar influenciar o próprio chefe, para dizer "não" para um cliente ou para entrar em conversas desconfortáveis e complicadas quando a maioria prefere fugir delas.

Para Kurt Mortensen (2012, p. 80), autor do livro *As leis do carisma*, "enfrentar o medo pode envolver chamar para si a responsabilidade de tomar a decisão difícil. Você ganha o respeito de todos quando toma ou enfrenta as decisões difíceis com sabedoria e coragem". Para ser o protagonista da própria carreira, coragem é o elemento-chave, porque, ao longo dela, muitas decisões difíceis precisarão ser tomadas.

O oposto da coragem não é o medo, é a covardia. Em diversas situações, muitos se calam para não arriscar suas carreiras e negócios. Esse não é o comportamento do influenciador, ele sabe que ao expor suas ideias pode passar a enfrentar ameaças invisíveis. Todavia, corre o risco movido por uma forte convicção de que algo precisa ser feito. Ele vai falar com quem precisar falar, antes, porém, vai estudar como falar, fará a leitura do cenário para entender os interesses envolvidos para calibrar sua comunicação. Ele vai tentar.

A coragem do influenciador é assertiva, reflete firmeza de propósito, e isso em geral é admirável e mobiliza pessoas.

COMPETÊNCIA 3: EMPATIA

> Se seus recursos emocionais não estão ao seu alcance, se você não tem consciência de si mesmo, se é incapaz de administrar seu desgaste emocional, se não possui empatia e não tem relacionamentos eficazes, então não importa o quão inteligente você é: você não irá muito longe.
>
> *Daniel Goleman*

Empatia é uma habilidade que pode ser desenvolvida. Todos nós temos os recursos biológicos e psíquicos para aprimorá-la. É em nosso sistema límbico que os impulsos neuronais se vinculam com a empatia, com nossas emoções e com as emoções alheias. A empatia nos ajuda a reconhecer e identificar o estado emocional de outros indivíduos, elementos essenciais para adaptar a comunicação para se conectar com o outro no processo de persuasão.

Antes de aprofundar um pouco mais o conceito de empatia, gostaria de lhe fazer uma pergunta provocativa. A frase a seguir é bem conhecida. Leia-a atentamente por mais de uma vez e responda: ela representa o conceito de empatia?

"Trate o outro como você gostaria de ser tratado."

Responda agora: ( ) Sim   ( ) Não

Se você respondeu sim, caiu na armadilha que muitos caem. Por ser uma frase conhecida, nossa mente cria uma forma errônea de adaptá-la ao conceito de empatia. Se empatia é a minha capacidade de olhar pelos olhos do outro para compreender o que ele está sentindo e o que o motivou a adotar tal comportamento, existe um erro fundamental na frase. Vamos corrigi-la e note a enorme diferença que faz.

"Trate o outro como ~~você~~ ele gostaria de ser tratado."

Quem disse que o outro gosta das mesmas coisas que nós gostamos? É óbvio que não, pois somos todos diferentes, com gostos e preferências que nos distinguem. Empatia é a arte de identificar essas diferenças e aprender a lidar com elas.

Tratar o outro como ele gostaria de ser tratado não significa concordar com ele e muito menos fazer tudo aquilo que ele quer. Tal conduta nos ajuda a entrar em conexão com as emoções e motivações alheias e, assim, sabermos como reagir a elas. A função da empatia é buscar, perceber e entender o comportamento do outro. É uma postura de compaixão ativa, interessada genuinamente na outra pessoa. Saímos de nós sem abandonarmos nossos valores para aterrissar nos valores da outra pessoa para buscar identificação e agir com respeito.

A melhor maneira de praticar a empatia é reconhecer a presença e as emoções das outras pessoas, demonstrando interesse por elas. A empatia é a ponte que conecta o influenciador com o influenciado, com ela ganhamos afetividade e criamos conexões emocionais antes de disparar palavras ao vento, baseadas em nosso ponto de vista para tentar convencer. Os melhores influenciadores usam da empatia para conquistar o "sim" das pessoas a partir do ponto de vista delas. É a verdadeira arte da persuasão centrada no outro.

COMPETÊNCIA 4: COMUNICAÇÃO

Apresento a comunicação como a competência-mãe. Simplesmente porque toda nossa conexão com o mundo passa por ela. Logo, todas as outras competências são filhas dela. Como delegar, vender, engajar, apresentar e decidir algo sem comunicação? Como competência-mãe, ela é reconhecida como uma metacompetência, que faz que os melhores profissionais sigam além do esperado. Saber e não conseguir comunicar é o mesmo que não saber.

Comunicar é a ação de tornar algo comum, de modo que todos os envolvidos tenham o mesmo entendimento, que ele seja comum a todos. A melhor maneira para testar se a comunicação funcionou é checando o resultado. Se as ações realizadas partirem da mesma interpretação da mensagem e o resultado esperado por ambas as partes foi alcançado, a comunicação foi eficaz.

Não é concebível um influenciador com falhas graves de comunicação. Eu disse "falhas graves" porque como humanos todos nós estamos suscetíveis ao erro. A qualidade de comunicação do influenciador é notavelmente acima da média. Ele usa e aprimora essa ferramenta diariamente. É possível aprender a se comunicar melhor durante a vida toda – o influenciador sabe disso e busca meios para desenvolver essa habilidade, incansável e continuamente.

Além de habilidade, comunicação requer frequência, e esta deve estar na dose certa para não encher a "caixa de mensagens" do interlocutor.

Mas o que é ser um bom comunicador? Quando faço essa pergunta nos workshops de comunicação, as respostas mais comuns são:

- É saber se expressar bem;
- É falar com clareza;
- É escolher as palavras certas;
- É ser claro e objetivo;
- É ser simples e direto.

São raras as ocasiões em que eu recebo as seguintes respostas:

- É saber ouvir;
- É escutar o outro de verdade;
- É evitar o julgamento e tentar entender o outro primeiro;
- É não tentar adivinhar;
- É perguntar para entender para depois falar;
- É testar se o outro entendeu.

Como a comunicação é uma via de mão dupla, ela representa a interação entre o emissor e o receptor. Muitas vezes corremos o risco de pular a etapa de interação para a da suposição, ou seja, ao invés de perguntarmos para entender, tentamos adivinhar o que o receptor pensa e atropelamos a comunicação com os nossos prejulgamentos.

Em geral, todos nós sabemos que houve uma falha de comunicação quando o resultado é ruim. Normalmente, ouvimos as seguintes justificativas:

"Mas eu disse pra ele!"

"Mas eu falei com ela, eu tenho certeza que falei!"

"Mas eu enviei um e-mail explicando tudo!"

"Mas ela disse sim, falou que estava tudo certo!"

"Tá bom, dá próxima vez, além de falar, eu vou documentar tudo, registrar o e-mail no cartório!"

Esta é a pior em minha opinião: "Mas eu coloquei no grupo do Whatsapp, você não viu?".

Observando as justificativas anteriores, percebemos que algo deu errado, mas a culpa pelo estrago é de quem? Do outro, é claro. Defendemos que nossa parte da comunicação foi feita. Será?

Recomendo que você use a estrutura a seguir para melhorar a eficácia de sua comunicação e se tornar mais influente.

ABERTURA

Para que haja conexão, precisamos abrir a guarda do receptor. E a melhor maneira de abrir a guarda de alguém é irmos desarmados para a comunicação. Com o espírito aberto, prontos para aceitar o outro do "jeitinho" que ele é. Precisamos adotar conscientemente uma postura verbal e não verbal aberta, receptiva. Apresente um leve sorriso, sorria também com os olhos. Estabeleça contato visual sem constranger a pessoa. Não exagere na simpatia, pois, para alguns, isso pode gerar antipatia. Pesquise sobre os interesses da pessoa antes, observe o interlocutor e o ambiente, e seja criativo para estabelecer o primeiro contato. A melhor maneira de ser significante para o outro é torná-lo significante. Todos os seres humanos têm algo de valor, nosso papel é abrir as portas para identificá-lo.

Les Carter e Jin Underwood (2000, p. 39), no livro *O princípio da significância*, nos inspiram com a seguinte ideia: "Somente quando reconhecemos o valor dos outros é que eles são capazes de compartilhar este valor conosco".

PERGUNTA

A pergunta é um instrumento poderoso de conexão, pois por meio dela demonstramos nosso interesse pelo outro. Ela pode revelar uma curiosidade objetiva, uma investigação apreciativa para revelar o que está por trás do comportamento da outra pessoa. Desejamos essa descoberta para alcançar a essência do outro porque sabemos que lá residem as crenças e os valores que o motivam a agir. Não é necessário tentar adivinhar, basta saber formular a pergunta certa. É uma habilidade que exige percepção e propósito. A pergunta tem que ser simples e assertiva e não podemos induzir nela as respostas que queremos. O interlocutor não pode ficar com a sensação de que estamos perguntando com segundas intenções. Se ele sentir desconfiança na pergunta, sua resistência poderá aumentar. Sempre que possível, é prudente dizer o porquê da pergunta, qual é a nossa intenção. Ela pode ser feita na introdução da conversa para preparar o terreno. Se a pessoa for muito fechada, podemos até ficar sem resposta, mas se formos autênticos na pergunta, ela sentirá, e no tempo dela a resposta poderá vir.

Muitas vezes, quando perguntamos, abre-se um espaço de silêncio na conversa. Por algumas razões, entre elas nossa ansiedade, atropelamos o tempo do silêncio e o preenchemos com outra pergunta ou com "ruídos" enquanto o outro ainda não respondeu. É preciso saber que o silêncio também é comunicação. Ele não deve nos constranger ou incomodar, deve nos ajudar a pensar e sentir antes de falarmos.

Somente quando o silêncio insistir em continuar é que devemos mudar a estratégia, muitas vezes mudando a pergunta.

Para a pergunta ser assertiva, siga as recomendações a seguir:

- Pergunte para a pessoa certa;
- Faça a pergunta certa;
- Pergunte na hora certa;
- Pergunte no local certo;
- Pergunte do jeito certo.

Qualquer erro grave em uma dessas variáveis poderá tornar a comunicação ineficaz.

ESCUTA

Agora chegou a hora da verdade. É neste momento que sabemos se a pessoa realmente é uma comunicadora eficaz. A escuta valida se a empatia realmente ocorreu e é a chave de conexão com o outro.

Escutar não é simplesmente ouvir com os ouvidos. É tomar uma postura de escuta: o corpo se inclina, os olhos acolhem, o coração se abre e a mente se silencia. Ficamos vazios para sermos preenchidos pela essência do outro. Absorvemos não só as palavras, mas também percebemos o todo da mensagem, o tom de voz e todas as expressões não verbais do interlocutor.

Marchal B. Rosemberg (2006, p. 134), em seu livro *Comunicação não-violenta*, cita uma passagem do filósofo chinês Chuang-Tzu:

> Ouvir somente com os ouvidos é uma coisa. Ouvir com o intelecto é outra. Mas ouvir com a alma não se limita a um único sentido – ouvido ou mente, por exemplo. Portanto, ele exige o esvaziamento de todos os sentidos. E, quando os sentidos estão vazios, então todo o ser escuta. Então, ocorre a compreensão direta do que está ali mesmo diante de você que não pode nunca ser ouvida com os ouvidos ou compreendida com a mente.

Fantástico!

Nas entrelinhas de cada palavra temos a missão de decifrar os valores do outro, identificar possíveis medos e expectativas. Podemos perceber se ele está "gritando" por reconhecimento e ninguém está ouvindo. Enfim, existem muitas possibilidades de entrar no universo do outro por meio da escuta.

Gostaria de compartilhar dicas valiosas que aprendi com Arthur H. Bell e Dayle M. Smith (1994, p. 44) no livro *Como lidar com pessoas difíceis*, que ajudaram muito a ampliar minha escuta:

- A ocasião da mensagem: por que esta pessoa está entrando em contato comigo agora?
- A duração da mensagem: o que a duração ou a brevidade da mensagem me diz sobre a importância da mensagem da pessoa?
- As palavras escolhidas: a mensagem é comunicada em linguagem formal, indiferente?
- O volume e o ritmo: o que essas características podem me dizer sobre a pressão emocional por trás da mensagem?
- As pausas e hesitações: de que modo elas ressalvam ou amenizam a mensagem principal?
- Deixas não verbais: o que o contato olhos nos olhos, a postura, as expressões faciais e os gestos podem me dizer sobre a mensagem?
- O meio de comunicação escolhido: o que o canal de comunicação escolhido pode me dizer sobre a relevância ou o grau de urgência da mensagem? E como foi feita a comunicação: presencial, por telefone, e-mail ou alguma rede social?

Segundo os autores, é dispensável dizer que nenhum ouvinte perito percorre toda a lista de itens para montar uma mensagem inteira. Esses aspectos da comunicação total são percebidos e interpretados simultaneamente – se o ouvinte tomar conhecimento deles.

Gostaria de reforçar que antes da habilidade, a atitude de escuta precisa existir, e que nenhuma habilidade se desenvolve quando não queremos isso.

FALA

Você conseguiu abrir a conversa aceitando a pessoa do jeito que ela é. Fez as perguntas certas, aprendeu a lidar com o silêncio para conectar-se e entender a pessoa por meio da escuta ativa. Muito bem, agora chegou o momento de falar. O poder de sua voz e gestos somado às palavras que usar constituirá a força persuasiva de sua mensagem. A forma como falamos pode transmitir incerteza, arrogância e exigência, e isso pode prejudicar a intenção real da mensagem. Não se trata apenas do que você diz, mas da forma como diz. O poder da apresentação oral formará nossa retórica, o que elevará nossa capacidade de influenciar.

Para cativar, prender a atenção dos ouvintes e ampliar a mensagem, a fim de dar a ela mais contexto e direção, o influenciador também usa a linguagem não verbal. Quem não gostaria de expor o ponto de vista de forma clara e convencer as pessoas? Uma dica é ser simples na mensagem. Quanto mais curta e direta, maior será o poder de penetração para deixar todos concentrados no conteúdo.

Os influenciadores mais habilidosos levam em conta que os interlocutores possuem conhecimentos e experiências diferentes. Aprendemos isso ao tratarmos do conceito de empatia. Muito bem, como isso pode nos ajudar na hora de falar? O caminho persuasivo é adaptar nossa mensagem ao estilo comunicacional e aos interesses do outro. Isso significa que estamos atentos às reações do outro. Que de certa percebemos se as respostas não verbais ou verbais dele estão alinhadas com o nosso objetivo de comunicação. Enfim, se estamos sendo compreendidos.

COMPETÊNCIA 5: PODER

Quando tratamos de poder, há duas habilidades necessárias ao influenciador: saber ler o poder do outro e saber exercer seu poder.

LER O PODER

O influenciador deve saber ler, reconhecer e lidar com o poder do outro. Ilusão do ego é acreditar que você tem mais poder do que a pessoa que está em sua frente. Poder pressupõe uma relação de dependência. Portanto, independente se o cargo, posição social ou características da outra pessoa são supostamente inferiores aos nossos, quando dependemos desta pessoa por algum motivo, ela exercerá poder sobre nós. Enfim, sempre que dependemos mais da outra pessoa do que ela da gente, quem tem poder na relação é ela.

Ocorre que a natureza humana vive diariamente diante de potenciais situações de conflito e disputa, isto é, fomos preparados para competir pela sobrevivência. Esse padrão constitui a formação do ser humano por milênios e ainda hoje é muito difícil ter autoconsciência quando se está envolvido no conflito. Achamos, por vezes, que temos ou teremos controle/poder sobre a pessoa e a situação, até que o estrago é feito. O nosso ego quer nos enganar e, como isso nos agrada, caímos na armadilha do autoengano – achávamos que tínhamos poder, quando, na verdade, estávamos submetidos ao poder da outra pessoa, ou seja, ela nos tinha na mão.

O influenciador eficaz é mais tático na relação e quando percebe que o outro tem mais poder, cede. Esse momento pode criar vínculos e estimular a cooperação mútua quando o ato e o interlocutor são devidamente valorizados. Não estou dizendo que devemos bajular o outro. O benefício é que, ao reconhecer o poder que a outra pessoa exerce sobre nós, evitamos correr o risco de criar um prejuízo desnecessário na relação e no ambiente.

As perguntas que nos tiram da zona emocional e nos trazem para o ponto de equilíbrio, dando lucidez sobre como agir na situação, são:

Vale a pena?

Por que eu entraria numa disputa com esta pessoa agora?

Como é constituída a rede de relacionamento desta pessoa? A rede dela pode me trazer impactos negativos a longo prazo?

O que de fato tenho a perder se eu reconhecer que ele exerce mais poder do que eu nesta situação?

Como posso associar-me a esta pessoa para fortalecer minhas alianças estratégicas?

Além de satisfazer e/ou defender o meu ego, o que ganho com isso?

Enfim, mapeie as principais pessoas de sua rede de relacionamento que podem impactar de maneira positiva ou negativa o avanço da sua carreira. Reconheça e mapeie os tipos de poderes que elas exercem e nunca os subestime.

EXERCER O PODER

Muitos criticam ou se sentem incomodados com a palavra "poder" por reduzirem seu conceito e associá-lo muitas vezes ao uso da força para alcançar o objetivo. O poder compreendido como força está associado apenas a um dos seis tipos de poder: a coerção.

No próximo capítulo vamos nos aprofundar em cada tipo com exemplos. Neste momento, basta entender que o tipo de poder baseado na força não é sustentável e, quando usado, pode ter efeitos destrutivos em uma relação de longo prazo. Toda carreira deve ser pensada nessa perspectiva, pois nunca sabemos quando precisaremos de alguém.

O poder é uma força em potencial que precisa ser praticada. A questão não é o quanto a pessoa acha que tem de poder sobre o outro, mas qual é o efeito do poder dela sobre outras pessoas. O poder de fato é constatado quando ele influencia o comportamento do outro.

Os melhores influenciadores sabem como usar diferentes tipos de poder – o uso correto e não abusivo do poder. Kurt Mortensen (2010, pp. 123-4) explica isso melhor quando diz que:

> [...] poder é diferente de força. O poder gera confiança, fortalece e energiza. A força deve sempre ser mantida, exigida e garantida. O verdadeiro poder incentiva, revitaliza e cria unidade e sinergia. O poder nos leva a escutar e seguir. A força nos leva a ficar céticos, resistentes e fugir.

Quando associado a um cargo ou posição de poder, muitos se iludem ao entender o poder como uma forma de domínio, coerção e mecanismo de controle. Essa postura recebe como resposta o medo e a resistência em vez de respeito, admiração e compromisso.

Quando enxergamos o poder como um lugar ou situação a ser alcançada, corremos o risco de alimentar uma armadilha psicológica que nos pegará lá na frente. Se não trabalharmos o desenvolvimento do poder de dentro para fora, moldando de forma consistente nosso caráter, podemos nos perder quando o alcançarmos do lado de fora.

Ao subir no palco do poder, muitos, percebendo ou não, podem sofrer graves mudanças de comportamento e postura. Daí a máxima de Abraham Lincoln sobre poder: "Quase todos os homens suportam a adversidade, mas, se quiser testar o caráter de um homem, dê poder a ele".

Como adiantei, no próximo capítulo vou dar exemplo de como usar tipos diferentes de poder para influenciar pessoas e avançar na carreira. Mas lembre-se: este livro oferece diretrizes e não garantias.

COMPETÊNCIA 6: CONEXÃO

Conecte-se primeiro, depois influencie. Ninguém é influente sozinho, pertencemos a redes formais e informais de influência e o influenciador habilidoso sabe disso. Além de manter-se conectado a diversas redes, ele é hábil em conectar pessoas e percebe os perfis que se complementam. Ao identificar a necessidade de alguém, ele logo pensa: "Quem eu conheço que pode ajudar esta pessoa?".

Segundo Marcus Buckingham (2012), esse é o perfil daqueles que gostam de juntar pessoas. O autor diz que o influenciador "vê o mundo como uma rede de relacionamentos e se empolga diante da possibilidade de conectar indivíduos de seus contatos" (p. 120).

O influenciador tem facilidade de se comunicar com perfis diferentes. Para ele, a diversidade é uma estratégia de ampliação de sua rede de relacionamentos.

Instintivamente, sabe que cada pessoa é única, com potencial para gerar valor para a necessidade de alguém. Partindo dessa premissa, aceita as diferenças para construir um reservatório de possibilidades com informações preciosas sobre a natureza humana.

Nas organizações e na sociedade existem pelo menos dois tipos de redes: as formais e as informais. Mesmo diante das redes formais, o influenciador está um passo à frente quando reconhece a dinâmica de poder dos cargos e das posições sociais com um olhar mais estratégico do que passional. Contudo, o destaque dos impactos de seu poder de influência ocorre nas redes informais, onde ele constrói sistematicamente alianças poderosas. Como ele faz isso? Gerando valor para rede, tornando-se alguém relevante para as pessoas que o acionam por reconhecerem nele a capacidade de conexão.

O influenciador conecta-se com pessoas, não com seus cargos, que podem ser passageiros. Ele cria uma conexão emocional alcançando a humanidade de cada um. Faz isso porque sabe que para ser influente é necessário se tornar o parceiro de confiança da pessoa, algo que vai muito além de cargo ou posição. Estes só dizem onde a pessoa está e não quem ela é. Portanto, a prioridade do influenciador é alcançar a essência de cada um. Sabe que, na dinâmica dos relacionamentos, os outros precisam confiar nele para abrirem as portas de suas conexões.

Para ser um parceiro confiável, ele dá o primeiro passo, conscientemente fica vulnerável e assume o risco embutido no ato de começar toda a relação demonstrando confiar na outra pessoa, até que se prove o contrário. O influenciador está disposto a, sempre que necessário, lidar com esse desafio. Para estabelecer coalizões, conectar pessoas e criar alianças sólidas de relacionamento, ele sabe que a pedra mais preciosa é sua reputação. Sua credibilidade inquebrantável, firmada em sua integridade visível e em sua capacidade de praticar o que chamo de empatia relacional, que é a habilidade social de observar e conectar as necessidades das pessoas para atingirem seus objetivos e que serve como uma ponte de relacionamentos.

O influenciador pode perder algumas batalhas e não atingir um ou outro objetivo na carreira. Entretanto, prefere perder em vez de ter que ceder em algum princípio que manche sua integridade. Ela é um bem intocável que o fará ter respeito, aliados e portas abertas por onde passar ao longo da vida pessoal e profissional. O longo prazo é algo que todos devemos considerar seriamente, porque, com o aumento da expectativa de vida, eleva-se proporcionalmente o tempo de vida de nossas carreiras. E, mesmo os aposentados de ofício, provavelmente, dependerão de alguma rede de influência, se não para o trabalho, para outras necessidades inerentes à vida.

A competência de conexão torna o influenciador um multiplicador que uniu pessoas para construírem algo maior e melhor juntas do que sozinhas. Ele possibilitou que as pessoas em rede se apoiassem mutuamente para criarem algo de valor.

Você pode não saber como resolver o problema de alguém, mas pode conhecer alguém que saiba fazê-lo. Este capital social é o maior patrimônio do influenciador. Ele conecta pessoas, projetos e ideais para fazer as coisas acontecerem.

Les Giblin (1987, p. 5) apresenta o seguinte ponto de vista sobre a origem do sucesso e da felicidade:

> Olhe à sua volta. As pessoas de maior sucesso que você conhece, são as que possuem mais inteligência e maior habilidade? As pessoas mais felizes e as quais aproveitam da vida, são mais inteligentes que as outras pessoas que você conhece? Se você parar e refletir um pouco, é bem mais provável que descubra que, entre as pessoas que você conhece, as que têm mais êxito e aproveitam a vida são as que sabem ser persuasivas no relacionamento com os demais.

A arte de gerenciar as relações e conectar pessoas é mais importante que qualquer habilidade técnica para crescer e sustentar uma carreira bem-sucedida. Nesse sentido, veja-se como uma ponte que liga expectativas, ideias, sonhos e pessoas.

COMPETÊNCIA 7: INTELIGÊNCIA EMOCIONAL

Somos humanos e as emoções fazem parte de nós, mas não podemos deixar que elas nos dominem. Se permitirmos que emoções como raiva, rancor, frustração, entre outras, dirijam nossa vida, nos tornamos reféns delas. O domínio emocional é essencial na gestão de uma carreira. Fazemos parte de uma teia de relacionamentos e emoções que carregam ou descarregam nossa fonte de energia. Domínio próprio significa encontrar recursos para manter o equilíbrio, pois sem ele corremos o risco de distorcer a realidade e tomar decisões desastrosas.

Para se obter êxito na carreira e ser mais feliz no trabalho, o Quociente Intelectual (QI), medida padrão para avaliar profissionais com grande potencial para o sucesso, não é o suficiente.

Daniel Goleman (1995, p. 18), em seu famoso best-seller *Inteligência emocional*, faz um alerta quando diz:

> Uma visão da natureza humana que ignore o poder das emoções é lamentavelmente míope. A própria denominação Homo Sapiens, a espécie pensante, é anacrônica à luz do que hoje a ciência diz acerca do lugar que as emoções ocupam em nossas vidas. Como sabemos por experiência própria, quando se trata de moldar as nossas decisões e ações, a emoção pesa tanto – e às vezes muito mais – quanto à razão.

O influenciador deve considerar tanto as próprias emoções quanto as das pessoas que pretende influenciar. Entender como as emoções funcionam deve ser objeto de estudo e prática frequente do influenciador.

Quantas emoções estão incutidas nas aspirações de carreira de qualquer profissional? Allan R. Cohen e David L. Bradford (2012), no livro *Influência sem autoridade*, nos trazem alguns exemplos:

Seu aliado está em ascensão constante ou empacou para sempre no cargo?

Em que medida essa pessoa sofre pressão para dar uma sacudida no departamento e produzir mudança interna ou, simplesmente, quer preservar um clima tranquilo no trabalho?

Por quanto tempo essa pessoa ficará por perto para viver as consequências da cooperação (ou da recusa em cooperar)? É provável que logo siga em frente e, portanto, não ligue muito para as consequências?

Note quantas emoções estão contidas nos exemplos acima e que por trás de cada uma existem expectativas dos envolvidos. Gostaria de acrescentar outras situações desafiadoras:

- Você precisa influenciar seu chefe para conseguir mais recursos para um projeto que está liderando.
- Em uma reunião com pares o seu trabalho é criticado e de certa forma você fica exposto e vulnerável.
- Um funcionário seu, além de resistir à sua liderança, está influenciando negativamente outros membros da equipe e isso tem prejudicado o trabalho. Você precisa agir.
- Um fornecedor não está desempenhando o resultado esperado e você precisa agir, mas sabe que dependerá dele até o final porque ele é a sua única alternativa no momento.
- Você pretende fazer uma transição de carreira e precisa acionar a sua rede de relacionamento. Decidiu deixar a carreira corporativa e empreender em um negócio próprio. Mas está muito inseguro se conseguirá se adaptar.
- O seu negócio não está caminhando da forma que gostaria e você decidiu encerrar as atividades. Para isso, terá que comunicar a sua família e todos os outros agentes envolvidos na empresa.

Eu poderia produzir uma lista sem fim com diversos exemplos em que a gestão das emoções próprias e de terceiros podem influenciar diretamente seu processo decisório.

Há uma premissa básica para aumentar nosso poder de influência: precisamos aprender a controlar nossas emoções. A má gestão das nossas emoções afeta nossa comunicação e interação com o outro.

Apesar da relevância do assunto, costumo dizer que podemos observar inúmeras crianças em corpos de adultos, ou seja, adultos totalmente incapazes de gerenciar as próprias emoções diante dos desafios da vida pessoal e profissional.

Vamos conhecer os cinco pilares do gerenciamento das emoções:

1) SINAIS FÍSICOS

Antes de explodir, exercite a autopercepção, reconheça os sinais que seu corpo está emitindo, como respiração ofegante, tremor nas pernas e/ou nas mãos, suor, boca seca, garganta/voz travada, frio na barriga, sono excessivo ou insônia.

2) CONTROLE EMOCIONAL

A partir do momento em que você reconhecer algum sinal físico, controle a emoção, procure não dizer nada ou diga o menos possível. Afaste-se do ambiente, tome um copo de água, faça exercícios de respiração ou ouça uma música que sirva como gancho para levá-lo ao equilíbrio. Existem várias saídas simples e você encontrará seu método, a dica aqui é controlar a reação diante da situação, das pessoas e do lugar. Lembre-se: você nunca controlará o outro, somente a si próprio.

3) AUTOMOTIVAÇÃO

Aqui sua capacidade de automotivação é avaliada. Fundamentalmente, trata-se de responder por que você levanta todo dia. Quais são seus sonhos, objetivos, metas e propósitos. É aprender a aceitar-se e ao mesmo tempo reconhecer que é um ser inacabado, em pleno desenvolvimento. É fazer escolhas e entregar-se ao máximo, com disciplina, ritmo, clareza e paixão.

4) RECONHECER A EMOÇÃO DO OUTRO

Neste item partimos para outro nível, relacionado a exercer empatia e perceber quando o outro está perdendo o controle emocional. Antes de uma habilidade, é necessário que você tenha interesse por gente, seja sensível com os que estão ao seu redor e capte os primeiros sinais de descontrole.

5) GESTOR EMOCIONAL DO OUTRO

Chegamos ao ponto máximo da inteligência emocional quando, além de percebermos as emoções do outro, somos capazes de ajudá-lo a gerenciá-las. Ou, mesmo quando atacados, temos a habilidade de não responder prontamente, mas procurar entender se por trás da agressão a pessoa não está com medo, se sentindo ameaçada. Ao perceber qual emoção move o outro, será mais fácil lidar com ele para não piorar mais o estado dele e o seu.

Ao compreender o significado dessa competência para o êxito do influenciador em sua carreira, reflita como tem lidado com cada um dos pilares. Sugiro que você pratique os dois primeiros pilares durante um bom tempo de forma consciente para evoluir no quesito domínio próprio.

COMPETÊNCIA 8: CARISMA

O carisma é uma característica pessoal intransferível. É um tipo de magnetismo pessoal que alguém possui como fruto de seus atributos: aparência, tom de voz, postura, expressão facial, sorriso e contato visual. Esse conjunto torna a presença de uma pessoa carismática marcante. Ela, de maneira natural, mescla charme e sedução nas relações. Não me entenda mal, não estou tratando de sedução no campo da sexualidade – ainda que nesse campo ela também funcione. Classifico sedução como a capacidade de atrair a atenção das outras pessoas pela simples presença. A presença de uma pessoa carismática é cativante porque ela erradia uma luz própria que impressiona.

Para mim, o carisma era algo que não podia ser desenvolvido, mesmo que toda a embalagem – aparência exterior – pudesse ser renovada. Mantive este ponto de vista firme até conhecer o livro de Kurt W. Mortensen (2012, pp. 12-13), *As leis do carisma: como influenciar, cativar e inspirar rumo ao sucesso,* segundo o qual: "O carisma é uma habilidade vital e emocional que pode e deve ser aprendida por quem pretende influenciar outras pessoas". Para o autor, "esta habilidade permeia todos os aspectos de sua vida. Sua carreira, seus relacionamentos, sua capacidade de influenciar e sua renda estão todos relacionados com a sua capacidade de irradiar carisma". Mortensen ainda acrescenta: "Carisma é a capacidade de persuadir e fortalecer outras pessoas a acreditarem em você, confiarem em você e quererem ser influenciadas por você".

Não só pela citação anterior, mas principalmente por todos os argumentos no livro, reconheço que alguns aspectos podem ser desenvolvidos. Porém, em minha visão, eles pesam menos no conjunto que constitui uma pessoa genuinamente carismática.

Vamos praticar? Selecionei quatro formas que podem aumentar o carisma dos influenciadores. Todas elas precisam ser praticadas de maneira repetida e consistente para que sejam dominadas de forma consciente. Se elas não forem genuínas e se não expressarem, de fato, a verdade, não serão sustentáveis. Cuidado para não as interpretar como ferramentas frias e calculistas para representar um personagem diferente de quem você é de fato.

São elas:

TORNE A MENSAGEM CLARA E ATRAENTE PARA O PONTO DE VISTA DOS INTERLOCUTORES!

O carismático não é simplesmente aquele que fala com desenvoltura. Ele tem algo mais precioso: o conteúdo de sua fala vai ao encontro do interesse do outro. O carismático é uma pessoa interessante porque descobre um segredo mágico que permeia as relações humanas: ele se interessa pelo outro primeiro. Ele prepara a mensagem escolhendo as palavras certas para o receptor. Sua comunicação é simples, concisa e poderosa, penetra na mente das pessoas. Ele não grita para chamar a atenção e muito menos contém a voz para não ser percebido. Ele encontra ritmo, volume e melodia certos para que a mensagem soe como música aos ouvidos do público. Sua energia adota uma frequência que se conecta facilmente com a energia dos outros.

SEJA LEVE, BEM-HUMORADO E APRENDA A RIR DE SI MESMO!

O carismático usa o bom humor como antídoto para as situações mais densas da vida, aprendendo a rir de si mesmo. Sabe que o assunto pode ser sério, mas o trato pode ser mais leve. Essa leveza permite que ele flua melhor nas relações, tendo acesso aos espaços mais estreitos. Quando ri de si mesmo, ele o faz com elegância, emitindo a ideia de que é humano e, portanto, propenso ao erro. A diferença está em como ele lida com o erro. Após rir de si mesmo, ele reconhece o ponto em que ocorreu a falha e indica uma nova direção. Essas atitudes demonstram uma postura humana que se conecta com outras pessoas com facilidade.

LIBERTE UM SORRISO AUTÊNTICO!

Um sorriso autêntico abre as portas do relacionamento. Quando emitido com sinceridade, diz várias coisas para a outra pessoa. Podemos ter duas atitudes diante do sorriso: reprimi-lo ou libertá-lo.

Se nos acostumamos a reprimir nossos sentimentos, consequentemente, o sorriso irá desaparecer aos poucos de nossa presença. Não devemos negar o que sentimos, mas, como vimos na competência inteligência emocional, precisamos gerenciá-los.

Caso você seja uma pessoa que dificilmente sorri, a mudança está em suas mãos a partir de agora. Comece a sorrir, você perceberá que uma mudança será iniciada dentro de você. Faça o seguinte: leia esta parte do capítulo com um sorriso no rosto. Isso mesmo, abra um sorrisão neste rosto agora e permaneça com ele enquanto lê. Mesmo que esteja na presença de outras pessoas, sorria. Não fique incomodado se os outros o virem sorrindo, o máximo que eles podem enxergar é uma pessoa feliz tendo prazer no que faz. Confie em mim, essa atitude é extremamente poderosa e atraente.

Em geral, as pessoas não gostam de ficar muito tempo na presença de alguém triste e de cara fechada. A sensação é que sempre vai abrir a boca para reclamar de algo. Você gosta de pessoas "reclamonas"?

Por trás de um sorriso, provavelmente existe alguém com autoestima, no mínimo, equilibrada, uma pessoa com motivos para fazer o outro feliz. Busque uma pessoa bem-sucedida, feliz consigo mesma, e encontrará provavelmente um sorriso magnetizante. A questão é: esse sorriso sempre esteve lá, mesmo antes das conquistas? Provavelmente sim, porque para o carismático o sorriso é uma ferramenta de conquista. O sorriso dá uma pitada de alegria nas relações humanas, uma verdadeira arte de abrir caminhos para os outros.

Pratique o sorriso todas as manhãs e em outros momentos do dia. Sugiro duas maneiras para evocar o sorriso.

Lembre-se dos momentos agradáveis e felizes que já teve, conecte-se com suas melhores emoções.

Sorria diante do espelho. Exercite os músculos do sorriso. Sorria com todo o corpo, adotando uma postura amistosa. Sorria com os olhos.

Emitir sorrisos mecânicos, sem uma razão objetiva o incomoda? Tudo bem, vamos ao próximo passo, seguindo a dica de Les Giblin (1998, p. 82) de como desenvolver um sorriso genuíno: "Sorria desde o mais profundo do seu ser."

O sorriso deve brotar de um coração em estado de contentamento. É uma atitude de gratidão com aquilo que somos e onde estamos. Não consigo imaginar uma pessoa emitindo gratidão com o semblante sisudo. Giblin diz que o melhor conselho que ouviu de como sorrir foi dado por Joseph A. Kennedy em seu livreto *Relax and Sell* [Relaxe e venda], publicado pela Prentice-Hall: "Aprenda a sorrir desde o seu íntimo. É o sentimento que chega ao subconsciente do cliente e não sua expressão facial" (Kennedy apud Giblin, 1989, p. 82).

ELOGIE AS PESSOAS DE FORMA GENUÍNA E EXCLUSIVA!

O elogio é como um doce na boca de uma criança. O efeito é imediato, penetrando em qualquer tipo de resistência. O elogiado pode manter por fora um muro levantado, mas, por dentro, de alguma forma, o elogio o pegou. Segundo os psicólogos sociais, o efeito é poderoso porque é direcionado diretamente para o ego da pessoa. O ego não é racional, ele é pura emoção e anseia pela aceitação e apreciação de qualquer um, até do "inimigo".

Tente perceber esse efeito em você quando receber um elogio sincero por um trabalho bem-feito. Um elogio sincero anima o espírito não é mesmo? É um tipo de milagre que transforma vidas.

Giblin (1998, p. 42) recomenda o seguinte:

> Toda vez que puder animar o espírito da outra pessoa ou lhe infundir mais vida e energia, estará fazendo um pequeno milagre. É muito simples, tudo o que tem a fazer é adquirir o hábito de fazer um sincero e genuíno elogio a alguém todos os dias.

O autor acrescenta duas regras básicas para fazer elogios:

Seja sincero: a simples bajulação é facilmente reconhecível e de nada lhes serve, nem para você e nem para a outra pessoa. É muito melhor elogiar uma pessoa por algo de menor importância – e fazê-lo de todo o coração – que assinalar algo grande e não ser sincero a respeito.

Elogie o ato e o atributo, não a pessoa: seja específico, o que de certa forma torna o elogio mais palpável. Elogie a pessoa por aquilo que ela *faz* e não por aquilo que ela é. Felicite-a por aquilo que ela *tem*, não por aquilo que ela é.

Correto: João, suas vendas foram as melhores de toda a região.

Errado: João, você é o melhor vendedor que temos.

Correto: Clara, você possui um cabelo lindo!

Errado: Clara, você é uma mulher linda!

Particularmente, não concordo totalmente com Giblin sobre a segunda regra. Meu desconforto é mais por questão de princípios do que por achar que ela não funciona. Ao focar o que a pessoa faz ou o que ela tem, o elogio torna-se mais objetivo e fácil de ser reconhecido. O que me incomoda é quando tecemos elogios ao que a pessoa tem, pois prefiro reconhecer os atributos internos que representam o que a pessoa é. Valorizo mais o ser do que o ter. Entretanto, Giblin não está errado quando observamos um mundo muito mais centrado nas questões materiais.

Recomendo que faça sua autoavaliação em cada uma das competências e trace um plano simples e conciso para aprimorar as que forem necessárias. Porém, não foque só melhorar as fraquezas, priorize principalmente o uso consciente de suas fortalezas para acelerar sua carreira.

CONVERSAS INFLUENTES

Convidado: Joel Dutra
Biografia: Autor de diversas publicações em gestão estratégica de pessoas. Professor livre-docente da Universidade de São Paulo e Coordenador do Progep da FIA.

Gianini – Qual é o papel que a influência tem na construção de sua carreira?
Prof. Joel – Eu acho que influência é algo que você vai construindo à medida que se consegue agregar valor para a comunidade que se relaciona. No caso da minha vida acadêmica tive a oportunidade de participar de um momento de mudança da universidade, quando ela começou a se abrir para a comunidade empresarial. Como eu tinha esse trânsito com esses dois mundos, ajudei na aproximação, principalmente no que se refere à gestão de pessoas. Acredito que, por ter tido esse papel, acabei ajudando a construir cursos com linguagem mais apropriada a executivos. Antes os cursos eram mais acadêmicos, o que não conectava os interesses. Foi uma coincidência que virou oportunidade. Como eu já tinha experiência executiva, a situação permitiu que fizesse essa ponte. Acho que foi um momento importante em que pude exercer influência, agregando valor para as duas comunidades, acadêmica e empresarial. De certa forma, com a criação dos cursos de MBA de Gestão de Pessoas pela FIA, acabei aos poucos me tornando referência por existirem poucos cursos com essa abordagem naquela ocasião.

Gianini – Qual a contribuição do estudo sobre Âncoras de Carreira para as escolhas profissionais?
Prof. Joel – Nós trouxemos o trabalho do Schein em 1993 para o Brasil com a intenção de adaptar o instrumento que vinha de um modelo americano e europeu para a realidade brasileira. Chegamos a analisar mais de seis mil biografias, visando aprofundar a aplicação do instrumento. O questionário sobre Âncoras de

Carreira se diferenciava dos testes que existiam à época que vinham da área de psicologia, trazendo resultados mais subjetivos, enquanto as Âncoras de Carreira traziam uma resposta mais direta e objetiva. A partir de várias aplicações no Brasil, constatamos o que Schein já tinha registrado: a Âncora de Carreira da pessoa não muda ao longo da vida. Existe um padrão que se mantém, ou seja, mesmo que a pessoa mude de carreira, ela não muda de âncora. Essa descoberta deixou o instrumento mais consistente, contribuindo para a pessoa entender o padrão das suas escolhas, orientando-a nos próximos passos da carreira. Entendo que a objetividade e consistência do instrumento são as principais contribuições.

Gianini – Em quais momentos o profissional pode usar as Âncoras de Carreira em suas escolhas?
Prof. Joel – Em qualquer momento. Contudo, ela é muito relevante quando o profissional está vivendo uma situação de crise, em que normalmente é difícil manter distância crítica para analisar a realidade. A Âncora de Carreira ajuda muito quando decisões fortes precisam ser tomadas. Ela é um estímulo para a pessoa olhar para si, pois o teste fornece muita informação sobre ela mesma. É um momento de se afastar da crise e ampliar a consciência sobre as escolhas que levaram a pessoa até aquele momento, e o instrumento ajuda como um indicativo para nortear as próximas etapas da carreira.

Gianini – A pessoa se torna mais produtiva quando está dentro de sua Âncora de Carreira?
Prof. Joel – Normalmente sim, essa é a tendência, porque âncora está muito ligada às próprias características da pessoa. Quando a pessoa não está dentro da âncora, normalmente está em uma situação de sofrimento profissional, ou seja, ela está desajustada. Entretanto, é mais comum que as pessoas estejam dentro das suas Âncoras de Carreira. Embora as escolhas de faculdade, profissão e áreas de atuação aparentemente tenham sido ao acaso, na prática não são. Na verdade, a pessoa foi sempre conduzida por sua Âncora de Carreira, com exceção daquelas que pela situação econômica-social não tiveram opções, principalmente na primeira fase da carreira.

Gianini – Alguém com pouca experiência profissional e que ainda está escolhendo qual faculdade fazer teria condições de responder ao questionário de Âncora de Carreira?
Prof. Joel – Não teria. O foco do estudo de Schein com os estudantes era identificar em qual momento eles teriam consolidado uma identidade profissional. O que observamos é que a pesquisa ocorria do terceiro ao quinto ano depois de

formados no ensino superior. Aqui no Brasil, acompanhando os alunos, na média eles consolidaram a sua identidade profissional depois do terceiro ano de formados, mesmo com os alunos dos cursos noturnos que já trabalhavam. O que entendemos é que se a pessoa não tem uma identidade profissional consolidada é porque o desvio entre o questionário e a realidade da pessoa é muita grande. É importante ressaltar que o instrumento de Âncoras de Carreira não é um teste vocacional. Outro ponto que quero destacar é que a pessoa não necessariamente precisa ter um curso superior, mas ela precisa ter experiência e repertório profissional para responder ao questionário, que não cabe somente ao mundo corporativo, serve para qualquer tipo de carreira.

Gianini – Quais dicas você daria para profissionais do mundo corporativo, empreendedores ou de outros tipos de profissão que gostariam de criar uma segunda carreira como professores universitários?
Prof. Joel – Eu diria que no início os professores que chegam com uma bagagem prática são muito relevantes para a academia, pois trazem muita energia e um extrato da realidade do mercado. Contudo, com o passar do tempo o "estoque das histórias" se esgota, fica desatualizado e muitos não se renovam. É necessário tomar cuidado para o discurso não perder o sentido com o tempo e os alunos perceberem. Ou seja, tragam o repertório para a academia, mas continuem se atualizando. Ser professor é continuar sendo aluno, é preciso continuar aprendendo, se atualizando e produzindo novos conhecimentos. Quem não gosta de estudar dificilmente terá futuro como professor.

RESUMO DO CAPÍTULO

Objetivo

Descrever as qualidades que formam a roda de competências de um influenciador eficaz. Dominar essas competências pode levar o influenciador a conquistar o SIM e formar uma rede de influência ativa e disposta a cooperar. Atenção: eu disse que "pode", não prometo garantia de sucesso.

As oito competências do influenciador

- Competência 1: Integridade visível;
- Competência 2: Coragem;
- Competência 3: Empatia;

- Competência 4: Comunicação;
- Competência 5: Poder;
- Competência 6: Conexão;
- Competência 7: Inteligência emocional;
- Competência 8: Carisma.

Conversas influentes

Próximo capítulo

No próximo capítulo apresentarei dois modelos de como construir a Rede de Influência na Carreira. Sua rede deve estar além dos muros da empresa, ampliando as possibilidades de apoio em possíveis transições dentro e fora da organização. Esse ponto de vista serve tanto para uma carreira corporativa como para uma carreira empreendedora.

QUESTÕES PARA DEBATE

1. Quais são suas três competências mais fortes? Por quê?
2. Quais são suas competências que precisam ser aprimoradas? Por quê?
3. Como você se considera como influenciador(a)?
4. Como as pessoas o enxergam como influenciador(a)?

CAPÍTULO 7

COMO CONSTRUIR SUA REDE DE INFLUÊNCIA NA CARREIRA

> Aqueles que mantêm suas cabeças enfiadas na terra
> e só funcionam dentro do estrito limite de suas áreas vizinhas
> lentamente vão sumir.
> *Allan R. Cohen*

OBJETIVO DO CAPÍTULO

O objetivo deste capítulo é apresentar dois modelos de influência para apoiar o processo de conquista de aliados e construção de uma rede de relacionamento sólida por meio da qual você prospere na carreira.

Compreender a natureza humana é reconhecer que não fazemos nada de relevante sozinhos. Vivemos em uma sociedade interdependente que se apoia mutuamente para atender a necessidades variadas e atingir objetivos. Aceitar essa lei universal que rege nossos comportamentos é só o primeiro passo para atingirmos o centro do processo de influência.

Como podemos caminhar para o centro da influência tecendo uma rede de relacionamento valiosa? Como nos tornarmos relevantes para essa rede aumentando nosso poder de influência sobre ela? Como engajar e conquistar o comprometimento das pessoas tornando-se um parceiro confiável?

Os dois modelos de influência apresentados neste capítulo serão de grande valia para encontrar as respostas para os dilemas anteriores. Como sempre, adapte os modelos ao seu contexto e selecione o que for mais valioso para colocar em prática a partir de agora.

ORIGEM DOS DOIS MODELOS DE INFLUÊNCIA

Modelo 1: Adaptado do Modelo Cohen-Bradford, do livro *Influência sem autoridade* (COHEN; BRADFORD, 2012, pp. 21-25).

Modelo 2: Pentagrama de Influência, criado a partir da "Fórmula Tríplice A" de Les Giblin (1986, pp. 66-75).

Uma rede é constituída de alianças estratégicas que nos ajudam a atingir objetivos, avançar com projetos e alcançar o sucesso gerando benefícios mútuos para os envolvidos.

O desenvolvimento da habilidade de influência tem por premissa que nenhum influenciador existe sem rede. Dependemos de nossas conexões para aumentar o alcance de nossa influência. Portanto, o grande desafio é saber como construir melhor nossas redes de relacionamento pessoal e profissional, porque nunca saberemos quando e onde necessitaremos de um aliado.

A rede de conexão retrata como enxergamos a nós mesmos para nos conectarmos com o mundo. Quanto mais você se conecta de maneira genuína com mais e mais pessoas, mais aumentam suas chances de avançar na carreira, gerar aprendizado, melhorar os resultados nos negócios e, principalmente, crescer como pessoa.

Reforço: devem se estabelecer conexões genuínas e não fingir interesse, pois fazer uma transação pontual para obter algo de alguém para depois dispensá-lo é uma atitude manipuladora.

Segundo Michael Dulworth (2008, p. 10):

> Pessoas encontram pessoas; dividem seus interesses, paixões e conhecimentos; ajudam-se; formam relações fortes e associações duradouras que frequentemente resultam em grandes realizações. É assim que os seres humanos trabalham, em nosso íntimo, somos animais sociais.

Para rumar ao centro da influência de sua carreira, você precisa priorizar o desenvolvimento de suas relações de maneira ativa. Requer tempo, dedicação e habilidade. Mas vale a pena? Se você comprou este livro e chegou até aqui, acredito que tenha a resposta. Avance no entendimento dos dois modelos e entenda os benefícios.

Muitas conquistas profissionais que alcancei só se tornaram possíveis a partir da constituição consciente de uma rede forte de influência. A publicação deste livro, por exemplo, é o retrato mais recente de uma atuação ativa e forte em rede. Ao escrevê-lo, entrei em contato com vários *experts* em diversas áreas que tinham prestígio e conexão com os assuntos abordados. E, como é meu primeiro livro, precisei de apoio de alguns parceiros para apresentar o projeto a quatro importantes editoras, até escolher e ser escolhido por uma delas.

A profissional que contratei para me ajudar com a revisão foi recomendada por uma consultora parceira. Estava em uma loja na rua de casa, por acaso encontrei essa consultora e conversamos cerca de cinco minutos. Eu sabia que ela tinha livros publicados, comentei que estava escrevendo o meu e precisava de uma revisora. Na mesma hora ela me passou o contato da jornalista Márcia Dias, uma indicação que fez que de alguma forma o projeto ganhasse mais vida e velocidade.

Enfim, a publicação deste livro é um exemplo tangível de aplicação de uma rede de conexões de confiança que de alguma maneira ajudará a acelerar o posicionamento da minha nova carreira como autor.

Todos nós temos uma rede pessoal e profissional de conexões e, de certo modo, impactamos e somos impactados por ela. E a proposta aqui é fazer que você tenha mais consciência disso e aprenda a gerenciar essa rede para o avanço de sua carreira.

MODELO 1: ADAPTADO DO MODELO COHEN-BRADFORD, DO LIVRO *INFLUÊNCIA SEM AUTORIDADE*

> Todo mundo quer ter alguma recompensa.
> *Allan R. Cohen*

Este primeiro modelo divide o processo de influência para a construção de uma rede de relacionamento em seis etapas. O modelo Cohen-Bradford aplica-se ao mundo dos negócios, focado especialmente no campo organizacional, no qual sua carreira de fato acontece.

112 INFLUÊNCIA NA CARREIRA

Figura 7.1 Adaptado do Modelo Cohen-Bradford, do livro *Influência sem autoridade*

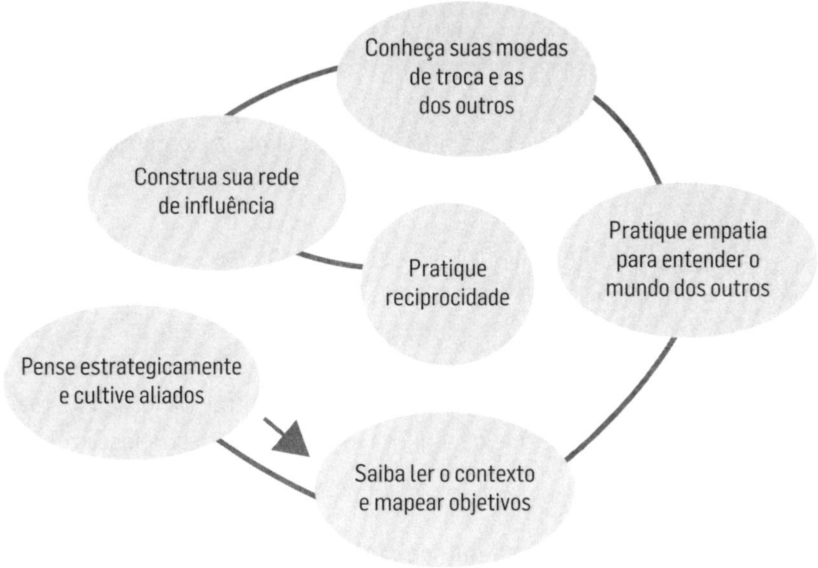

- Conheça suas moedas de troca e as dos outros
- Construa sua rede de influência
- Pratique reciprocidade
- Pratique empatia para entender o mundo dos outros
- Pense estrategicamente e cultive aliados
- Saiba ler o contexto e mapear objetivos

Fonte: Adaptado do Modelo Cohen-Bradford (2012, pp. 21-5).

Quero ajudar você a deixar de agir de maneira aleatória quando precisar influenciar alguém para atingir um objetivo. Sair de um modelo baseado em um repertório pessoal que o leva a uma cruzada de tentativas e erros. Para dar um salto de competência, vamos nos apoiar nos estudos da psicologia social e acelerar nossa aprendizagem a partir de modelos estruturados e testados por profissionais de influência e persuasão. Aprender como influenciar as pessoas das quais dependemos para viabilizar nosso trabalho é uma necessidade natural, pois não fazemos nada sozinhos. Além de ser possível influenciar, aprender sobre o modelo ajuda-nos a aplicá-lo em diferentes contextos. No contexto profissional, melhora nossa capacidade de negociação, vendas, engajamento de pessoas e construção de alianças de relacionamento com o gestor.

O modelo de influência desenvolvido por Cohen e Bradford (2012) pode:

- Acelerar a carreira e apoiar momentos de transição;
- Construir relacionamentos mais efetivos e conquistar aliados;
- Aumentar a assertividade em negociações e processos de venda;
- Influenciar chefes, pares, equipes, clientes e outros parceiros.

COMO UTILIZAR O MODELO DE INFLUÊNCIA?

1) PENSE ESTRATEGICAMENTE E CULTIVE ALIADOS

Quando estamos envolvidos em projetos ou qualquer atividade que implique conquistar o SIM do outro, é recomendado mapear os *stakeholders*, isto é, as pessoas interessadas no assunto.

Quem será impactado? Quem pode tornar-se um multiplicador? Quem pode resistir ou dificultar a implementação? Quem é o patrocinador do projeto? Quem é o tomador de decisão? Quais são as áreas com interface direta ou indireta? A principal falha nessa etapa é deixar as emoções e o sentimento de antipatia dominarem a razão. Para alguns, mapear *stakeholders* significa mapear adversários ou inimigos.

Adotar a postura de combate no mundo dos negócios traz mais perdas do que ganhos. No ambiente corporativo todos assumem papéis, por vezes com objetivos, metas e desafios conflitantes. Um olhar sistêmico nos faz compreender que cada um em seu momento e posição defende seus interesses, e isso é legítimo. A postura deve ser de conquista, não de disputa, esforçando-se para compreender a realidade do outro e ser mais assertivo no conteúdo e no estilo comunicacional. A ideia é considerar cada *stakeholder* como um aliado em potencial. Mas quais os limites para considerar ou não alguém um potencial aliado? No meu ponto de vista, quebra de confiança, falsidade e evidências de tentativa de "boicote" bastam para eu não considerar alguém um aliado. Neste caso, é preciso ter sabedoria para conviver com a pessoa, se necessário. Ou seja, não é prudente atacá-la. É só aprender a manter o devido distanciamento. Não é sábio pisar em cobras.

Infelizmente, muitas pessoas se tornam míopes e incapazes de construir relacionamentos duradouros. Nesse momento, a posição que você ocupa pode ser conflitiva com a posição do outro, mas você não "é" a posição, você "está" nela. Sendo assim, muito cuidado! O que você faz hoje pode impactar positiva ou negativamente a relação no futuro.

Fatores como fusões e aquisições, reestruturações, crises setoriais ou econômicas, acesso acelerado à informação, ciclos de negociações longos e complexos, redes de relacionamentos presenciais ou virtuais e um mundo cada vez mais globalizado e "menor", corroboram paulatinamente com a seguinte situação: "Nossa, que coincidência você aqui". A dica é ter habilidade política para lidar com personalidades diferentes e tratar bem as pessoas, independente se hoje precisamos delas ou não.

Tome cuidado com o efeito "nós e eles", que divide ao invés de multiplicar e subtrai ao invés de somar sua rede de relacionamento. Circule, almoce com pessoas diferentes, tenha interesse genuíno por gente e não subestime ninguém. O estagiário de hoje pode ser o diretor ou o cliente de amanhã. O poder sustentado no cargo é o mais frágil de todos. Como o mundo está veloz e "menor", lembre-se: *What goes around comes around.*

2) SAIBA LER O CONTEXTO, DECLARE E MAPEIE OBJETIVOS

Devido à pressão corporativa e à ansiedade do mundo contemporâneo, pulamos etapas essenciais em uma conversa persuasiva. Ficamos muito tempo tratando do "o quê", menos tempo tratando do "como", e quase nada conversando sobre o "porquê".

Simon Sinek, em seu livro *Start with Why: How Great Leaders Inspire Everyone to Take Action* (em português, *Por quê? – Como motivar pessoas e equipes a agir*), defende um modelo mais engajador de comunicação. Primeiro precisamos deixar claros os "porquês", em seguida discutir o "como", para só depois conectar os "o quê".

O influenciador que não tem clareza nos objetivos e que não apresenta significado e firmeza em sua comunicação passa facilmente para uma posição de influenciado. Equivocadamente, muitos preferem manter os objetivos ocultos, buscando levar algum tipo de vantagem com essa tática. Ao expressarmos nossos objetivos com clareza e transparência, ampliamos as possibilidades de conexão e aceleramos o entendimento sobre as necessidades intrínsecas que motivam o encontro.

Saiba separar o que é ingenuidade na comunicação de falta de objetividade. Planos e metas fazem mais sentido quando sabemos os porquês das coisas. As áreas muitas vezes possuem prioridades distintas, e é natural. Nem sempre nossa prioridade de venda será a prioridade de compra do cliente. Ajuste o escopo a partir do entendimento dos objetivos do outro de uma forma que atinja também os seus. Se você ficar preso às ações sem discutir as razões, dificilmente conseguirá alinhar prioridades.

3) PRATIQUE EMPATIA PARA ENTENDER O MUNDO DO OUTRO

A dica é fazer o dever de casa. Caso pretenda influenciar alguém, quanto mais informação puder obter sobre essa pessoa, melhor.

Quais são suas aspirações de carreira? O que a motiva ou preocupa? Qual seu histórico profissional no mercado e na empresa? Como ela gosta de ser recompensada? O que ela valoriza, gosta ou não tolera? Por quais indicadores ela ou a área são avaliadas?

Segundo Cohen e Bradford (2012, p. 23), "compreender as pressões que o outro sofre pode evitar sua demonização. E você pode começar a vê-lo como potencial aliado".

Sempre que possível, a melhor maneira de buscar informações sobre a pessoa é conversando diretamente com ela. Busque estar onde ela está e tente estabelecer vínculos autênticos. Não pode ser algo *fake*, precisa de sinceridade na busca de afinidades, do contrário a relação não se sustenta. Caso tenha restrição geográfica, distanciamento corporativo ou a pessoa possua uma personalidade difícil, procure outros meios. Sempre respeitando a privacidade da pessoa, tente encontrar informações relevantes na internet, nas redes sociais ou busque alguém de confiança que sirva de ponte na relação. Chamamos essa tática de coalizão.

4) CONHEÇA SUAS MOEDAS DE TROCA E AS DO OUTRO

Moedas de Troca: essa é uma metáfora sobre o que importa para as pessoas. Ao compreender o universo do outro, entendendo seus objetivos e prioridades, torna-se mais fácil entender o que é ou não é importante para ele. Caso você tenha ou saiba como conseguir as moedas que o outro valoriza, o caminho da influência será mais efetivo. Diversos autores afirmam que "todos buscam algum tipo de recompensa". O que precisamos é ampliar o que entendemos por moeda ou recompensa. Restringir esses conceitos a benefícios financeiros ou materiais é limitar as opções.

Cohen e Bradford (2012) mapearam dezenas de moedas e selecionaram as mais relevantes no universo de negócios. Reconhecimento, aceitação, carreira, visibilidade, desafio, visão, resposta rápida e performance são alguns exemplos de Moedas de Troca valiosas.

5) CONSTRUA SUA REDE DE INFLUÊNCIA

Influência é rede. Por mais que você domine as habilidades, se for alguém isolado e sem as conexões certas, seu poder de influência será insuficiente. As pessoas devem olhar para você e conhecer o potencial de sua rede de relacionamento. Entenda também que cada pessoa tem um jeito preferido de se relacionar. Não julgue alguém por ser diferente de você. Saiba que você será mais influente ao adaptar-se ao modelo de abordagem que o outro prefere.

Está comprovado que transições de carreira e fechamentos de negócios são apoiados pela qualidade do networking. Estou dizendo networking, não "mediaworking", ou seja, "fazer média", seja em eventos sociais ou de negócios. Aparecer em fotos ao lado de líderes, gestores ou pessoas influentes não mede o nível de conexão e prestígio que você tem com eles e muito menos seu poder de influência. Você deve tornar-se relevante para sua rede. Comunicação, presença, colaboração e frequência adequadas são elementos-chave para obter êxito nessa área.

6) PRATIQUE A RECIPROCIDADE

Invista na reciprocidade que representa a base da influência. Robert Cialdini (2012), uma das autoridades no assunto, em seus estudos sobre persuasão identificou seis princípios-chave no processo de influência. Reciprocidade é o mais importante. Ao fazer o "inventário de moedas" e identificar o que o outro valoriza, o território para trocas está fértil, o que você precisa é encontrar ou criar oportunidades. Ao conhecer melhor o outro e suas necessidades, demonstre interesse e estado de prontidão para estimular a cooperação mútua. Perceba quais recursos você controla e que são atraentes para o outro, que informações, soluções e conexões você tem que o outro possa ter interesse. Tudo isso o apoiará no planejamento da abordagem e a ser mais assertivo.

Esteja preparado para "doar" primeiro e, assim, estimular no outro a necessidade de "devolver". O efeito da reciprocidade é poderoso e muitas vezes inconsciente. Portanto, ao praticá-la, cuidado para não cair na armadilha da manipulação, fingindo interesse pelo outro ou transformando-se em uma pessoa mercantilista, convertendo gente em mercadoria. Entenda da natureza humana, mas não seja mecânico na abordagem e muito menos estabeleça relações utilitárias. Não há garantia de que ao ajudar alguém teremos retorno ou que a pessoa lembrará e terá a mesma consideração que tivemos. Pense na possibilidade de ela não ter a "moeda" que você quer ou que não é o momento adequado para ela. Atitude desequilibrada e ilusória é exigir retorno a qualquer custo. O risco da frustração deve ser considerado, porque estamos falando de gente. A influência não é uma ciência exata, o que o modelo faz é ampliar as possibilidades.

Concluindo, deixo alguns princípios que norteiam minha conduta ao utilizar as diretrizes do modelo de influência:

Não tente ser quem você não é.

Para saber se funciona, o modelo precisa ser experimentado e adaptado à realidade de cada um.

Tenha princípios éticos e respeito pelo outro. Entendo que trabalho e negócio são partes de nossa vida. Contudo, lembre-se: nós não somos o trabalho, apesar de ele fazer parte de uma necessidade essencial de nossa existência e realização. Se não colocarmos as coisas dentro dessa perspectiva, correremos o risco de nos tornarmos reféns do trabalho.

De qualquer maneira, cada pessoa sabe onde estão os desafios dentro de sua realidade e deve assumir por conta e risco a melhor forma de aplicar esse primeiro modelo de influência. O meu alerta é: faça com ética.

MODELO 2: PENTAGRAMA DE INFLUÊNCIA

> O caminho para encontrar a sua própria significância é, ativamente, reconhecer a significância do outro.
> *Les Carter*

Entre tantos autores que abordam os temas influência e relacionamento interpessoal, eu literalmente me apaixonei pelo livro de Les Giblin, *Como ter segurança e poder nas relações com as pessoas*. Ganhei esse livro de minha madrinha de casamento Jismália de Oliveira Alves, em 2001. Na ocasião, quando li o livro pela primeira vez, ele não me causou tanto impacto, de alguma forma eu não tinha consciência da necessidade daquele aprendizado. Hoje percebo que não estava preparado para aquela obra. Em 2010, quando comecei a pesquisar sobre influência, lembrei-me do livro e decidi relê-lo. Engraçado que dessa vez o devorei, rabisquei e o enchi de anotações. Minha consciência ampliou-se, virando terreno fértil para que cada palavra lida ecoasse mais forte dentro de mim.

Para o desenvolvimento do Pentagrama de Influência, selecionei a fórmula "Tríplice A" para atrair pessoas. Com base nela, acrescentei dois As. Agora, meu desejo é que você se aproprie deste conteúdo e abuse de sua aplicação em todos os seus relacionamentos.

Como relacionamento é vida, atente-se especialmente nesta seção do livro a aplicar o Pentagrama em todas as dimensões de seus relacionamentos. Sabemos que o nosso foco é carreira, não perca ele de vista. Contudo, o modelo também pode ajudar em outros contextos, por exemplo:

- No casamento;
- Na educação dos filhos;

- Na relação com outros familiares;
- No relacionamento com amigos;
- Em outros grupos e situações em que os relacionamentos podem impactar diretamente suas emoções e resultados (escola, igreja, associações, intercâmbio etc.).

No trabalho, a base do processo de influência é a habilidade de alcançar a pessoa além da função que ela exerce. O foco não está em seu cargo, mas em entender quem é a pessoa que está por detrás dele. O Pentagrama é um instrumento poderoso para aumentar a conexão com as pessoas, conquistando sua cooperação e compromisso.

Com base nessa tese, você pode até pensar diferente de mim, mas minha experiência de quase trinta anos de carreira cada vez mais confirma que no mundo do trabalho e dos negócios os CNPJs não se comunicam, quem se comunica são os CPFs. O que quero dizer com isso? As pessoas é que se conectam por meio de uma rede intersocial de emoções, interesses e objetivos. Como as pessoas estão suscetíveis a todo tipo de emoção, positivas e negativas, as redes podem ser constituídas de forma construtiva ou destrutiva. Se pertencemos a uma rede destrutiva de relacionamentos, de alguma maneira somos corresponsáveis por isso. Existem duas decisões a tomar nesse contexto: ou deixamos essa rede para construir outra ou tentamos nos reposicionar dentro dela para reconstruir as relações. Entretanto, nas duas opções há riscos. A proposta é começar certo da primeira vez e fazer os ajustes necessários no caminho. Quem tenta caminhar sozinho pode ter a ilusão de estar indo mais rápido. Só que sem rede, o caminho é frágil.

Os relacionamentos interpessoais são responsáveis pelas principais decisões de negócios e carreira. Quando decidimos por uma compra complexa, de alto valor agregado, não compramos somente produtos e serviços, e sim relacionamentos. A decisão por um fornecedor muitas vezes pressupõe que teremos que nos relacionar com as pessoas que representam a organização por um tempo, gostando disso ou não. Nesse sentido, aprender a se relacionar com pessoas é essencial para o sucesso profissional.

Quando decidimos pela contratação de uma pessoa, normalmente buscamos recomendações. Da mesma forma, indicamos pessoas em quem confiamos e com as quais, de alguma forma, mantivemos uma experiência positiva de ajuda mútua.

As recomendações representam o maior percentual de novas contratações e fechamentos de negócios. Por esse motivo, entender da natureza humana e de como fortalecer genuinamente as relações é, no mínimo, fator de sobrevivência no mundo do trabalho. O mercado se fala, as pessoas trocam de posições e organizações, e nessas idas e vindas circula a reputação pessoal de cada um de nós.

Figura 7.2   Pentagrama

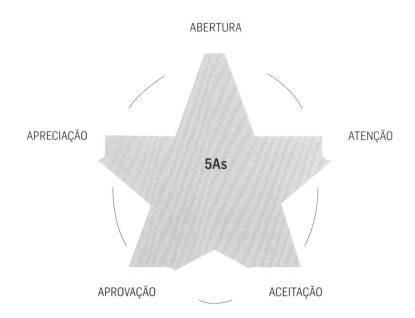

Fonte: Criado a partir da "Fórmula Tríplice A" de Les Giblin (1986, pp. 66-75).

O Pentagrama é praticado de forma ativa a partir dos 5As – cinco atitudes positivas para melhorar nossos relacionamentos interpessoais: abertura, atenção, aceitação, aprovação e apreciação, como descritas a seguir.

ABERTURA

O primeiro "A" do Pentagrama é a abertura. Antes de decidir-se por implementar essa prática, é necessário responder às seguintes questões:
O quanto estamos abertos a novos relacionamentos?
O quanto estamos abertos a mudar nossa postura com os relacionamentos existentes?
O quanto estamos abertos a nos conectar com pessoas diferentes de nós?
Como a confiança impacta a qualidade de nossos relacionamentos?

O fato é que a construção de um relacionamento pressupõe uma postura ativa, isto é, considera que devemos dar o primeiro passo: o passo da confiança.

O PASSO DA CONFIANÇA

Em minha pesquisa sobre influência, todos os autores convergiram para o seguinte princípio: sem confiança, não há influência. Nela também identifiquei dois padrões que guiam nossas conexões com outras pessoas. Tenho conversado sobre eles praticamente com todas as pessoas com quem convivo. Ao estudar sobre influência, nos tornamos um observador social. Queremos construir e testar nossas teses no mundo real.

Você, neste momento, fará parte dessa pesquisa. Responda em qual padrão você se encaixa na maioria das vezes.

( ) 1. Você começa uma relação desconfiando e a pessoa, aos poucos, terá que provar que é digna de sua confiança?

( ) 2. Você começa uma relação confiando na pessoa? Para você, ela pode reforçar a confiança dada ou perdê-la, dependendo das atitudes que tomar.

Qual sua resposta? Se você respondeu "depende", peço que responda qual o padrão na maioria das vezes. Se necessário, faça uma pequena pausa, procure se lembrar das últimas cinco pessoas com as quais começou alguma relação no trabalho ou na vida como um todo. Traga para a consciência como reagiu e o quanto se abriu para essas relações.

Para a construção ativa de uma rede de relacionamento, o padrão que defendo é o número 2.

Mas, Gianini, ele não aumenta o risco nas relações? Sim, aumenta, não significa que não podemos gerenciá-los. Aliás, lembre-se da definição de confiança, em que temos a seguinte premissa: confiar é correr riscos. Ela representa um ato deliberado de fé.

Também com base em minha experiência, desenvolvi um modelo de confiança que poderá ajudar você a refletir e, se for o caso, mudar a forma como lida com a confiança. Mas é algo muito pessoal, mude somente se e quando achar que vale a pena. Chamo esse modelo de Ciclo Virtuoso da Confiança.

É bem simples de entender:

Figura 7.3   Ciclo Virtuoso de Confiança

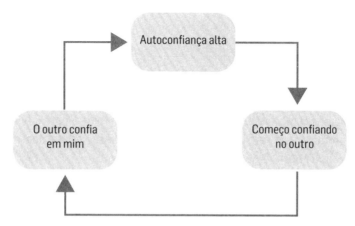

Fonte: O autor.

Autoconfiança alta: quando a autoconfiança é alta, aumentam as chances de começarmos as relações confiando nas pessoas. Quanto mais inseguro e desconfiado estamos ou somos, mais baixa nossa autoconfiança. A insegurança grita dentro de nós e expõe o quanto desconfiamos das pessoas. Vivemos sempre com um pé atrás, armados, fechados. Nosso corpo dá sinais não verbais mesmo ao dizer "eu confio em você". Todo nosso corpo tem a capacidade de dizer o contrário. Isso demonstra incongruência na comunicação e não gera conexão. Confiança é a cola social que conecta as pessoas em um sistema de relacionamento sólido e próspero.

Começo confiando no outro: quando assumimos essa postura, nossa comunicação vem com força de dentro para fora. Todo nosso corpo conecta-se poderosamente com a pessoa. Nosso tom de voz, postura corporal assertiva, contato visual e gestos reforçam a mensagem. A estrutura da linguagem fica consistente – e consistência gera confiança. Depositamos confiança na pessoa e deixamos isso claro para ela. Plantamos sinais de que pode contar com nossa fé. Quando fazemos isso, acionamos nela o sentimento de não querer decepcionar aqueles que nelas acreditaram logo de início. Esse depósito tem um valor poderoso para aumentar a autoconfiança no outro.

O outro confia em mim: o ciclo se completa quando percebemos que as pessoas depositam confiança em nós. Somente conquistando a confiança das pessoas é que podemos exercer influência sobre elas, porque, ao confiarem, elas permitem a ação de influência. Elas diminuem a resistência, modificam pontos de vista e decisões porque se tornam suscetíveis a escutar e entender nossos argumentos. Essa abertura gera uma conexão emocional preciosa e transparente e ambas as partes sentem a confiança fluir nas palavras e ideias. Abre-se a porta da empatia. Quando sentimos que o outro confia em nós, chega o momento de recebermos a retroalimentação do ciclo, ou seja, sentir que o outro confia em nós aumenta nossa autoconfiança e, consequentemente, nossa postura em confiar nele.

Em minha crença, o contrário também é verdadeiro e muito doloroso. Não sei o que o deixa mais aborrecido. No meu caso, o que mais me tira o sono é perceber que alguém, por algum motivo, não confia em mim. Quando percebo isso e o outro permite, estimulo uma conversa corajosa. Abro literalmente a guarda para entender a causa. O que motivou esse sentimento?

Não somos perfeitos, as pessoas podem nos ver de várias maneiras. Eu, por exemplo, prefiro por vezes ser percebido como alguém áspero, vaidoso, arrogante ou qualquer adjetivo que tenha a ver com meu temperamento, do que como uma pessoa em quem não se pode confiar. Novamente, o contrário também é verdadeiro, prefiro lidar com todos os perfis, menos com os desonestos que provam e reforçam que não merecem confiança.

Resumindo, se não conseguimos dar o passo da confiança, dificilmente geraremos a abertura necessária para avançar para a próxima fase do pentagrama.

Ao confiar tornamo-nos vulneráveis e isso traz mais unidade para as relações. O sentimento que bloqueia essa postura, principalmente no ambiente corporativo, é o medo. Tenho duas recomendações para quem quer entender o poder que a vulnerabilidade proporciona para nos conectarmos com as pessoas. Assista à palestra "O poder da vulnerabilidade", ministrada por Brene Brown no TED[1] e depois leia o livro da autora sobre o mesmo assunto, publicado no Brasil com o título *A coragem de ser imperfeito*.

ATENÇÃO

Estarmos abertos ao outro é o primeiro passo de confiança para gerar conexão. Contudo, se não dermos a devida atenção ao outro, poderemos quebrar o elo que nos aproxima dessa pessoa. Atenção consciente é a melhor maneira de respeitar os sentimentos e a presença do outro. Uma vida apressada e com preocupação excessiva aos nossos problemas nos separa do que está acontecendo ao nosso redor. Não percebemos nós mesmos e muito menos os outros no ambiente, entramos todos numa espécie de comportamento automático.

---

1 Brene Brown on vulnerability. TED. [s.d.]. Disponível em: <https://www.ted.com/talks/brene_brown_on_vulnerability?language=pt-br>. Acesso em: 20 set. 2017.

A atenção não deve estar focada somente no outro, mas também em nós próprios para identificar o que estamos sentindo, de maneira que possamos decidir conscientemente sobre como reagir, quando ouvir, o que perguntar e como escolher as palavras certas para demonstrar que estamos inteiros com o outro durante o processo de conversação.

Marshal B. Rosemberg, no livro *Comunicação não-violenta* (2006, pp. 21-2), nos traz algumas dicas para concentrar a atenção sobre o que expressamos:

> Nossas palavras, em vez de serem reações repetitivas e automáticas, tornam-se respostas conscientes, firmemente baseadas na consciência do que estamos percebendo, sentindo e desejando. Somos levados a nos expressar com honestidade e clareza, ao mesmo tempo que damos aos outros uma atenção respeitosa e empática.

Quando focamos nossa atenção, eliminando tudo o que pode nos desviar da presença do outro, damos a ele um dos presentes mais preciosos de uma relação: o respeito.

Todas as fases do pentagrama são desafiadoras e possíveis de serem executadas. Lembro-me da atitude que um grande amigo adotava quando eu ia visitá-lo. Durante um período, a casa dele servia como um divã social. Naquela época, ele trabalhava em casa como artista plástico e tinha uma rotina muito conhecida pelos mais próximos. Muitos, inclusive eu, que também tinha uma agenda flexível de trabalho, gostavam de visitá-lo para conversar. Recordo-me, por diversas vezes, de ele desligar a TV quando nos sentávamos no sofá para iniciar uma conversa. Esse simples gesto dizia o seguinte: "Você veio até a minha casa para conversar comigo, então o mínimo que posso fazer é dar a minha atenção a você".

Hoje muitos mendigam por atenção, suplicam por um olhar e uma escuta legítima. Concorremos com dispositivos móveis, fones de ouvido, video game, TV etc. Conquistar a atenção de alguém se tornou um dos grandes desafios da vida moderna.

Consegue perceber o tamanho da oportunidade? Captou a mensagem poderosa que está por trás dessa lacuna? É simples. Se muitos suplicam por atenção, dê isso a eles. Torne-se uma das pessoas mais atenciosas em todas as esferas sociais, e no que diz respeito aos seus objetivos de carreira, seja o mais atencioso nas relações de trabalho. Ao fazer isso, começará a ser percebido de maneira diferenciada e migrará para o centro de sua rede de influência. Tome um único cuidado: ao praticar a abertura nos relacionamentos e adotar uma postura atenciosa, lembre-se sempre de respeitar o tempo e o momento do outro. Cuidado para não ser percebido como invasivo, um candidato ao prêmio de chato do ano.

ACEITAÇÃO

Fiz questão de iniciar o terceiro "A" do pentagrama com essa ideia simples e poderosa de Les Carter (2000, p. 36), extraída de seu livro *O princípio da significância*, uma das obras que me ajudou a rever a maneira como eu me relacionava com as pessoas. Carter diz que buscar por significância é uma necessidade básica do ser humano, ele acredita que cada pessoa vive com um desejo inato de ser alguém significativo. Toda disfunção emocional, segundo ele – como depressão, ira e impaciência –, é apenas uma maneira por meio da qual as pessoas expressam a necessidade por significância. A mensagem desse autor é tão clara e poderosa que absorvemos cada palavra como uma verdade irrefutável.

Carter reforça os estudos de Giblin (1986) quando este diz que a "força motriz básica do comportamento humano é o desejo de ser aceito, compreendido, apreciado e reconhecido". Concordo com os dois.

Lembre-se: aceitar o outro não significa concordar com ele, mas sim tentar compreender a origem de seu comportamento para saber como lidar com a pessoa. Em verdade, todos nós queremos ser aceitos tal como somos. Queremos ser nós mesmos e relaxar na presença de cada um, sem culpa. No ambiente corporativo, somos forçados a representar determinados papéis e essa atitude gradativamente nos afasta de nós mesmos. Moldamos nosso comportamento para sermos aceitos pelos colegas de trabalho, pelo chefe, pelo cliente. Isso, de alguma forma, causa dor.

Sobre isso, Giblin (1986, p. 66) afirma: "Somos muito pouco corajosos para sermos exatamente nós mesmos".

Compreenda novamente o poder que está por trás dessa ideia. Não seja um juiz do comportamento das pessoas, com normas rígidas de como os outros deveriam ser e agir segundo seu conceito. Aprenda a acolher sem necessariamente concordar.

Como diz um ditado popular: "Ninguém tem o poder de consertar outra pessoa". Então, se não podemos consertá-la, o caminho é aceitá-la como é e quem sabe com esse gesto consigamos gerar uma conexão genuína e, assim, ela se disponha a ouvir com atenção nosso ponto de vista e mude por si mesma.

Entender o poder que reside na aceitação nos levará a conquistar o respeito do outro e a avançar com consistência nas demais etapas do pentagrama. Ao se sentir respeitado, o outro poderá abrir ainda mais a guarda para nos seguir. Você o terá influenciado.

Para fechar esse terceiro A, trago uma frase primorosa de Giblin (1986, p. 68): "Por ter encontrado um ser humano disposto a aceitá-la apesar de todas as suas marcas e defeitos 'vergonhosos', ela pode se aceitar a si mesma, e logo estará no caminho para viver de um modo melhor".

APROVAÇÃO

O quarto "A" representa outro desejo do ser humano: o de ter aprovação.

> A aprovação vai um pouco além da aceitação. Comparando-se as duas, descobre-se que a aceitação é principalmente negativa. Aceita-se a outra pessoa com suas falhas e defeitos, e não obstante, lhe concedemos o nosso companheirismo. A aprovação, porém, significa algo mais positivo. Ela vai mais além do que simplesmente tolerar os "erros" do outro, e encontrar algo mais positivo que possa nos agradar (Giblin, 1986, p. 70).

A aprovação é um reforço positivo por algum comportamento. Esse reforço nos alegra e impulsiona a repeti-lo ou a tentar desenvolver outras características para conseguirmos mais aprovação, para sentirmos novamente aquela sensação agradável.

Amo escrever. Desde criança sempre gostei de escrever sobre qualquer coisa. Recordo-me do primeiro reforço positivo que recebi de forma inesperada de meu padrinho. Eu estava na casa dele, deitado no chão da sala com um caderno escrevendo sobre alguma coisa que não me lembro agora. Ele parou do meu lado e perguntou: "Você está escrevendo tudo isso de sua cabeça?", respondi positivamente. Ele lançou outra pergunta: "Não está copiando de nenhum lugar?", e eu disse que não. Ele ficou maravilhado e começou a comentar com todos na casa: "Vejam gente, como o Gianini escreve bem, tudo de cabeça, sem parar".

Nunca me esqueci desse momento e sei exatamente como ele agiu em mim, sua influência reforçou e impulsionou profundamente meu gosto pela escrita e pela leitura.

E você, tem lembrança dos reforços positivos que teve na vida e como eles influenciaram quem você é hoje?

APRECIAÇÃO

O quinto "A" do pentagrama retrata outra de nossas aspirações, a de sermos apreciados. Apreciar significa ascender em valor. Quando apreciamos alguém, tornamos esse alguém mais valioso e propenso ao êxito.

Precisamos tratar as pessoas com singularidade, demonstrar que estamos nos conectando com ela de forma específica, apreciando os valores únicos que ela representa. Quando empacotamos as pessoas, as depreciamos, agindo de maneira oposta. Uma maneira simples de demonstrar apreciação é chamar a pessoa pelo nome e fazer um elogio específico, que quase ninguém tenha notado e, se notou, não disse à pessoa.

Giblin (1986, p. 72) apresenta dicas simples e extremamente poderosas para demonstrar apreciação:

1. Se puder evitar, não faça a pessoa esperar;
2. Se tiver uma pessoa que não possa atender de imediato, faça-a perceber que você notou sua presença e que a atenderá assim que possível, não a ignore;
3. Agradeça as pessoas de forma específica e direta;
4. Trate as pessoas com apreço, estenda-lhes o tapete vermelho.

Completo a lista de Giblin com mais quatro dicas:

1. Elogie sempre que possível, de forma sempre específica para a pessoa perceber exatamente qual foi o valor que você notou nela;
2. Alcance a pessoa além do cargo. Respeite o cargo e aprecie a pessoa;
3. Identifique os pontos fortes das pessoas no trabalho e conecte-se com elas, deixe-as perceber que você aprecia seus pontos fortes e como isso é relevante para os resultados;
4. Cuidado! Não é para bajular, seja autêntico e habilidoso no momento da apreciação. Nem todo elogio, por exemplo, pode ser dado em público, principalmente se não for específico e na frente dos "competidores" do elogiado. Você poderá prejudicar e constranger a pessoa, além de gerar inveja em seus "colegas".

Em minha experiência pessoal e profissional, a prática dos 5As do pentagrama ajudou muito a acelerar e consolidar minhas duas primeiras carreiras – quinze anos na área corporativa e mais quinze anos como professor, consultor empresarial e coach.

Refazendo minha linha do tempo profissional, percebo nitidamente como transitei com desenvoltura conquistando aliados das funções mais simples até a alta liderança de todas as organizações nas quais atuei. Algumas vezes de maneira espontânea e inconsciente, mas hoje consigo conceber o quanto me ajudou. Em outros momentos, o fiz de maneira estratégica, conectando-me com as pessoas certas para acelerar a carreira. E na maioria das vezes deu certo.

E você, como tem se conectado com as pessoas no trabalho? Que tal lançar-se à sua própria experiência e pôr em prática as dicas apresentadas nos dois modelos de influência deste capítulo?

Vale ressaltar que os dois modelos apresentados não são uma receita infalível, até porque não é o que estou prometendo. São dicas que você precisará desenvolver em seu DNA de influência e adaptar em seu contexto profissional. Minha expectativa é que você tenha notado quão fundo mergulhei nos dois modelos para compartilhar um caminho estruturado de modo a auxiliar você na construção de sua própria rede de influência. Vá lá, pratique e depois me conte o resultado.

CONVERSAS INFLUENTES

Convidado: Emílio de Mello
Biografia: Ator da Rede Globo e protagonista da série *Psi* da HBO

Gianini – Como começou sua carreira de ator e como sua família encarou essa decisão?
Emílio de Mello – Foi muito natural pra mim. Eu sempre quis fazer alguma coisa artística desde criança. Eu sou de uma família muita grande. A família da minha mãe é de dez irmãos, e todos os domingos nós nos reuníamos na casa da minha avó, com um punhado de netos. E a gente brincava. E as brincadeiras que mais me encantavam tinham a ver com teatro de fantoche. Gostávamos de criar e apresentar histórias, imitar um grupo de música ou fazer algum show para a família. Eu não me lembro de uma grande crise na minha família por causa disso. Lembro que passei no concurso do Banespa ao mesmo tempo que entrei na USP para fazer artes cênicas e física na PUC. Para o meu pai, desde que eu tivesse o meu emprego e pagasse as minhas contas estava tudo tranquilo. Ele dizia: "Vai fazendo a sua faculdade, só não sai do banco, porque banco é um emprego para a vida toda". Chegou uma hora que eu estava tão entusiasmado em estudar aquilo que gostava que fui até meu pai e disse: "Pai, eu não consigo mais ficar no banco, pra mim não dá mais, não tem mais sentido. Eu acho que vou conseguir ganhar dinheiro com isso". A partir de então, nunca parei de ter prazer com o meu trabalho.

Gianini – Trocar um emprego "seguro" para viver de arte é uma atitude empreendedora e arriscada. Quais foram os principais desafios?

Emílio de Mello – O início foi bem complicado. Acho que agora, com 52 anos, consegui me acostumar principalmente com as oscilações financeiras da carreira, porque tinha uma época em que eu achava que não poderia nem ter filho, considerando a maneira como vivia. Houve alguns momentos em que eu tinha dinheiro e outros em que não tinha dinheiro nem pra comer. Eu lembro que quando cheguei no Rio de Janeiro fiz uma peça de muito sucesso. Quando comecei a ganhar dinheiro, veio o Plano Collor e pegou tudo que eu tinha guardado. Então a peça acabou e eu comecei a fazer outra, que foi um fracasso. Recordo que o meu colega de cena, o Henrique Dias, pegava o dinheiro que ele ganhava da quinzena e botava na carteira para gastar enquanto eu nem conseguia viver com aquilo. Eu pagava aluguel e comia arroz integral. Quando se tem uma vida assim, sentimos muito medo de ter alguém dependendo da gente. Por isso eu demorei muito para ter filho. Eu fui ter o meu primeiro filho com 40 anos e logo em seguida veio o segundo. Engraçado que depois que eles chegaram na minha vida, nunca mais eu tive problema com dinheiro.

Gianini – Exatamente, como você usa a influência no seu trabalho?

Emílio de Mello – Primeiro eu gostaria de dar um exemplo sobre o teatro que para mim fica mais claro. Usando até uma das táticas de influência que conversamos antes da entrevista, no teatro é necessário fazer uma "coalizão" para você poder ter um trabalho. Para criar e construir um bom trabalho, é necessário formar uma aliança com a pessoa que contracenamos, com o diretor, com o técnico que vai criar o seu figurino e o cenário onde iremos atuar. É necessário criar uma relação boa com o cara que vai operar a luz. Enfim, é um sistema de cooperação muito grande para fazer aquele trabalho funcionar. No cinema, por exemplo, o desafio também é grande. Para fazer uma cena entre dois atores há no mínimo trinta profissionais por trás dando apoio. Entendo que se eu não conquistar essas pessoas, se eu não tratá-las com respeito, ou seja, se eu não for bacana com toda essa galera, não vou fazer um bom trabalho. Preciso ter essas pessoas do meu lado. Quando comecei a exercitar isso de forma consciente foi muito legal. Essa atitude me ajudou a exercer um papel de protagonista de fato por trás das câmeras. Alguns acham que o protagonista é aquele que está acima de todo mundo. Não! O protagonista é aquele que está junto com todo mundo. O meu trabalho exige essa postura. Por outro lado, tem o caminho inverso. Para eu inspirar o diretor que está me dirigindo, preciso que ele goste de mim, que confie em mim e que o meu papel o inspire a me dar outras propostas que inclusive possam enriquecer o meu trabalho. É um constante aprendizado, e eu preciso estar a todo instante influenciando e sendo influenciado. Tudo o que se faz no meu trabalho depende do outro. Não há como ser ator e diretor sem ter a consciência de que você precisa influenciar as pessoas para estarem juntas com você no projeto.

Gianini – Quais foram as pessoas que mais o influenciaram?
Emílio de Mello – Cara, teve muita gente. Eu lembro que quando eu tinha 16 anos fui assistir a uma peça na FAAP chamada "De braços abertos" com a Irene Ravache e o Juca de Oliveira. Lembro que sentei na primeira fileira. A emoção que eles transmitiam na interpretação me mercou muito. Eles me estimularam de um jeito muito forte. Eu acho que faço teatro porque eu os assisti. Tiveram os meus professores que participaram diretamente da minha formação e pelos quais eu sou muito grato. Um especialmente me marcou muito, o nome dele era Claudio Luchesi. Nunca esqueço quando ele chegou pra mim e disse: "Você não precisa mais da escola. Pode ir que o trabalho vai fazer por você as coisas. Vai embora, vai lá, vai pro Rio". Foi um incentivo muito grande, porque eu sempre achei que eu precisava da escola. Isso não significa que eu não continue aprendendo. A Marieta e o Mauro Rasi foram pessoas muito importantes pra mim. Eu descobri a dramaturgia com o Mauro. Hoje o que eu sou como ator e diretor é um pouco do que o Mauro me ensinou com a dramaturgia. Enfim, aprendi com muitos diretores, mas alguém que me marcou muito foi um diretor russo chamado Anatoly Vasiliev, que foi discípulo da Maria Knebel, discípula direta de Constantin Stanislavski, ou seja, aprendi muito diretamente da fonte. É claro que o encontro com o Contardo em *Psi* me influencia muito.

Gianini – Como é vestir o personagem quando na vida real você está passando por uma situação difícil?
Emílio de Mello – É muito difícil, mas em todas as experiências que eu tive nesse sentido funcionaram de uma maneira oposta ao que se costuma pensar. Na verdade, trabalhar era uma libertação da dor de alguma maneira. Quando estou no personagem, é o único lugar que eu consigo me esquecer dos problemas. É o lugar onde você se esquece de si, é um trabalho terapêutico. Tive uma experiência muito legal que representa um outro lado da sua pergunta. Quando o meu primeiro filho nasceu, o Valentim, estava fazendo uma das peças mais importantes para mim, chamada "Gaivota". Era um projeto que começou quando eu tinha 21 anos e que só fui realizar aos 40. Foram vinte anos de batalha, conquistando parceiros, patrocinadores etc. Eu estava ensaiando a peça fazia três meses para uma apresentação no dia 13 de outubro. Então o Valentim nasceu no dia 12 de outubro às 10h12. Passei o dia todo na

maternidade, dormi lá e no dia seguinte levei a minha esposa e ele pra casa e fui para o teatro fazer a peça. Aquele dia pra mim foi um marco no meu trabalho, porque eu entrei em cena sabendo que aquilo não era a coisa mais importante pra mim. Era uma emoção incomparável com tudo o que eu já tinha sentido e isso mudou o jeito de eu fazer a peça. Era como se aquilo fosse o meu trabalho, uma coisa que eu adoro fazer, mas que não é a melhor coisa do mundo. Acho que foi o momento em que eu fui mais pleno em cena. Onde eu estava menos preocupado com o resultado e com o que o público estava achando. Simplesmente estava ali, logicamente imbuído de uma alegria indescritível e de um prazer muito grande de estar realizando aquele projeto no dia seguinte que o meu filho nasceu. Eram muitos significados juntos. Ter tido a consciência que existem coisas muito mais importantes na vida do que aquele espetáculo. A conjunção de coisas trouxe tanta emoção e prazer que eu não tinha mais medo. Foi um grande estalo para compreender que o trabalho não é tudo. Existem outras coisas na vida que você tem que dar conta. Falei de duas coisas opostas, mas que tem muito a ver com a sua pergunta: a primeira é quando existe uma tensão na vida, o momento da interpretação ajuda a nos libertarmos da vida real e relaxar por um instante – acaba sendo um processo terapêutico. A outra é quando estamos tão plenos na vida real que erradiamos uma energia poderosa de dentro para fora quando estamos interpretando, ou seja, a felicidade da vida real é tão grande que transborda na interpretação, diminundo a preocupação com a avaliação dos outros sobre o seu trabalho.

RESUMO DO CAPÍTULO

Objetivo do capítulo
Apresentar dois modelos de influência para apoiá-lo a conquistar aliados e construir uma rede de relacionamento.

Modelo 1 – Modelo Cohen-Bradford

1. Pense estrategicamente e cultive aliados;
2. Saiba ler o contexto, declare e mapeie objetivos;
3. Pratique empatia para entender o mundo do outro;
4. Construa sua rede de influência;
5. Conheça suas Moedas de Troca e as do outro;
6. Pratique reciprocidade.

Modelo 2 – Pentagrama de Influência – 5As

1. Abertura;
2. Atenção;
3. Aceitação;
4. Aprovação;
5. Apreciação.

Conversas influentes

Próximo capítulo

No próximo capítulo você aprenderá como mapear e usar as bases de poder e táticas de influência para conquistar o compromisso do outro. Entenderá a dinâmica do poder no mundo corporativo e como deixar a comunicação mais influente para avançar na carreira.

QUESTÕES PARA DEBATE

1. Quais os desafios do Modelo de Influência Cohen-Bradford?
2. Quais os benefícios do Modelo de Influência Cohen-Bradford?
3. Qual sua visão sobre o Pentagrama de Influência?
4. Como está sua Rede de Influência? Quais são os cinco principais integrantes dela?

CAPÍTULO 8

PODER E TÁTICAS DE INFLUÊNCIA

> Um poder que se serve, em vez de servir,
> é um poder que não serve.
> *Mario Sergio Cortella*

OBJETIVO DO CAPÍTULO

A partir desta parte do livro, cada capítulo trará um conjunto de habilidades para você por em prática. A proposta é ampliar sua caixa de ferramentas.

Neste capítulo, você aprenderá como usar o poder e as táticas de influência. Influência é o poder em ação, por isso é importante saber exercê-lo com habilidade para impactar o comportamento do outro em direção aos objetivos desejados. A seleção adequada da base de poder ou tática de influência está diretamente relacionada com a capacidade do agente influenciador e do perfil do alvo, isto é, da pessoa a ser influenciada.

Vamos abordar também os princípios de argumentação, convencimento, persuasão e táticas de influência para apoiar você a atingir seus objetivos profissionais e pessoais.

FUNDAMENTOS DO PODER

Poder é a capacidade de fazer as coisas acontecerem seguindo um objetivo predeterminado, ou seja, a qualidade e a amplitude do resultado dependem do grau de poder que alguém pode exercer sobre uma ou mais pessoas.

Em qualquer tipo de relacionamento entre duas pessoas de natureza e perfil variados, seja qual for a situação é possível observar a dinâmica do poder acontecendo. O conceito de poder é tão profundo e atraente que é possível contar a história da humanidade explorando as relações de poder em todos os tipos de sociedade.

Como existem muitas perspectivas sobre o conceito e a aplicação do poder, torna-se inviável, para os objetivos propostos neste livro, explorar todas, mesmo que de forma resumida. Apreciaremos o conceito de poder pelas perspectivas da psicologia social e do comportamento organizacional, trazendo contribuições práticas para o uso do poder de influência na carreira.

Entre os autores que aprecio está Gary Yukl (1998, p. 177), que define poder como "o potencial que uma pessoa possui para influenciar as atitudes e comportamentos de outra(s) pessoa(s)".

O poder não é um atributo que alguém possui, é uma força em potencial que precisa ser exercida. Ele ocorre dentro de um contexto relacional e situacional, ou seja, podemos exercer poder sobre algumas pessoas, grupos e organizações e sobre outras não – e tudo isso pode mudar se a situação se alterar. O caráter social do poder é dinâmico. Por exemplo, a revista *Forbes* publica anualmente um ranking das pessoas mais poderosas do mundo. No Brasil, o ranking mais conhecido é o das cem pessoas mais influentes do país. Estou escrevendo este capítulo em fevereiro de 2018 e ao observar a edição de 2015 da revista *Forbes Brasil*,[1] algumas pessoas que nesse ano foram consideradas as mais influentes do Brasil estão presas ou indiciadas. Não significa que não continuam influentes, mas a esfera, o grau e o tipo de influência mudaram. Como a história continua, vou me abster de citar alguns nomes, mas a maioria são presidentes de grandes organizações e políticos.

A alternância ou ausência de poder também pode ocorrer em outras camadas sociais e organizacionais pelos seguintes motivos:

1. Quando a pessoa sustenta o exercício do poder baseado exclusivamente no cargo;

---

[1] Terzian, F. A lista das 100 pessoas mais influentes do Brasil. Revista Forbes Brasil. ano III. ed. 28, fev-15, São Paulo, pp. 84-103.

2. Quando a pessoa perde poder econômico ou algum tipo de recurso que gerava dependência nos influenciados;
3. Quando não existe mais qualquer tipo de relação de dependência entre influenciador e influenciado.

Para tornar mais prático o texto, daqui em diante denominarei o agente como "A" e o *alvo* como "B", conforme a Figura 8.1 a seguir.

Figura 8.1   Agente e alvo

Agente A

Aquele que exerce poder de influência, podendo ou não afetar o comportamento do influenciado (alvo).

Alvo B

Aquele que é alvo do processo de influência, podendo ou não ser afetado pelo poder de influência do influenciador.

Fonte: O autor.

Quando A exerce poder com a tentativa de influenciar B, três respostas básicas são possíveis:

- **Resistência:** Quando a base de poder de A é fraca ou incoerente com a situação, levando B a resistir à tentativa de influência por indiferença e falta de atratividade ou desconforto, entre outras possibilidades;
- **Obediência (submissão):** A pessoa executa o que foi solicitado sem nenhum interesse no resultado, basicamente segue ordens ou atende um pedido de forma rotineira, sem criar valor ou entregar algo além do solicitado;
- **Compromisso:** Esta é a melhor resposta para a tentativa de influência, quando B compromete-se com A, porque enxergou algum valor que o moveu para ação. Que valor pode ser esse? Veremos isso no próximo capítulo, quando falaremos de Moedas de Troca. O fato é que, ao comprometer-se, a entrega sobe em valor, levando B a adotar comportamentos positivos para entregar o resultado.

Desta forma, é possível entender poder como a capacidade que A tem para influenciar o comportamento de B. O poder pode existir, mas ele precisa ser praticado. Não é algo que alguém tem, mas sim algo que exerce, ou seja, a pessoa pode ter o poder e não o usar.

Como existe uma relação de dependência que caracteriza a dinâmica do poder, quanto maior a dependência de B em relação a A, maior será o poder de A nessa relação. Essa visão sobre poder defende que uma pessoa só pode ter poder sobre você se ela controlar alguma coisa que você deseja. Aplique esse raciocínio sobre qualquer relacionamento pessoal ou profissional e mapeie de maneira racional ou até mesmo emocional o grau de dependência entre vocês. Nesse momento, você deve se tornar um observador da relação, tentando ao máximo distanciar-se dela para não promover o autoengano e classificar que você tem mais poder sobre outra pessoa quando de fato não tem, sendo apenas uma percepção que agrada o ego.

AS SEIS BASES DE PODER

Os estudos iniciados pelos psicólogos sociais French e Raven (1959) representam uma das principais fontes para entender a dinâmica da relação do poder de influência interpessoal. O estudo identificou primeiramente cinco bases de poder que podem ser utilizadas para uma pessoa exercer poder sobre a outra:

- Poder Legítimo;
- Poder de Referência;
- Poder Coercitivo;
- Poder de Recompensa;
- Poder de Especialização.

Os autores chegaram a identificar uma sexta base de poder – o Poder da Informação –, que à época não foi reconhecida por French e Raven, pois dependia das bases de poder de referência e especialização para ter aplicação. Contudo, na minha experiência e, principalmente, refletindo sobre o mundo contemporâneo e suas tendências, a base de informação se tornou um dos principais insumos para influenciar o comportamento de alguém.

Cada base de poder é tratada neste capítulo, sendo analisadas pelas três perspectivas abaixo:

- **Cuidados:** quais as armadilhas que diminuem, anulam ou distorcem cada base de poder, aumentando a resistência de B;
- **Como usar:** quais são as recomendações básicas de como usar cada base de poder;

- **Como lidar:** qual atitude tomar quando você está tentando influenciar alguém que usa alguma base de poder contra você ou quando você é o alvo da influência, isto é, A tenta influenciá-lo usando uma base de poder. Para todos os tipos de poder, o primeiro passo é reconhecer se de fato a pessoa tem potencial para usar uma base de poder. Não é sábio negar a base de poder do outro ou tentar competir com ela somente no campo da emoção. As emoções podem nos colocar em uma situação de disputa e fazer que se perca o foco no objetivo.

PODER LEGÍTIMO

O Poder Legítimo é criado e transmitido por uma organização ou instituição. É uma transferência de autoridade fornecida ao cargo que a pessoa ocupa, ou seja, o que confere poder à pessoa é ter um caráter normativo. Retirando o cargo, basicamente, a pessoa perde o poder ou a capacidade de influenciar alguém alicerçado nessa base de poder. Empossar alguém em um cargo significa atribuir poderes à pessoa, consequentemente, os respectivos direitos e deveres. Naturalmente, todo profissional que assume um cargo de chefia recebe o poder normativo da organização. Contudo, isso não significa tornar-se um líder. O poder normativo é amplo, cabe não somente a cargos de chefia, pois todo profissional, independentemente da posição que ocupa, tem direitos e deveres que representam também uma base de poder quando dependemos deles. Um exemplo clássico são as secretárias, que ocupam um cargo de apoio aos executivos. Elas não são "chefes", mas alguém tem dúvida sobre o quanto elas têm poder em função do cargo que ocupam? Para deixar claro o alcance dessa base de poder, podemos analisar funções mais "humildes" na sociedade: porteiros de prédios, recepcionistas, garçons, atendentes de telemarketing, seguranças que fazem as vistorias nos aeroportos, diretoras de ministérios em igrejas evangélicas e diretoras de pastorais nas igrejas católicas. Em alguns casos, o padre não "apita" nada, quem faz a agenda e a programação da igreja são as "irmãs carolas" – e o padre que se atreva a alongar demais a missa.

CUIDADOS

"Carteirada": situação em que a pessoa busca privilégio ou vantagem em razão do cargo, profissão, fama, sobrenome, condição financeira ou social. A pessoa busca favores, tolerâncias e cortesias quebrando o senso comum. É aqui que identificamos a Síndrome do Poder, traduzido em prepotência pela velha máxima: "Você sabe com quem está falando?".

O mundo dá voltas: especificamente no ambiente organizacional, a pessoa precisa sempre lembrar que ela não é o cargo, ela está no cargo. Não é diretora, está diretora. E com tantas mudanças nos modelos organizacionais e no futuro das profissões, cabe ressaltar que não se deve abusar do Poder Legítimo, pois, na linha do tempo, caso tenhamos humilhado ou prejudicado alguém, no futuro próximo esta pessoa poderá se tornar seu chefe ou estar em uma posição de decisão em seu melhor cliente, entre diversas outras situações que a vida pode apresentar.

COMO USAR

Quando necessário, de maneira estratégica, o profissional pode usar essa base de poder para influenciar o outro. Principalmente quando a outra pessoa tem um perfil de respeitar as questões normativas. Usar não significa abusar, mas não sejamos hipócritas. Em diversas situações a autoridade do cargo ou da posição social abre portas. Contudo, após as portas abertas, o influenciador precisará de um conjunto de outros tipos de poder para aumentar a influência e alcançar o resultado esperado. Reconhecendo que o cargo empresta poder, seja humilde na interação, não explicite essa base de poder sem necessidade. Recomenda-se que o Poder Legítimo seja utilizado de forma espontânea e estratégica, dando visibilidade aos símbolos de autoridade que o cargo empresta.

COMO LIDAR

Essa talvez seja a base de poder mais difícil de lidar, porque muitas vezes a melhor resposta é a submissão. Submeter significa reconhecer que o outro é mais forte, é a lei da natureza e ela é sábia. Contudo, na espécie humana existe uma barreira que muitas vezes só faz aumentar o estrago desse tipo de interação: o orgulho. Mesmo sabendo que não podemos superar o Poder Legítimo, adotamos uma atitude de disputa emocional. Não levamos desaforo para casa, porém, na prática, levamos prejuízos.

Existe alguma outra saída além da submissão? Sim, quando possível o melhor caminho é a negociação. Mas, antes, expresse ao outro que você reconhece seu Poder Legítimo e tente influenciá-lo da maneira mais honesta e hábil possível. Quando o outro percebe que você respeitou a posição dele, a tendência é que ele fique desarmado e aberto a alguma alternativa que, é óbvio, não o prejudique.

A principal dica que gostaria de deixar é: nunca subestime o Poder Legítimo de ninguém, pois fazer isso é um grande sinal de incompetência interpessoal. Uma outra maneira de lidar com o Poder Legítimo é emprestando poder de outros cargos, fazendo alianças. Contudo, lembre-se: você conseguirá fazer isso se possuir previamente uma rede de confiança e apoio. Ademais, toda coalizão é um movimento extremamente estratégico e gera um custo que você deve estar disposto a pagar. Detalharei mais a tática da coalizão no próximo capítulo.

PODER DE REFERÊNCIA

O Poder de Referência é aquele que, em geral, distingue líderes de não líderes. Essa base de poder baseia-se em identificação pessoal, admiração e carisma. As pessoas tendem a seguir quem admiram e até imitá-las. O Poder de Referência promove uma sincronia de valores, mesmo que inconsciente, que conecta o alvo ao agente influenciador. O Poder de Referência é constituído de habilidades e características pessoais intransferíveis e vai além do cargo, ou seja, a pessoa deixa o cargo, mas continua tendo influência sobre aqueles com quem se relacionava. Em meus estudos e experiências, classifiquei três qualidades que constituem o Poder de Referência: empatia, carisma e caráter.

EMPATIA

Conforme tratado no Capítulo 6, empatia é uma competência que pode ser desenvolvida. Para simplificar o conceito de empatia, usaremos o acrônimo CHA: conhecimento, habilidade e atitude.

Conhecimento: Saber

Empatia é a capacidade de se colocar no lugar do outro. É uma ação que visa à compreensão e não ao julgamento. Como dizemos popularmente: "É calçar o sapato do outro e sentir onde aperta". Empatia não é o mesmo que simpatia e antipatia. Na empatia preciso saber e entender o que outro valoriza independente de minhas preferências pessoais. Ao ser empático, entramos no universo singular de cada indivíduo, aumentando a chance de criar uma conexão emocional de valor.

Habilidade: Saber fazer

Indo direto ao ponto, para entender o universo do outro precisamos melhorar substancialmente nossa comunicação. Segue uma ordem que recomendo para aprimorar o processo comunicacional:

- Perguntar para entender em vez de tentar adivinhar e precipitar-se no julgamento;

- Escutar com atenção a fim de identificar as dores e o que a outra pessoa valoriza;
- Falar com o coração, propondo algo de valor que vai ao encontro dos valores da outra pessoa e que possa diminuir sua dor ou gerar um ganho que ela reconheça como autêntico.

Atitude: Querer fazer

Querer fazer segue duas premissas:

- Você entende que ser empático é relevante e pode fazer a diferença em suas relações interpessoais e acelerar sua carreira;
- Você não utilizará essa competência como uma ferramenta fria e calculista. Antes de tudo, você terá interesse genuíno na outra pessoa, sendo autêntico na interação, pois entende que só assim sua comunicação terá poder para se conectar emocionalmente com o outro. Caso contrário, será um personagem falso.

Compreendendo as duas premissas acima, você decide ser empático por enxergar os benefícios-mútuos inerentes a esta atitude. Então, a partir da atitude você irá buscar o conhecimento necessário e colocará a habilidade em prática, de maneira consciente. A compreensão do conceito de empatia não deve ser algo puramente intelectual. Não é para memorizar conceito. A compreensão deve passar pelo seu sentimento para inspirá-lo a agir considerando e respeitando o que é valor para o outro. Diferente disso, você ficará na teoria e na minha visão será um desperdício enorme.

CARISMA

Como mencionei no Capítulo 6, eu entendia o carisma como um conjunto de características pessoais intransferíveis, ou seja, não dá para absorver características do outro para melhorarmos o nosso carisma. Como a própria ideia já define, as características são do outro e se tentarmos imitá-las pareceremos superficiais. O ponto que gostaria de reforçar neste momento é que o carisma não é algo nem positivo nem negativo. O resultado do carisma dependerá das intenções do agente. O fato é que pessoas carismáticas possuem o poder pessoal do magnetismo e atraem com facilidade a atenção de outras pessoas pelo seu charme, jeito e postura. É fácil notar quando uma pessoa carismática está presente, pois normalmente os outros gostam de estar ao lado dela, tornando-a uma referência em determinados grupos sociais.

CARÁTER

Propositalmente, deixei o caráter por último devido a seu grau de relevância. Uma pessoa pode ser uma referência positiva ou negativa dependendo da natureza de seu caráter. Portanto, de acordo com meu guia de valores, pouco adianta ser empático e carismático com falsidade. O Poder de Referência tem como um dos principais atributos a admiração que os outros têm pelo agente influenciador. Não acredito que você admire pessoas desonestas, por exemplo. Logo, a firmeza de caráter deve ser a qualidade mais importante para reconhecer no outro o Poder de Referência.

A combinação dessas três qualidades gera prestígio e autoridade social quando as pessoas se identificam com elas. Quem detém as três qualidades pode exercer o Poder de Referência em qualquer contexto social ou organização, pois elas acompanham a pessoa por onde ela for. Não é algo que ela tem, é algo que ela é. Isto é valor.

Contudo, é óbvio que, dependendo do ambiente social e organizacional, o desafio pode ser maior. Empresas com culturas altamente hierárquicas e normativas criam mais barreiras para a aplicação dessa base de poder. Entretanto, como toda organização é constituída de pessoas, confio que sempre possa haver terreno fértil para sua implementação. Mas, caso você esteja em um ambiente eticamente danoso e a convivência fira seus valores, cabe a você fazer uma transição de carreira e abandonar o terreno minado.

Como sempre digo: sua carreira está em suas mãos. Você decide!

CUIDADOS

Não tente ser quem você não é em relação a qualidade do carisma. Não force a barra, pois corre o risco de perder sua essência e espontaneidade. Não se iluda imaginando que você é referência para algumas pessoas que não o reconhecem assim. Não se iluda achando que exerce um poder que não existe. E, caso tenha capacidade para exercê-lo, faça-o sem falsa modéstia, seja autêntico e habilidoso.

COMO USAR

Identifique as pessoas às quais você provavelmente já agregou algum valor. O Poder de Referência se dá em uma construção de relacionamento. Precisamos estar atentos às necessidades dos outros para sempre que possível atendê-las com competência e gentileza. Assim criamos laços eternos de confiança e, quando menos esperarmos, elas podem nos procurar. No outro sentido, quando as procurarmos, se a conexão estabelecida anteriormente for sólida, provavelmente elas atenderão o nosso pedido.

COMO LIDAR

Vamos novamente entender o caminho oposto, quando você é alvo do Poder de Referência de algum agente influenciador. O primeiro passo é reconhecer, sem arrogância ou inabilidade social, o quanto essa pessoa é referência para você. Quais são os pontos que despertam em você admiração e o quanto está disposto a cooperar. Se tudo isso for verdadeiro e você puder sacrificar algo menos importante, não resista, coopere. Lembre-se de que a vida dá voltas e apoiar alguém que é referência é um plantio mais seguro. Confie!

PODER COERCITIVO

O Poder Coercitivo é aquele que impõe submissão por meio de ameaças. Elas podem ser de caráter psicológico, emocional, físico ou financeiro. Em algumas situações, principalmente nas áreas de segurança e militar, a coerção pode assumir a forma de força. Países autoritários recorrem a essa base de poder para manter os ditadores no comando.

No ambiente organizacional existem duas formas de punir alguém, podendo ser formais ou informais, justas ou injustas:

- Aumentando a dor: sanções disciplinares, advertências verbais ou escritas, perseguição, aumentando a carga de trabalho, diminuindo recursos, críticas em público, entregar um desafio maior do que a pessoa pode lidar para expor sua incompetência, agenda oculta para destituir a pessoa da função, demissão com ou sem justa causa etc.;
- Diminuindo a recompensa: retirar privilégios, diminuir benefícios, reduzir o escopo do trabalho para reduzir ou bloquear a ascensão da carreira, não elogiar quando é merecido, não promover, não reconhecer o talento etc.

Talvez você esteja surpreso com os fatos anteriores e esteja pensando se eles realmente acontecem, mas afirmo que são verídicos e que já vi de tudo no ambiente corporativo e no mercado.

CUIDADOS

Ao exercer esse tipo de poder, o que A obtém de B normalmente é resistência ou obediência, pelo fato de B depender de A. Se essa dependência um dia deixar de existir, A perderá poder sobre B, podendo, inclusive em situações que o grau de dependência for invertido, sofrer da mesma base de poder, ou seja, a vida pode dar voltas e o feitiço ser usado contra o feiticeiro. Outra questão é entender que esse tipo de base de poder não é sustentável a longo prazo, pois gera desgaste, falta de compromisso e baixa entrega de valor.

COMO USAR

De preferência, somente quando necessário e depois de já ter tentado utilizar as outras bases de poder. A ameaça ou punição não pode ser um blefe, A realmente deve ter a capacidade de exercer a punição, caso contrário ficará desacreditado por B e possivelmente por outras pessoas da rede de influência. Cabe lembrar que sempre há riscos em exercer a punição e A deve estar disposto a assumi-los. B, por exemplo, pode tomar uma atitude talvez inesperada por A e gerar prejuízos maiores, como pedir demissão em um momento em que A depende muito de B. Quando essa base de poder é utilizada com emoção, abrindo mão de um olhar racional sobre o contexto, ambos podem perder.

COMO LIDAR

Quando identificamos que alguém pode exercer ou está exercendo essa base de poder para nos influenciar, precisamos averiguar se A realmente pode exercer punição sobre nós. Caso positivo, devemos avaliar qual o tipo de risco estamos dispostos a correr e, de maneira racional, o que estamos propensos a abrir mão para não entrar em um desgaste desnecessário. Se realmente estamos submetidos à coerção de B, se precisamos preservar algo de valor nessa relação, não é sensato deixar o ego tomar conta da situação e entrar em um embate. Prudente seria se submeter ao poder para preservar algo de valor, desde que não corrompa nosso caráter e destrua nossa dignidade. Perceba que todas essas questões podem ser subjetivas de acordo com a percepção de cada um. O ponto é até onde a corda pode esticar antes que ela arrebente e destrua a relação. Ambos devem ter consciência dos limites e B precisa agir de maneira mais estratégica do que emocional. Trata-se de um desafio e o que ajuda a enfrentá-lo é ter uma perspectiva de valor de longo prazo e não se precipitar.

PODER DE RECOMPENSA

O Poder de Recompensa é a capacidade que A tem para proporcionar reforço positivo (recompensa) por um comportamento desejável de B. O princípio dessa base é entender o que pode ser recompensa para B, o que ele gostaria de receber em troca para atender ao pedido de A. Nesse caso, B deve realmente reconhecer que A é capaz de recompensá-lo ou de eliminar/diminuir uma punição. Se B desconfiar da capacidade de A, sua resistência pode aumentar. E se, após B atender ao pedido de A, a promessa da recompensa não for cumprida, provavelmente A entrará em descrédito e perderá o poder de influência sobre B.

Existem recompensas mais objetivas para ganho de produtividade que envolvem algum tipo de remuneração variável, bônus, participação no resultado, prêmios e até uma promoção. Como recompensas mais subjetivas, mas extremamente valorizadas, temos reconhecimento, elogio, visibilidade etc. No próximo capítulo, quando abordarmos o conceito de Moedas de Troca, exploraremos mais a fundo os tipos de recompensa.

Cabe ressaltar que os Poderes Coercitivo e de Recompensa são mais comumente utilizados de cima para baixo, muito associados ao tipo de relação entre A, no caso o gestor, e B, sua equipe. A aplicação de cima para baixo é a mais observável e direta. Contudo, é possível adaptar a aplicação indireta dessas duas bases de poder para outras direções nas relações interpessoais dentro e fora da empresa.

CUIDADOS

Não prometa uma recompensa que você não tem capacidade para entregar. Cuidado para não usar essa base de poder com frequência, pois o alvo pode ficar mal-acostumado, condicionando sua cooperação a uma recompensa cada vez maior. Combine a aplicação dessa base de poder com outras. Por fim, não empacote recompensas achando que todos valorizam a mesma coisa.

COMO USAR

O primeiro passo é investigar o mundo do outro para descobrir o que ele valoriza. Antes de oferecer, teste se a recompensa vai ao encontro das expectativas do alvo. Analise seu grau de autonomia para entregar a recompensa, assegurando-se de que não existe nenhuma barreira. Encontre o momento oportuno para oferecê-la, valorizando o momento. E não se esqueça de, ao final, pedir para o outro verbalizar como ele está se sentindo em relação à recompensa, o quanto ela gerou valor. O registro verbalizado cria força e evidências de que seu poder foi bem aplicado. E, claro, tudo isso deve levar o outro a atender seu pedido.

COMO LIDAR

Agora que você conhece os detalhes da aplicação dessa base de poder, quando alguém estiver tentando influenciá-lo oferecendo algum tipo de recompensa, caso ela não esteja dentro de suas expectativas, seja honesto e diga que você agradece e valoriza a intenção dele, mas que essa recompensa, naquele momento, não representa valor para você. Diga o que você realmente valoriza, porém posicione-se como alguém que está "barganhando", colocando alguma condição para cooperar com o influenciador. Se você puder ajudá-lo sem receber nada, faça-o, e se puder ajudá-lo recebendo algo que ele está oferecendo de forma genuína, não tem nada de errado nisso. Além disso, muitas vezes, é falta de habilidade social negar gentilezas e recompensas. Cabe lembrar que todas as recompensas devem ser lícitas.

PODER DE ESPECIALIZAÇÃO

Também conhecido como poder de perícia, competência ou expertise, o Poder de Especialização é conferido a todo profissional que possui domínio profundo sobre determinado assunto. Sua competência técnica e grau de conhecimento são inegáveis e sua especialização é uma base para solução de problemas. Todo profissional que escolhe uma carreira de especialização pode deter a capacidade de influenciar pessoas que dependam dela. Se esse profissional se torna quase exclusivo na organização e em sua rede de influência, o exercício dessa base de poder aumenta. Como exemplo, observamos médicos especialistas em determinada patologia e/ou procedimento que, por terem consciência dessa base de poder, negam-se a atender pacientes por meio de convênio e restringem-se a particulares, cobrando valores altíssimos por atendimento. Mas essa relação de poder não se dá somente em profissões socialmente supostamente mais nobres. A relação entre um cliente e um excelente pedreiro ou doméstica também cai no mesmo exemplo. Sabe disso quem um dia em uma conversa dura com um deles ouviu: "Então tudo bem, a partir da semana que vem não venho mais". Se o cliente não tem opção ou tem uma de grau de competência inferior, perceberá nesse momento de que lado está o poder.

Enfim, quem detém essa base de poder normalmente destaca-se de outros indivíduos, recebendo um reconhecimento social que lhe atribui autoridade diante de determinado assunto.

CUIDADOS

O principal cuidado é não humilhar os outros que dependem dessa base de poder. Outro ponto é que o Poder de Especialização é para ser efetivo. Se for exibido gratuitamente apenas para ganhar visibilidade, pode soar como prepotência e aumentar a resistência dos envolvidos. Apesar do alto grau de expertise, ninguém sabe de tudo. Outro cuidado é entender que a outra pessoa também pode ser excelente em uma área em que não somos e que podemos precisar dela.

COMO USAR

Identificar as oportunidades para exercer essa base de poder de forma concreta, baseando-se em evidências e argumentos lógicos que levem à solução do problema; agir de forma proativa, colocando a competência a serviço do objetivo; e uma outra forma de usar é testar a especialização de outras pessoas envolvidas visando ter uma solução multidisciplinar quando necessário.

COMO LIDAR

Ao se deparar com alguém com um alto grau de especialização, a melhor postura é usar o caminho consultivo. Talvez, mesmo com o alto grau de especialização de A, você perceba que ainda falta alguma coisa para solucionar o problema. Neste caso, acolha as dicas do especialista e complemente com habilidade as possíveis lacunas por meio de perguntas. Ao final, diga que a visão do especialista contribui muito e dê os créditos a ele. No mínimo agradeça-o pelo tempo disponibilizado. Ao chegar a uma conclusão sobre o problema, dê um retorno para o especialista informando os principais pontos que foram aproveitados. E, se por acaso alguma coisa que ele aconselhou tenha ficado de fora, explique os reais motivos: falta de tempo, orçamento limitado, imposição hierárquica etc. Ele pode não concordar, mas provavelmente perceberá sua postura profissional ao tê-lo tratado com respeito.

PODER DE INFORMAÇÃO

O Poder de Informação ou Poder Informacional foi o último estudado por French e Raven (1959) e, conforme mencionado, não foi considerado uma base de poder por depender de outras duas bases, de referência e especialização. Contudo, se B depende de alguma informação que A possui ou pode conseguir, A tem capacidade para exercer influência sobre B. Essa base de poder é reconhecida em A quando há evidências da habilidade dele em buscar, gerenciar, controlar e utilizar as informações que contribuem com os objetivos. Essa habilidade está muito associada à capacidade que A possui em atuar em rede, porque muitas vezes A pode não ter a informação, mas tem acesso a pessoas com possibilidade de fornecê-las. Deter a informação e saber utilizá-la é uma grande fonte de poder porque, entre outras vantagens, com a informação é possível antecipar cenários e ações e tomar decisões de forma mais precisa. O conceito de custo de oportunidade está muito associado a ter a informação certa na hora certa. Quem não tem a informação ou a recebe desatualizada ou atrasada pode perder uma grande oportunidade.

CUIDADOS

O principal cuidado é certificar-se da fonte de informação e de sua credibilidade, tomando cuidado para não passar adiante uma informação falsa ou imprecisa. Ter cautela para não prejudicar o andamento do trabalho e os resultados achando-se especial demais, segurando ou sonegando a informação como forma de supervalorizar a entrega. Isso pode gerar animosidade nas relações, instabilidade política institucional e prejuízos para o negócio e para a carreira.

COMO USAR

Certificando-se da fonte da informação, investigue o quanto ela pode gerar valor para o alvo. Deixe claro que você tem a informação ou pode consegui-la com outra pessoa ou fonte para contribuir com o processo. Quando possível, indique e facilite o caminho para que a própria pessoa vá atrás da informação. Mantenha-se atualizado sobre as informações relevantes que compõem o ambiente de negócios. Entenda que tipo de informação cada pessoa mais valoriza e observe a melhor oportunidade para entregá-la, recebendo crédito por isso. Quando possível, identifique seu nome nos documentos e esteja pessoalmente para fornecer a informação, para deixar claro que foi você quem a buscou. Quando não for possível, confie a um aliado a comunicação e o registro de que foi você quem deu a informação. Como nosso principal objetivo é ajudar você em sua carreira, aconselhamos que seja estratégico.

COMO LIDAR

Quando você for o alvo da ação de influência ou mesmo quando estiver tentando influenciar alguém bem-informado, mantenha a postura de diálogo e não de disputa. Não faz sentido competir. Mostre disposição em colaborar dando o primeiro passo e inspire os outros a fazerem o mesmo por meio de uma comunicação assertiva. Faça perguntas abertas para testar a origem e a credibilidade das informações, permita-se ser influenciado para obter aquilo que deseja, mantendo em vista o que é prioritário nessa dinâmica de poder.

A DINÂMICA DO PODER

O conceito de poder continua sendo mal compreendido, até levando algumas pessoas a acharem que exercer poder é algo ruim. A dinâmica do poder faz parte de toda interação social e constitui o núcleo por onde as principais decisões são tomadas. É na dinâmica do poder que os trabalhos fluem, negócios são fechados e carreiras prosperam. Negar sua existência ou negligenciar a necessidade de aprender como utilizá-lo leva a pessoa a um processo de alienação, fazendo-a assumir o papel de vítima, criando sempre um "inimigo" para atacar e justificar a posição inferiorizada. Não caia nesse modelo mental e, se por acaso perceber que está dentro dele, rompa já com esse tipo de pensamento e comportamento.

Para ser o protagonista de sua carreira você precisa ir atrás do poder, associando-se com pessoas que possibilitem a ampliação de suas bases de poder. Não vá para os extremos, ou seja, não deixe que o excesso de humildade e modéstia o transforme em um profissional medíocre e descartável. Ao mesmo tempo, não deixe o conceito distorcido de poder corromper sua personalidade, tornando-o uma pessoa prepotente ou mesmo um tirano corporativo e social.

Para protagonizar na carreira, aceite e desenvolva as bases de poder assumindo as responsabilidades inerentes aos seus objetivos.

TÁTICAS DE INFLUÊNCIA

MEU CONTATO COM AS TÁTICAS DE INFLUÊNCIA

Antes de apresentar as táticas de influência preciso contar uma breve história sobre como tive contato com esse conteúdo de maneira estruturada pela primeira vez. Em maio de 2010, fui convidado pela consultoria LABSSJ, hoje Affero Lab, para conduzir o workshop "Influência sem Autoridade". Já havia feito algumas entregas bem-sucedidas pela consultoria para alguns clientes sobre outros temas, mas ainda estava me adaptando ao formato de trabalho. Antes de "entrar em sala", expressão usada na área, eu precisava receber o repasse do conteúdo do treinamento, assistindo outro consultor aplicando-o. No dia do repasse, o consultor que estava conduzindo o treinamento era simplesmente um dos sócios-fundadores da consultoria, Alexandre Santille, na ocasião o CEO da consultoria. A metodologia da consultoria para preparar um consultor era muito responsável e dividia-se em duas etapas: acompanhar uma aplicação na íntegra e ser acompanhado por um consultor sênior quando da primeira aplicação.

1) ACOMPANHAR UMA APLICAÇÃO

Além de assistir a todo o treinamento, observando atentamente como cada parte do conteúdo era apresentado e dialogado com os participantes, eu tinha que acompanhar com cautela a aplicação das atividades práticas. No mesmo dia, almocei com o Santille e a gestora do projeto para trocar percepções e tirar dúvidas sobre o workshop. Confesso que fiquei muito preocupado porque o Santille citava nomes de autores e exemplos com muita facilidade. O fato é que ele tinha um repertório que eu não tinha, e eu ficava me imaginando no lugar dele sem aquela bagagem. É óbvio que eu tinha conhecimento e repertório, mas os meus. Uma informação da gestora do projeto tranquilizou-me. Ela me disse: "Gianini, não se preocupe com a fundamentação teórica neste momento, o Santille tem essa facilidade porque o tema influência foi a tese do doutorado dele. Atente-se ao conteúdo do treinamento e à forma de conduzi-lo. Com o tempo você poderá buscar a fundamentação teórica". Ao final do treinamento eu disse para mim mesmo: "Não será fácil, mas eu sou capaz". Mergulhei no estudo do material e na preparação.

2) SER ACOMPANHADO POR UM CONSULTOR SÊNIOR NA PRIMEIRA APLICAÇÃO

Chegou o dia do desafio. O consultor Paulo Campos e a gestora do projeto estavam presentes para me acompanhar. Conduzi o treinamento com a experiência que eu tinha até o momento, usando alguns exemplos técnicos das anotações que tinha feito da aplicação de Santille. E, é óbvio, adaptando a maioria dos outros exemplos ao meu repertório. Apesar da tensão, necessária para me manter alerta, em minha percepção a entrega foi satisfatória. Improvisei algumas situações e segui o script na maior parte do tempo para reduzir riscos. Após o treinamento, o consultor Paulo Campos me deu alguns feedbacks, ressaltando os aspectos positivos da minha condução e os pontos de melhoria com algumas dicas. Mas nesse momento a conversa não foi tão detalhada, ele apenas pediu para eu refletir e ligar mais tarde para trocarmos mais informações. Foi o que fiz naquela noite. Liguei para ele e ficamos uma hora ao telefone. Ao final, ele me fez uma pergunta e me deu um conselho.

A pergunta: "Gianini, você curtiu o tema?".

Respondi: "Sim, me apaixonei. De alguma forma eu já pratico influência de forma intuitiva, sem preparo e conhecimento técnico".

O conselho: "Então, Gianini, caia dentro, dê a vida para dominar esse tema, porque ele é um dos preferidos e mais demandados pela consultoria. Se você dominar o conteúdo, sua agenda ficará lotada de trabalho".

Muito bem, segui à risca o conselho, mergulhei no estudo do conteúdo e apaixonei-me cada vez mais por ele. E o que o Paulo disse de fato aconteceu, minha agenda encheu e eu ministrei o workshop sobre influência sem autoridade para milhares de profissionais, para mais de cem importantes companhias nacionais e multinacionais. De 2010 até agora, talvez eu seja o consultor que mais aplicou treinamentos e deu palestras sobre influência no Brasil. O campo de entrega aumentou porque comecei a atender outras consultorias e inseri as ferramentas de coaching nos processos de desenvolvimento. Até o momento, também sou professor da disciplina Técnicas de Influência e Persuasão da Fundação Instituto de Administração (FIA) desde 2011. Enfim, tornei-me um observador social e um pesquisador incessante sobre o tema, além de continuar capacitando centenas de profissionais todos os anos.

Esta breve história me trouxe até este momento. Portanto, aproveito para agradecer a todos os citados e não citados que me apoiaram neste processo. Gestores de projetos, auxiliares de sala, coordenadores, gestores de RH e principalmente os participantes de todas as entregas, que contribuíram com suas percepções sobre a aplicabilidade do conteúdo na prática em suas organizações e fora delas, ajudando-me a validar e integrar teoria com prática. Pude testemunhar como a influência acelerou e fortaleceu a carreira de executivos, empreendedores, professores e diversas outras profissões. Neste livro meu objetivo é dividir essa experiência com você para apoiá-lo em sua jornada profissional e de vida.

POR QUE DOMINAR AS TÁTICAS DE INFLUÊNCIA E PERSUASÃO?

Partindo do princípio de que não controlamos o comportamento das pessoas e que podemos depender delas para nossos objetivos profissionais, a influência é o principal instrumento para sermos bem-sucedidos. A maior parte dos autores, consultores, empreendedores e executivos que pesquisei e entrevistei considera que o que mais contribuiu para suas carreiras e negócios foi a habilidade de influência.

Para Mortensen (2010, p. 2), "a principal habilidade das pessoas extremamente prósperas é a persuasão". Ele menciona que Napoleon Hill, após vinte anos de pesquisas sobre o sucesso e a prosperidade, considerou a capacidade de persuadir como a habilidade mais importante para alguém conseguir aproveitar todo o seu potencial.

Giblin (1989, p. 4) revela:

> [...] o Carnagie Institute of Technology analisou os dados de 10 mil pessoas e chegou à conclusão de que 15% do sucesso se deve ao treinamento técnico, à inteligência e à habilidade no trabalho. Os outros 85% restantes do sucesso obedecem a fatores de personalidade e habilidades de conduzir as pessoas com sucesso.

Abreu (2009, p. 10) afirma:

> Todos nós teríamos muito mais êxito em nossas vidas, produziríamos muito mais e seríamos muito mais felizes, se nos preocupássemos em gerenciar nossas relações com as pessoas que nos rodeiam, desde o campo profissional até o pessoal. Mas para isso é necessário saber conversar com elas, argumentar, para que exponham seus pontos de vista, seus motivos e para que nós também possamos fazer o mesmo.

DEFININDO INFLUÊNCIA, PERSUASÃO E ARGUMENTAÇÃO

Esta sessão tem por objetivo contribuir com os profissionais que anseiam por uma compreensão teórica que ilustre as similaridades e as distinções entre influência, persuasão e argumentação, o que faz este livro contribuir com futuros pesquisadores, alunos e professores interessados pela arte de conquistar o "sim" de seu interlocutor. Caso não seja de seu interesse, se preferir, pule esta parte.

Abreu (2009, p. 25) traz significativas contribuições para explicar o que é argumentar, convencer e persuadir:

> Argumentar é a arte de **convencer** e **persuadir**.
> **Convencer** é saber gerenciar a informação, é falar à razão do outro, demonstrando, provando. Etimologicamente *vencer junto com o outro* (com + vencer) e não *contra o outro*.
> **Persuadir** é saber gerenciar a relação, é falar à emoção do outro. A origem desta palavra está ligada a preposição 'per', 'por meio de', e 'suada', deusa romana da persuasão. Significa 'fazer algo por meio do auxílio divino'.

Mas em que convencer se diferencia de persuadir? Convencer é construir algo no terreno das ideias. Quando convencemos alguém, este passa a pensar como nós. Persuadir é construir algo no terreno das emoções, é sensibilizar o outro para agir. Quando persuadimos alguém, este realiza algo que desejamos que ele faça.

Owen (2011, p. 13) afirma que influência não é persuasão. Para o autor, "persuasão é a arte de convencer alguém a comprar ou a fazer alguma coisa". Estudando os argumentos do autor, percebemos que a persuasão está focada em alcançar algo a curto prazo, atendendo na maioria das vezes aos interesses do persuasor, enquanto influência tem o objetivo de construir um compromisso duradouro. O autor ainda reforça: "Há uma grande diferença entre persuasão e influência. A persuasão estimula alguém a fazer algo uma vez. A influência estimula alguém a continuar fazendo algo e a continuar apoiando uma pessoa" (Owen, 2011, p. 51).

Concordo com a afirmação de Mortensen (2010, p. 139):

> [...] influência é a maior forma de persuasão. Por quê? Com influência, as pessoas entram em ação pois estão inspiradas por sua natureza geral, e não por suas ações externas. Persuasão diz respeito ao que você faz ou diz (ou seja, técnicas, habilidades interpessoais, leis da persuasão), mas influência diz respeito a quem você é.

Algumas vezes, por necessidade ou pressão do tempo, somos impelidos a agir com persuasão para efetivar uma venda ou avançar com um projeto. Nesse sentido, não podemos descartar o que fazemos para atingir objetivos a curto prazo. Contudo, temos que assegurar que essas ações sejam exercidas com ética e respeito para não prejudicarem o relacionamento de longo prazo. Como influência diz respeito ao que uma pessoa é, torna-se inevitável associar o conceito de influência ao caráter e à confiança. Não existe influência legítima sem confiança. Esta é a moeda de influência. Logo, concluo esta sessão com Giblin (1989, p. 10): "Influenciar uma pessoa é uma arte e não um truque".

REFERENCIAL TEÓRICO SOBRE AS TÁTICAS DE INFLUÊNCIA

Em minha pesquisa, identifiquei Gary Yukl, ph.D. em psicologia organizacional pela Universidade da Califórnia, como a principal referência quando buscamos entender quais táticas podemos usar para influenciar o alvo. Reforcei minha percepção sobre a importância do autor por meio do estudo da tese de Alexandre Santille (2007) e da dissertação de Vitor Luciano de Almeida Benevides (2010).

Além dessas referências, citarei outras ao longo deste capítulo que me ajudaram a reforçar os conceitos e aplicabilidades sobre as táticas de influência. Agradeço a todos pelo legado deixado, pois sem ele seria muito desafiador escrever este livro e proporcionar um conteúdo técnico e aplicável ao mesmo tempo.

Segundo Yukl (1994), táticas de influência são todos os comportamentos usados pelo agente de influência em sua relação com o indivíduo-alvo para atingir seus objetivos. Ou seja, as táticas são os meios utilizados para influenciar o comportamento do alvo. Antes da aplicação da tática, o agente deve ter um objetivo claro. Existe a intenção de alcançar um objetivo por meio do alvo, de conseguir um "sim", de conquistar o seu apoio ao pedido.

Cohen e Bradford (2012, p. 18) defendem que:

> Há inúmeras maneiras de classificar os comportamentos de influência. Você pode influenciar as pessoas por meio de métodos como a persuasão racional, uma atitude inspiradora, pela troca de ideias, postura agradável, por um encanto pessoal, pela formação de uma coalizão ou ainda por uma pressão implacável.

O que chamou a atenção nos comentários dos referidos autores foi a seguinte afirmação:

> Embora seja tentador pensar em cada um dos métodos como uma tática individual, acreditamos que a troca – oferecer algo de valor por aquilo que você deseja – é na verdade a base de todos eles. Em cada forma de influência, a reciprocidade está agindo, e algo está sendo trocado (COHEN, A. R; BRADFORD, p. 18).

Minha experiência com a teoria e a prática do processo de influência me faz concordar com a afirmação acima de Cohen e Bradford. Quando nos colocamos como um observador social da natureza humana, é possível perceber que todos temos expectativas intrínsecas ou extrínsecas sobre qualquer tipo de interação e relacionamento.

No próximo capítulo, aprofundaremos o entendimento sobre Moedas de Troca, mas por enquanto vamos conhecer as onze táticas de influência elaboradas por Gary Yukl.

AS ONZE TÁTICAS DE INFLUÊNCIA

Vamos nos apoiar no estudo realizado por Yukl e Seifert (2002), que revisou e validou um questionário denominado Influence Behavior Questionnaire (IBQ), que elucidou a aplicabilidade das onze táticas para influenciar pessoas.

1) PERSUASÃO RACIONAL (LÓGICA)

O agente utiliza argumentos lógicos e fatos evidenciados para demonstrar que seu pedido ou proposta é viável ou relevante para o alcance dos objetivos.
Exemplos:

- Tenho três evidências para demonstrar a viabilidade da proposta. Todas fundamentadas nos exemplos que vou demonstrar agora. A primeira evidência diz respeito ao...
- Como é possível notar, existe uma lógica no que estou apresentando que justifica a mudança. Partindo do princípio que todos nós concordamos que os custos estão altos, qual o sentido de manter esta operação?
- Sei que todos nós buscamos um porquê consistente para validar um novo procedimento. Fui atrás de fatos que comprovassem os números que estou apresentando. E, após conferir e conversar com as pessoas envolvidas, cheguei à conclusão lógica que, além de verdadeiros, eles ainda não consideram os custos indiretos como...
- Tenho informações confiáveis de que a aprovação desta proposta representará um crescimento mínimo de 10% em vendas, considerando o potencial do mercado e a baixa concorrência na região.

Escreva seu exemplo:
_____
_____
_____

2) INSPIRAÇÃO (EMOÇÃO)

O agente apela para os valores e ideais ou tenta provocar as emoções da pessoa, sensibilizanda-o, provocando entusiasmo e invocando as aspirações dela a fim de ganhar o comprometimento para seu pedido ou proposta.
Exemplos:

- Fiquei muito entusiasmado quando consegui ter uma visão clara de onde podemos chegar com este projeto. Proponho um exercício a vocês neste momento. Imaginem comigo a nossa empresa...
- Tive que reconhecer que temos uma oportunidade para fazer algo realmente relevante, algo que vale a pena. Contudo, nada realmente de relevante é possível ser feito sozinho em uma empresa, por isso preciso de você.

- Os ideais e valores que norteiam esta atividade inspira-nos a acreditar que esta mudança seguirá um caminho ético inquebrantável, fortalecendo a cultura empreendedora desta empresa.

Escreva seu exemplo:
_____
_____
_____

3) TROCA

O agente oferece ou alguma coisa que a pessoa deseja ou reciprocidade no futuro em troca do atendimento a seu pedido. O agente coloca-se à disposição para apoiar o alvo e assume um compromisso baseado na reciprocidade genuína.

Exemplos:

- Você poderia fornecer informações sobre a previsão de vendas enquanto eu adianto a seleção daquele fornecedor para atender à solicitação que me fez ontem.
- Não vou conseguir concluir o relatório que me pediu. Se você me conceder mais dois dias, aproveitarei para acrescentar mais dois gráficos para ilustrar melhor os resultados finais.
- Este mês estou apertado para concluir as atividades. Você poderia emprestar um funcionário seu para me ajudar? Em uma situação similar, se você precisar, assumo o compromisso de emprestar um funcionário meu para ajudá-lo.

Escreva seu exemplo:
_____
_____
_____

4) CONSULTA

O agente procura envolver a pessoa na ação, pede sugestões para planejar uma estratégia ou mudança. Está disposto a contemplar os conselhos do alvo no objetivo proposto.

Exemplos:

- Obrigado por seu tempo, estou com uma atividade em andamento e gostaria de saber suas ideias sobre como melhorá-la.
- Diante do exposto, sei que a mudança pode gerar algum tipo de preocupação. Fulano, gostaria muito de ouvir uma opinião sincera de sua parte sobre o que pode causar alguma preocupação. Seu ponto de vista é muito importante antes de partirmos para a próxima fase.
- Como esta ainda não é a versão final da proposta, o objetivo deste encontro é entender do ponto de vista de vocês como podemos melhorá-la.
- Marquei esta reunião porque entendo que você pode ter sugestões importantes para tratarmos o problema.

Escreva seu exemplo:
_____
_____
_____

5) COLABORAÇÃO

O agente oferece apoio para a pessoa realizar a atividade solicitada, ou seja, está disposta a colaborar no que for possível na tarefa que o outro precisa executar. O apoio pode ser com recursos, participação em atividades específicas relativas à tarefa ou até a resolução de possíveis problemas de relacionamento causados pelo pedido.

Exemplos:

- Se precisar de algum tipo de ajuda na tarefa, saiba que pode contar comigo.
- Precisa de algum tipo de assistência para executar a tarefa?
- Se você não se importar, posso mostrar como preciso que a tarefa seja realizada. Minha intenção é o apoiar no que for preciso, porque esta entrega é muito importante para minha área.
- Posso emprestar um funcionário de minha área para ajudar a realizar o solicitado.

Escreva seu exemplo:
_____
_____
_____

6) AGREGAÇÃO DE VALOR

O agente explica como a realização de seu pedido ou o apoio à sua proposta pode beneficiar a pessoa-alvo de forma pessoal ou ajudar em seu crescimento profissional.

Exemplos:

- Se você analisar bem, este projeto é uma grande oportunidade para alavancar sua carreira aqui na empresa.
- Como pode perceber, esta atividade fará que desenvolva novas habilidades, além de você poder se relacionar com pessoas importantes da empresa.
- A mudança proposta traz um benefício direto para você.
- Ao se envolver neste trabalho, você será percebido como um líder indireto, abrindo possibilidades para uma possível promoção quando oportuno.

Escreva seu exemplo:
_____
_____
_____

7) SER AGRADÁVEL

O agente utiliza elogios antes ou durante a tentativa de influenciar. A ideia central é preparar o alvo, agradando-o antes de fazer o pedido, e depois continuar com a mesma postura até o alvo o concluir.

Exemplos:

- Estou recorrendo a você porque o considero a pessoa mais qualificada para executar o trabalho.
- Tenho percebido como você tem lidado bem com o momento que estamos passando. Você possui muita desenvoltura com as pessoas, por isso preciso que você coordene as próximas reuniões.
- Você é a pessoa que tem mais domínio desse processo. Podemos contar com a sua expertise neste projeto?
- Poucas vezes nós vimos um profissional que mantém um padrão de desempenho como você, isso nos deixa seguros para pedir seu apoio neste trabalho. Podemos contar com sua colaboração?

Escreva seu exemplo:

_____
_____
_____

8) APELOS PESSOAIS

O agente apela para o sentimento de lealdade, reforçando a importância da amizade entre as partes e coloca a situação como um favor pessoal para influenciar o alvo.

Exemplos:

- Você sabe que se fosse outra pessoa eu não pediria isso. Mas, em função de nosso grau de amizade, preciso fazer esse pedido.
- Olá, fulano. Preciso pedir um favor: daqui a vinte minutos passarei em sua área para conversarmos.
- Fulano, tenho um pedido pessoal para fazer. Você poderia...
- Como seu amigo, apelo: por favor, converse com seu funcionário e peça para ele executar o que estamos pedindo até sexta-feira.

Escreva seu exemplo:

_____
_____
_____

9) PRESSÃO

O agente apela para ameaças e imposições para forçar o alvo a atender o seu pedido. Pode recorrer a lembrar da tarefa várias vezes, pressionando o alvo a atender o solicitado. Faz questão de lembrar os impactos negativos da não cooperação.

Exemplos:

- Você não está entendendo, neste momento seu apoio é praticamente uma exigência da organização porque não temos outra opção.
- Acho melhor você refletir bem sobre os impactos negativos se sua área não cooperar. Além de atrasar o processo, isso pode gerar mais custos. Tem certeza de que não vai fazer mesmo?
- Gostaria de saber se você tem ou não condições de executar o que foi solicitado. Em caso negativo, serei obrigado a recorrer ao seu superior

ou encontrar outra solução, porque o problema vai continuar existindo. E, neste caso, não vejo sentido em seu papel no negócio.
- Olá, fulano, você deve imaginar porque estou ligando. Desculpe a insistência, mas preciso garantir que a entrega seja feita dentro do prazo. Pode me adiantar como está o status da atividade?

Escreva seu exemplo:
_____
_____
_____

10) LEGITIMIDADE

O agente tenta estabelecer a legitimidade de sua solicitação apoiando-se em políticas, normas, procedimentos, cultura ou qualquer elemento institucional que legitime o pedido.

Exemplos:

- Entendo ser importante reforçar que esta proposta está consistente com os regulamentos e políticas da firma.
- Para viabilizar o processo decisório, assegurei que esta solicitação estará amparada nas cláusulas do contrato e não ferirá nenhuma norma ou procedimento de nossa empresa. É só seguirmos em frente.
- Estamos seguindo os mesmos moldes dos últimos acordos com outros fornecedores.
- A política de nossa empresa prevê este tipo de situação, portanto não há com o que se preocupar, porque estamos seguindo os mesmos padrões que protegem esta parceria.

Escreva seu exemplo:
_____
_____
_____

11) COALIZÃO

O agente recorre ao apoio de outras pessoas para influenciar o alvo a aceitar o pedido.

Exemplos:

- Antes de conversar com você sobre esta proposta, tive a oportunidade de conversar com nossos colegas Fulano e Siclano que concordaram que você é a pessoa mais indicada para nos apoiar.
- Vim pedir seu apoio para me ajudar a convencer Fulano, porque sei o quanto ele respeita um pedido seu.
- Antes de manifestar minha opinião na próxima reunião, você poderia reforçar o motivo que faz você apoiar a proposta.
- Você poderia me acompanhar na visita ou na reunião para me apoiar a apresentar as razões que nos fazem acreditar na viabilidade da parceria com este novo fornecedor?

Escreva seu exemplo:
_____
_____
_____

COMO USAR AS TÁTICAS DE INFLUÊNCIA

A pergunta recorrente que me fazem nos workshops de influência é se existe a melhor tática de influência. O que você acha?

Para responder à pergunta, é necessário examinar se existe a preferência por uma ou mais táticas por parte do agente influenciador. Esta seção apresenta apenas uma amostragem, com base na autopercepção sobre quais táticas o agente se sente mais ou menos confortável ao utilizá-las no processo de influência. Contudo, a preferência é só um indicativo dos padrões que criamos quando precisamos influenciar alguém. Indicam os hábitos que nos levam a usar as mesmas táticas automaticamente em qualquer tipo de situação. As preferências ou padrões pelo uso de uma ou outra tática não demonstram necessariamente se o uso de uma ou outra foi mais efetiva.

O influenciador preparado e consciente utiliza os seguintes critérios para a seleção da(s) tática(s) apropriada(s) para conquistar o compromisso do alvo:

- Conhecimento e habilidade do agente para o uso da tática;
- A natureza da situação de influência. Qual o objetivo? O que se quer do alvo?;
- O perfil do alvo, suas expectativas e estilo de comunicação;
- O grau de relacionamento e diferença de poder entre as partes.

É natural que o agente selecione as táticas que ele entende como mais efetivas de acordo com os critérios acima. Duas outras variáveis podem ser acrescentadas: existe uma tendência em aplicarmos as táticas que demandam menos custo e esforço. Contudo, deve-se tomar cuidado, pois esse comportamento pode gerar resistência no alvo.

O recomendado é combinar um conjunto de táticas apropriadas que indicam maior chance de conquistar o objetivo da influência. O agente deve ser flexível e ter agilidade para adaptar-se ao perfil do alvo. Em alguns fica claro que é melhor iniciar pela tática da inspiração para primeiro criar uma conexão emocional com alvo. Só após a conexão pode-se migrar para a tática de persuasão racional, apresentando fatos, números, dados e evidências que comprovem os benefícios da solicitação.

Enfim, não existe a melhor tática, existe a tática que atende aos objetivos de influência. Muitas vezes, em função da variável tempo, a tática mais recomendada é a pressão. Entretanto, deve-se ter consciência dos efeitos dessa tática a longo prazo. Mas não podemos dizer não use a pressão porque é uma tática ruim, pois a tática ruim é aquela que não funciona.

Neste capítulo apresentamos dois pilares fundamentais para o desenvolvimento da competência de influência: poder e táticas de influência. Eles fazem parte da caixa de ferramentas que o apoiará a exercer de maneira mais consciente e estratégica seu poder de influência.

CONVERSAS INFLUENTES

Convidado: Alexandre Santille
Biografia: CEO da Affero Lab Consultoria em Educação Corporativa

Gianini – Qual a importância da influência em sua carreira empreendedora à frente da Affero Lab?
Santille – O tema influência surgiu explicitamente em 1994 por meio de uma ação empreendedora de trazer o Allan Cohen, um dos autores do livro *Influência sem autoridade*, para o Brasil para falar sobre esse e outros assuntos. Foi dessa forma que tivemos um contato com o assunto e o autor. Especificamente, o que tornou esse tema atraente foi perceber que a influência poderia ajudar a nós mesmos e a outros jovens que participavam dos seminários e cursos abertos que organizávamos. Nós enxergamos que precisaríamos

aprender sobre influência sem autoridade para progredir. E é claro, a partir do momento que você começa a estudar, é possível perceber o quanto você usa ou não a influência. Naturalmente você acaba se educando a aplicar aquilo que você estuda e promove. Assim começamos a usar a influência de forma mais consciente. Consequentemente, ela trará contribuições significativas ao longo da carreira.

Gianini – A grande sensibilidade foi perceber a relevância do tema, firmando uma parceria internacional para gerar valor para o mercado nacional. A partir do momento que tomaram consciência do uso estruturado de influência, qual foi a próxima ação de influência mais consciente?
Santille – A partir do momento em que nós percebemos que o que estávamos fazendo era algo inovador e que tinha uma resposta do mercado, ou seja, as pessoas estavam comprando as nossas ideias, notamos que a Moeda de Troca que interessava para as pessoas naquele momento era a inovação, a forma de aprender. Quanto mais inovávamos, mais crescíamos. A agilidade em perceber o que é valor para o mercado foi uma estratégia de influência consciente, que orientou toda a formatação dos nossos produtos e soluções. O nosso processo de criação sempre foi sair do tradicional e conectar tendências com a realidade. Tanto no que dizia respeito a assuntos quanto metodologias.

Gianini – Como foi a transição dos cursos e seminários abertos para o mundo corporativo?
Santille – Então, eu não sei se você já ouviu uma fala do Steve Jobs que diz que: "Muitas vezes você só vai conseguir conectar os pontos do que você fez lá pra frente". Com base nessa ideia, a gente percebe olhando pra trás que os nossos cursos abertos eram para uma quantidade grande de pessoas, principalmente para o público universitário, com o objetivo de trazer o lado prático para ajudar o estudante a escolher que carreira iria seguir. Durante esses anos que trabalhamos com B2C, nós impactamos aproximadamente 120 mil alunos. O que aconteceu? Esses estudantes foram amadurecendo, entrando nas grandes empresas e com o passar do tempo começaram a chamar a gente para fazer trabalhos lá. Não fomos nós que enxergamos isso, ou seja, fazer os cursos abertos para chegarmos às empresas. Foi um movimento natural que aconteceu e assim passamos a atender o mercado B2B, sendo a Unilever nosso primeiro cliente. A empresa entendeu que, pelo fato de termos lidado tanto tempo com jovens, tínhamos expertise para ajudá-los a desenvolver o programa com estagiários e trainees. Hoje percebemos que geramos valor para uma grande rede de estudantes que ao assumirem posições nas corporações reconheceram em nós um parceiro educacional.

Gianini – Entrando nas questões técnicas sobre influência, como você vê os estudos de French & Raven sobre as bases de poder para as organizações atuais?
Santille – Todos esses estudos têm como referência organizações mais hierarquizadas, em que as linhas de comando e poder são relativamente claras. Na maioria delas predomina o comando e o controle. Este é um modelo mais tradicional que ainda faz parte de algumas culturas empresariais. Entretanto, sabemos que isso não é uma tendência, pelo contrário, o que vemos são organizações mais horizontais, com poderes mais distribuídos, onde o organograma, que já é uma peça antiga, não representa as relações de poder reais. Muitas relações de poder estão nas linhas pontilhadas e invisíveis que em primeira mão a gente não enxerga. Quem detém os recursos ainda possui grande poder no ambiente de negócios. Contudo, de maneira inteligente as organizações estão cada vez mais equilibrando a distribuição dos recursos para evitar concentração de poder. Neste cenário, o que se destaca sem dúvida é a base de poder de referência, que se dá por meio da construção de relacionamento de confiança e cooperação.

Gianini – Nossa cultura permite que pratiquemos a influência mesmo diante dos desafios de lidar com um ambiente de negócios que não estimula o comportamento ético?
Santille – Eu diria que toda cultura permite porque as bases de influência e poder são comuns a qualquer uma. Acho que por um lado nós temos uma facilidade na cultura brasileira de nos relacionarmos. Temos facilidade de buscar e trocar informações e ideias. Nesse sentido temos uma grande vantagem. Contudo, quando falamos de influência estamos considerando uma agenda positiva, transparente e ética. Se a pessoa estiver em um ambiente onde isso não é respeitado e muito menos consistente, ela tem duas opções: ou se adapta e começa a jogar com as regras do ambiente ou sai dele. Por várias razões pessoais que não cabem a nós julgar, muitos tentam lutar contra esse ambiente até serem vencidos por ele. Na minha visão, considerando os custos envolvidos na decisão, o melhor é sair dele. Eu também acho que a inconsistência entre discurso e prática não é exclusividade do Brasil. Só acho que talvez aqui seja mais difícil de perceber e reconhecer isso no curtíssimo prazo. Nós alimentamos de alguma forma a esperança de que as coisas vão mudar.

Gianini – Em sua visão, porque muitas pessoas confundem influência com manipulação?
Santille – Percebo que este preconceito com a palavra influência acontece mais no Brasil do que fora. Como no Brasil, na literatura americana eles distinguem influência de manipulação. Confesso que nunca pesquisei o entendimento da

palavra influência em outras culturas. Mas entendo que no Brasil existe uma dificuldade ainda e as pessoas podem encarar como manipulação. Por outro lado, se observarmos uma geração mais jovem, a expressão "influência digital", muito mais comum, não está necessariamente associada à manipulação. Acho que ainda temos que explicar a diferença, mas a tendência é que influência seja cada vez menos interpretada como manipulação.

Gianini – Sobre as táticas de influência, em qual contexto a tática de troca é mais recomendada?
Santille – A tática de troca representa de certa forma o conceito de "toma lá da cá", ou seja, eu te ajudo e você me ajuda. Para utilizá-la de forma clara e até explícita, é necessário conhecer bem a pessoa e entender se para ela essa abordagem não será ofensiva, se não tem nada de errado, ou seja, o contexto deve permitir que isso ocorra. Por exemplo, em algumas culturas alguns acham que as pessoas deveriam fazer algo por eles sem esperar nada em troca. Mas nós sabemos que as pessoas esperam algo em troca. Nem que seja um obrigado, um sorriso. Considerando tudo isso, acho que depende da proximidade que você tem com a outra pessoa, para que ela não se sinta incomodada com esse tipo de abordagem. Vale ressaltar que se a troca proposta é dentro de uma agenda transparente e você de fato tem ou terá a Moeda de Troca para recompensar a outra pessoa, isso não é manipulação. A troca está implícita em qualquer relação, pois em todas as interações existem interesses envolvidos, basta entender da natureza humana.

RESUMO DO CAPÍTULO

Objetivo do capítulo
Apresentar as seis bases do poder e as onze táticas de influência para capacitar o leitor a aumentar seu poder de influência na carreira.

Fundamentos do poder

As seis bases do poder

- Definição, cuidados, como usar e como lidar;
- Poder Legítimo | Poder de Referência | Poder Coercitivo | Poder de Recompensa | Poder de Especialização | Poder de Informação.

Táticas de influência

- Meu contato com as táticas de influência;
- Definindo influência, persuasão e argumentação;
- Referencial teórico sobre as táticas de influência.

As onze táticas de influência

Persuasão racional | Inspiração | Troca | Consulta | Colaboração | Agregar valor | Ser agradável | Apelos Pessoais | Pressão | Legitimidade | Coalizão.

Conversas influentes

Próximo capítulo

O próximo capítulo esclarecerá o conceito dos gatilhos mentais ao explicar os processos de decisão baseados em reações automáticas. Apresentará um resumo dos seis princípios universais mapeados pela psicologia social, com exemplos aplicados à gestão da carreira.

QUESTÕES PARA DEBATE

1. Como lidar quando precisamos influenciar pessoas que possuem bases de poder superiores às nossas?
2. Apresente e justifique quais são as três principais bases de poder praticadas na cultura da empresa/negócio em que você atua.
3. Apresente e justifique quais são as três principais táticas de influência que prefere utilizar no processo de influência.
4. Existe a melhor tática de influência? Justifique.

CAPÍTULO 9

COMO APLICAR OS GATILHOS MENTAIS NA CARREIRA

> É mais fácil resistir no princípio do que no fim.
> *Leonardo da Vinci*

OBJETIVO DO CAPÍTULO

Este capítulo tem o objetivo de esclarecer o conceito e o funcionamento dos gatilhos mentais, adaptando os seis princípios de persuasão ao desenvolvimento de carreira.

CONTEXTUALIZAÇÃO

Robert Cialdini é um dos psicólogos sociais mais respeitados nos Estados Unidos. Pesquisador pela Universidade de Arizona, Cialdini concentrou sua carreira na observação e estudo de um conjunto de princípios universais de persuasão que aumentam a probabilidade de conseguir uma resposta positiva em um processo deliberado de influência.

Ele publicou suas conclusões no livro *Influence: Science and Practice*. No Brasil, a obra ganhou grande notoriedade com o título *Armas da persuasão: como influenciar e não se deixar influenciar*. Ela popularizou o conceito de gatilhos mentais e fez grandes empresas capacitarem a força de vendas com base nos seis princípios de persuasão catalogados por Cialdini.

Vamos entender agora as bases do funcionamento de cada princípio e observar alguns exemplos de como aplicá-los na carreira.

O QUE É GATILHO MENTAL?

Gatilho mental pode ser entendido como uma técnica de persuasão que dispara um consentimento automático na pessoa que está sob a ação de influência em determinada situação. Esse comportamento automático responde inconscientemente a um determinado padrão pré-programado, baseado na confiança, que procura economizar energia e tempo no processo decisório por julgar que não vale a pena o esforço.

Um gatilho mental representa o lado invisível do processo de persuasão. E, como ele pode desencadear em nós um consentimento automático, temos que entender seu funcionamento para nos protegermos de possíveis aproveitadores, isto é, ter conhecimento sobre o poder.

Ao pesquisar os estudos de Cialdini, podemos entender que o conceito de gatilho mental está na essência do processo de persuasão.

Para o autor:

> [...] grande parte do processo de persuasão pode ser entendida como uma tendência humana pela reação automática na forma de atalho. A maioria dos indivíduos em nossa cultura desenvolveu um conjunto de características desencadeadoras para o consentimento, ou seja, um conjunto de informações específicas que normalmente apontam quando acatar um pedido pode ser correto e benéfico. Cada uma dessas características pode ser usada como uma arma (de influência) para estimular as pessoas a concordarem com pedidos (CIALDINI, 2012, p. 28).

Cabe observar que Cialdini não menciona a expressão gatilho mental em seus livros, ele denomina o conceito que estamos descrevendo como *princípio de persuasão*.

Mortensen (2010, p. 60), um dos especialistas em persuasão que passei a seguir, explica que "o comportamento humano pode ser previsível; há certos disparadores ou reações automáticas comuns a qualquer pessoa". Isso parece assustador, não acha? Contudo, esse conhecimento hoje está acessível e baseado nas ciências sociais, ou seja, é uma habilidade que pode ser desenvolvida.

DUAS DIRETRIZES PARA O ESTUDO DOS PRINCÍPIOS DE PERSUASÃO

- **Primeira diretriz:** A maioria dos exemplos, casos e experimentos relatados por Robert Cialdini sobre persuasão, é aplicada em situações de vendas e varejo.
- **Segunda diretriz:** Como o objetivo do livro é apoiá-lo no desenvolvimento da sua carreira, independentemente da área de atuação ou profissão, apresentarei exemplos para que você possa adaptá-los ao seu contexto.

OS SEIS PRINCÍPIOS DE PERSUASÃO

Normalmente, a maioria das vezes que dizemos "sim" quando estamos sob o efeito da influência de alguém se dá porque estamos ligados a um dos princípios de persuasão.

Cialdini e Erickson (2005, pp. 92-6) afirmam:

> Cinco décadas de pesquisas sobre esse assunto já demonstraram que isso ocorre em resposta a um conjunto específico de necessidades ou impulsionadores da conduta humana. São princípios universais, que regem as transações de qualquer natureza.

De acordo com Cialdini, são seis os princípios de persuasão: reciprocidade, autoridade, prova social, escassez, coerência e compromisso e afeição.

PRINCÍPIO DA RECIPROCIDADE

Todos os autores que respeito convergem para a mesma ideia: reciprocidade é o núcleo do processo de influência. Por isso, esse é o princípio mais explorado neste capítulo. Cohen e Bradford (2012, p. 17) defendem que "a chave para a influência está baseada em um princípio que é subjacente a todas as interações humanas: a lei da reciprocidade".

Apesar de ser possível obter resultado a curto prazo aplicando os princípios de persuasão, eles devem ser considerados dentro de uma perspectiva de longo prazo, principalmente o Princípio da Reciprocidade que nos faz lembrar que: "O mundo dá voltas".

Segundo Cialdini (2012, p. 30), a "reciprocidade representa a regra que diz que devemos tentar retribuir, na mesma moeda, o que outra pessoa nos concedeu".

O Princípio da Reciprocidade segue a regra universal de que precisamos primeiro dar para ter direito de receber. O efeito aumenta quando o aplicamos seguindo três atributos – o que oferecemos é **significativo, personalizado** e **inesperado**.

Cohen e Bradford (2012, p. 17) nos fazem o seguinte alerta sobre o Princípio da Reciprocidade: "Ignore a lei da reciprocidade por sua conta e risco". Reforçam que "reciprocidade é a crença quase universal de que as pessoas devem ser pagas pelo que fazem – aquilo que foi feito de bom (ou de mau) deve receber o equivalente em troca". Essa crença molda as expectativas e aspirações de carreira no ambiente de trabalho e negócios. Os autores acrescentam que "as pessoas geralmente esperam que, com o passar do tempo, aqueles para quem fizeram coisas fiquem 'lhes devendo', e, então, quando checarem o balanço, venham a retribuir esses atos por outros do mesmo valor".

Para alguns, parece feio esperar alguma recompensa ou reconhecimento pelo que fazemos. Entendo que existem muitas crenças limitantes que podem gerar esse desconforto. Contudo, peço que observe como você e as pessoas à sua volta estão cheias de expectativas, esperando algum tipo de retorno. A resposta a esse comportamento não tão invisível, segundo Cohen e Bradford (2012, p. 18), se dá porque "em cada forma de influência, a reciprocidade está agindo, e algo está sendo trocado".

No Quadro 9.1, podemos verificar alguns exemplos de reciprocidade no trabalho.

Quadro 9.1   Exemplos de reciprocidade no trabalho

Você dá	Você recebe
Trabalha conforme a descrição do cargo e expectativas do gestor.	O padrão de remuneração e benefícios.
Disponibilidade de trabalhar nos fins de semana e/ou ficar além do horário para completar o projeto.	Elogios do chefe e sugestão de esticar as férias ou um feriado prolongado.

Apoio ao projeto de um colega durante uma reunião importante.	Que o colega retribua o apoio quando você precisar ou que lhe ofereça informações importantes sobre o projeto em primeira mão, quando precisar.
Uma análise complicada pedida por um colega de outra área.	O colega faz elogios sobre você a seu chefe, lhe atribuindo os créditos pela análise.
Sem ser solicitado, empenha-se em buscar informações importantes sobre a concorrência para apoiar o processo decisório de seu gestor para uma reunião.	Reconhecimento e citação de seu empenho para os superiores.
Antecipa a entrega de relatórios para apoiar o colega a se preparar melhor para uma apresentação de diretoria.	Que o colega se lembre de seu apoio e retribua em um momento oportuno, quando precisar.

Fonte: Cohen; Bradford (2012, p. 18).

Com o intuito de ampliar o potencial da aplicação do Princípio de Reciprocidade, acrescento dicas valiosas de Guy Kawasaki (2011, pp. 101-2), extraídas do livro *Encantamento: a arte de modificar corações, mentes e ações*. É claro que apliquei algumas adaptações às dicas. Vamos a elas:

- **Ajude com prazer:** torne seu ato algo genuíno e faça que o outro perceba o valor de sua generosidade e prazer na doação. Se o outro sentir que você está doando sem vontade, que o seu ato é fruto de uma força maior que praticamente o obriga a doar, ele pode perder efeito.
- **Ajude logo:** "Pague antecipado" fazendo favores antes que você precise que façam favores a você. Além dessa observação feita pelo autor, acrescento: ajudar significa não perder o momento certo da ajuda. Algumas vezes, supervalorizamos a ajuda e "torturamos" quem precisa por nos sentirmos por cima da situação. Parece que existe certo prazer em esperar o outro pedir ajuda mais de uma vez, quase implorando nosso apoio. Valorizar a entrega deve fazer parte de um movimento estratégico, não pode ser algo guiado somente pelo ego. E, pensando estrategicamente, o melhor movimento é antecipar-se ou ajudar o outro no momento que ele mais precisa. Do que adianta oferecer comida para quem não sente mais fome? Pense nisso. Outro ponto: ajude logo antes que outro o faça ou perderá a vez.

- **Ajude constantemente e faça a diferença:** "O homem colherá aquilo que plantar". Se você der muito, conseguirá muito. Se você prestar favores de alta qualidade, conseguirá favores de alta qualidade de volta. Portanto, preste favores que façam a diferença. Acrescento: o Princípio da Reciprocidade é a construção de um relacionamento duradouro, o que significa que você deve apoiar o outro com regularidade para solidificar o relacionamento, criando uma via de mão dupla. Existem dois cuidados: não exagere na doação, pois ela pode perder valor; e não seja ingênuo, fazendo que o outro manipule sua generosidade somente a favor dele.
- **Peça reciprocidade:** não hesite em pedir um favor de volta quando estiver precisando se a pessoa a quem você for pedir puder ajudá-lo. Essa é uma boa prática porque alivia a pressão do destinatário – você está oferecendo uma forma de retribuir a dívida. Isso permite que o destinatário aceite mais favores e, desse modo, vocês aprofundarão o relacionamento. Acrescento: tome cuidado com a armadilha da autossuficiência. Conheço algumas pessoas que não aceitam ou não pedem apoio, isolam-se em seu mundo e não permitem que a reciprocidade flua em sua vida. Percebo que algumas simplesmente não querem ficar devendo nada para ninguém para não terem o trabalho ou a pressão de retribuir depois ou mesmo por puro orgulho. Reflita sobre isso.

Doar primeiro para depois receber é um ato de coragem, fé e generosidade. Essa prática requer autoconfiança do influenciador, que assume estar disposto a correr riscos se o outro não retribuir a gentileza. O egoísmo e o medo são as duas principais barreiras para ativarmos a reciprocidade em nossa vida. E digo a você: supere essas barreiras para ampliar o leque de possibilidades para crescer na carreira. Contudo, seja genuíno e não use esse princípio de forma mecânica. Seja estratégico e não um tolo agindo de forma impulsiva e sem clareza.

Vejamos a visão de outro autor sobre esse princípio. Owen (2011, pp. 112-3) diz que "a generosidade é uma mercadoria escassa". Acrescenta que a generosidade ajuda a construir parceiros, defensores e aliados receptivos, mas traz um alerta informando que há dois tipos de generosidade. A mais comum gera popularidade, a outra traz influência e poder. É a segunda que estamos buscando. Deixemos os que buscam popularidade seguir o caminho deles. Contudo, para nós o que importa é o quanto essa prática pode nos ajudar a sermos os protagonistas de nossas carreiras, usando-a de forma estratégica.

O autor nos ajuda a entender como praticar a "generosidade influente" apresentando quatro características:

- Deve ser personalizada em vez de genérica;
- Deve ser merecida em vez de imerecida;
- Deve ser moderada em vez de ilimitada;
- Deve ser solicitada em vez de imposta.

As quatro características não contradizem o que foi apresentado até aqui. Pelo contrário, reforçam algumas premissas de aplicação. A única que gostaria de elucidar com exemplos é a última. Normalmente, a ajuda deve ser solicitada. Owen (2011, p. 210) ilustra assim: "A única ajuda que as pessoas valorizam é aquela que solicitam. Se elas não pedirem, não ofereça". Exemplifica o autor: "Se a pessoa for tímida ou muito orgulhosa para pedir ajuda, uma pergunta inocente do tipo 'como vão as coisas?' quando passar pela mesa dela, deverá ser suficiente para estimular o pedido". É óbvio que quando o autor diz "quando passar pela mesa dela", podemos ampliar a ideia para quando nos encontrarmos ou conversarmos com ela, seja qual for o local ou o meio de comunicação.

Acrescento outra dica mais direta que funciona muito de acordo com minha experiência. Tente assim: "Fulano, caso necessite de algum apoio, não hesite em pedir, lembre-se de que trabalhamos juntos e que, se eu puder apoiá-lo, eu o farei, porque acredito que quando podemos trabalhar juntos somos mais eficientes". Você pode adaptar a dica como achar melhor ou adotar outras que possam estimular quem precisa de ajuda a pedi-la.

Encerro esse princípio com a seguinte mensagem: ative a reciprocidade em seus relacionamentos pessoais e profissionais e a roda da influência entrará em ação ao acelerar o avanço de sua carreira e, consequentemente, potencializar os resultados da área ou negócio em que você atua.

ALGUMAS APLICAÇÕES NA CARREIRA

- **Mapeie as necessidades de seu chefe:** sem se tornar um puxa-saco ou bajulador, entenda como ativar a reciprocidade. Por exemplo: identifique as lacunas profissionais ou "dores" que ele possui para atingir as expectativas do superior dele e encontre um meio para ajudá-lo.
- **Apoie seus pares:** fique atento às necessidades explícitas ou implícitas de seus pares no dia a dia, principalmente nas reuniões, e tome a iniciativa de apoiá-los.
- **Atenção individual para cada membro da equipe:** perceba as palavras ou metáforas que se repetem, pois podem manifestar expectativas e preocupações específicas e direcionar o tipo de ajuda que você pode oferecer.

- **Antecipe-se e cumpra com os compromissos do RH:** não seja reativo e/ou descomprometissado com os prazos e atividades demandadas pelo RH, como avaliações de desempenho, pesquisas de clima, implementação de novas políticas ou processos etc. Lembre-se de que o RH normalmente tem algum tipo de influência no processo decisório sobre sua carreira.
- **Relacione-se e nutra sua rede de contatos:** seja um observador de sua rede de contatos, entendendo quais necessidades podem ser atendidas por meio das habilidades ou recursos que possui.

Escreva uma aplicação para seu contexto:
___
___
___

CUIDADOS

- **Falsas promessas:** se não tiver condições de ajudar, não faça falsas promessas com a intenção de se passar por "bonzinho" no momento da solicitação.
- **Doador ingênuo:** não alimente expectativas falsas de que o outro o apoiará no futuro. Conheça-o para saber se ele realmente tem condições de o ajudar além da disposição.
- **Sobrecarga de trabalho:** não ofereça ajuda além de sua capacidade de ajudar, prometendo favores que o farão abrir mão de suas tarefas, deixando-o sobrecarregado.

PRINCÍPIO DA AUTORIDADE

Tendemos a seguir automaticamente uma pessoa que representa algum tipo de autoridade. Existem vários símbolos que podem representar autoridade, como cargos, títulos, uniformes ou mesmo o tipo de roupa que a pessoa veste em determinado ambiente. A autoridade é conferida automaticamente por nós àqueles que são reconhecidos como especialistas em suas áreas de atuação. Esses profissionais demonstram notoriedade por terem dedicado quase toda uma vida de prática e pesquisa sobre algo específico. Falam com propriedade e transmitem segurança. A autoridade emanada por eles, de certa forma, representa um tipo de poder que se baseia no reconhecimento da legitimidade ou na legalidade de sua tentativa de exercerem influência sobre nós.

Quando somos leigos em determinado assunto, tendemos a confiar, aceitar e seguir um expert nesse assunto de forma incondicional e automática. Em determinadas situações, quando confiamos na credibilidade da pessoa e/ou dos símbolos de autoridade, temos como benefício uma visão mais profunda sobre o tema e economizamos tempo.

O FENÔMENO DA OBEDIÊNCIA CEGA

Contudo, o desafio é tomarmos cuidado com a obediência cega. Para nos prevenirmos, precisamos entender como essa crença foi construída. Segundo Cialdini (2012, p. 212), "sempre que nos defrontamos com um motivador potente da ação humana, é natural esperar que existam boas razões para essa motivação". Acreditar que existe uma boa razão é um atalho de nossa mente para nos submetermos a um símbolo que aparentemente é confiável. O autor continua a explicação reforçando que:

> [...] raras vezes refletimos profundamente sobre os prós e contras das exigências da autoridade. Na verdade, nossa obediência costuma seguir o padrão com pouca ou nenhuma deliberação consciente. Informações de uma autoridade reconhecida podem servir como um atalho valioso para decidirmos como agir numa situação (CIALDINI, 2012, p. 213).

Completo a apresentação desse princípio exemplificando o caminho pelo qual ele foi criando raízes na sociedade, segundo Cialdini (2012, p. 2013):

> Desde cedo, descobrimos que seguir os conselhos dessas pessoas (pais, professores) era benéfico – em parte por causa de sua sabedoria maior e em parte porque elas controlavam nossas recompensas e punições. Quando adultos, os mesmos benefícios persistem pelos mesmos motivos, embora as figuras de autoridade sejam agora empregadores, juízes e líderes governamentais. Como seus cargos implicam maior acesso às informações e ao poder, faz sentido cumprir os desejos das autoridades devidamente constituídas. Faz tanto sentido que com frequência agimos assim mesmo quando não faz sentido algum.

Como vimos, pode ser usado para o bem e para o mal. Um exemplo clássico desse princípio são os impostores. É comum no noticiário brasileiro relatos de bandidos que entram facilmente em um condomínio de luxo vestidos com uniformes de alguma concessionária prestadora de serviços. Os porteiros respondem de maneira automática, confiando simplesmente no uniforme como símbolo de autoridade.

Dentro da proposta deste livro não há problemas, pelo contrário, é mais que recomendado usar qualquer símbolo de autoridade, desde que ele seja verdadeiro, coerente com a identidade profissional e adaptado ao perfil do público-alvo.

ALGUMAS APLICAÇÕES NA CARREIRA

- **Ter profundidade no caminho que escolher:** normalmente é muito difícil encontrar alguém excelente em mais de um assunto. Na prática, o excesso de especializações e a dinâmica da vida moderna trazem várias restrições. Quando encontramos um excelente profissional naquilo que faz, normalmente ele passa a ser disputado. Para ser referência em determinado assunto, é necessário mergulhar na área de conhecimento, investir em educação continuada, formal ou informal, para manter-se atualizado. Seguir periódicos especializados e respeitados, autores e profissionais reconhecidos mundialmente como referências. Enfim, precisamos ser *profundos*, *verdadeiros* e *úteis*.
- **Demonstrar habilidades:** títulos e conhecimento são importantes, contudo, para ampliar a percepção dos outros sobre sua expertise, você precisa converter tudo isso em habilidades que gerem resultado para o negócio. Acadêmicos e intelectuais, dependendo de sua área de atuação, podem contentar-se e até representar autoridade com a parte teórica do conhecimento. Entretanto, quando falamos em negócio, são as habilidades que farão a diferença.
- **Aproveitar e criar oportunidades:** sua expertise precisa ser notada, não adianta guardá-la para você. É imperativo entender a dinâmica de sua rede de trabalho e ter iniciativa para colocar sua expertise a serviço dela. Em seu ambiente de negócios, você deve mapear onde estão as oportunidades. Basicamente, checar onde estão os problemas e pessoas que precisam de sua expertise. Oportunidades podem ser criadas: crie um blog dedicado à sua expertise, escreva e tente publicar artigos em revistas especializadas, faça palestras gratuitas em universidades ou ambientes propícios para posicionar-se como uma autoridade no tema.

Escreva uma aplicação para seu contexto:
_____
_____
_____

CUIDADOS

- **Arrogância:** mantenha a humildade e seja hábil na comunicação para argumentar e expor as ideias sem ferir ou ameaçar o ego de ninguém.
- **Falta de foco:** não tente ser excelente em vários assuntos, foque um e mergulhe fundo.
- **Utilidade:** seja um especialista em algo que seja útil para o negócio e para a sociedade. Para que serve um especialista sem valor?
- **Os outros devem falar de sua autoridade:** nunca diga que você é uma autoridade, ela deve ser percebida, reconhecida e dita por outros. Estrategicamente, prove sua autoridade para pessoas que possuem influência em sua rede e deixe ou peça que elas falem de você.

PRINCÍPIO DA APROVAÇÃO SOCIAL

Na dúvida, nós tendemos a fazer o que os outros fazem ou acham apropriado. Já passou em um farol vermelho sem querer? Explico. Algumas vezes, quando você está parado no farol vermelho e o motorista do veículo à frente passa no farol vermelho, você, sem prestar atenção, corre o risco de ir junto, pois reage de maneira automática. O seu cérebro diz: se ele avançou, é porque está verde. Esse princípio em inglês é conhecido como *social proof* ou *social influence*. Se consultar no Google, encontrará alguns experimentos sociais que ilustram esse princípio. Inclusive alguns vídeos bem-divertidos.

Cialdini explica assim esse princípio (2012, p. 122):

> [...] decidimos o que é correto descobrindo o que as outras pessoas acham que é correto. Aplica-se especialmente à maneira como decidimos o que constitui um comportamento adequado: consideramos um comportamento adequado em dada situação na medida em que o vemos ser seguido pelos outros. A tendência a considerar apropriada uma ação quando realizada pelos outros normalmente funciona bem. Via de regra, cometeremos menos erros agindo de acordo com as evidências sociais do que contra elas. Em geral, quando muitas pessoas estão fazendo alguma coisa, trata-se da ação certa.

Esse princípio é usado há muito tempo na publicidade. Muitos anunciantes se apoiam nele informando números verdadeiros ou não demonstrando que o produto recebeu uma validação social. Exemplo: "A maioria das pessoas já comprou nosso produto", "Mais de 80% dos dentistas recomendam nosso creme dental".

O Princípio da Aprovação Social também é disparado quando estamos com pessoas similares a nós. É o fenômeno do grupo, também conhecido como efeito manada. Na dúvida, siga o grupo. Isso ocorre tanto em filas como em reuniões de trabalho. O contexto é diferente, mas a base psicossocial é a mesma. Outra explicação para esse princípio é a necessidade humana de pertencimento, de fazer parte de alguma tribo e ser validada por ela. O mundo corporativo e o mercado empreendedor estão cheios de tribos e todos nós buscamos crescer na carreira e evoluir com nossos negócios.

ALGUMAS APLICAÇÕES NA CARREIRA

- **Procure evidências de sucesso:** Se tem a intenção de implementar uma nova ideia ou projeto, busque exemplos e evidências, preferencialmente com números e percentuais que demonstrem que as experiências foram bem-sucedidas.
- **Faça coalizões estratégicas:** construa coalizões que possam apoiá-lo em momentos decisivos em sua carreira. Tenha em sua rede pessoas de influência sobre os tomadores de decisão.
- **Tenha testemunhas voluntárias:** sempre que possível, tenha pessoas influentes para testemunhar sobre suas habilidades e conquistas. Utilize com habilidade as redes sociais e estimule seus parceiros a atuarem como testemunhas voluntárias, recomendando seu trabalho, fazendo e/ou registrando elogios e depoimentos públicos. Lembre-se de fazer o mesmo por eles. Já que entendeu o Princípio da Reciprocidade, antecipe-se e crie sua rede de cooperação de carreira.

Escreva uma aplicação para seu contexto:
_____
_____
_____

CUIDADOS

- **Rede frágil:** não se iluda com sua rede e previna-se com a possível fragilidade dela. Teste o apoio social para situações menos arriscadas e progrida formando uma rede mais consistente de confiança mútua.
- **Depoimentos genéricos ou falsos:** não aceite ou publique depoimentos genéricos demais ou até mesmo falsos. Quando digo falso, não estou dizendo que é algo inventado por quem está depondo. O que quero dizer é

que muitas vezes são testemunhos pouco úteis com a única intenção de te bajular. Cuidado com o ego. E, para concluir, os depoimentos são mais poderosos quando específicos, se possível apresentados com números.
- **Excesso:** tenha apoiadores, depoimentos e testemunhos na dose certa, o excesso pode gerar vários efeitos colaterais, entre eles rejeição e distanciamento de certos públicos, pessoas, clientes, parceiros interessantes, mas que acabam se afastando de você, por julgarem que já atingiu o topo e não precisa deles.

PRINCÍPIO DA ESCASSEZ

Cialdini (2012, p. 233) apresenta da seguinte forma seu encontro com o Princípio da Escassez: "As oportunidades parecem mais valiosas para nós quando estão menos disponíveis". Em seu estudo, descobriu alguns exemplos utilizados por profissionais de persuasão para dispararem nosso consentimento automático. Os principais são:

- **Números limitados:** esse princípio é muito comum no varejo e no mercado imobiliário com as seguintes chamadas publicitárias: "Estoque limitado", "Últimas Unidades" etc.;
- **Limites de tempo:** essa tática está diretamente relacionada ao prazo para tomada de decisão. A ideia é que se não decidir até o prazo imposto nós perderemos uma grande oportunidade. Exemplos clássicos: "Só até amanhã", "Somente neste final de semana", "Virando o mês vamos receber uma nova tabela de preço" etc.;
- **Censura:** nesse caso, seguimos a máxima: "O que é proibido é mais gostoso". Há uma tendência na natureza humana em desejar o que é proibido, escasso, restrito, exclusivo e/ou confidencial. De alguma forma, tendemos a atribuir mais valor às coisas que estão nessas condições, disparando em nós alguma ação para ter acesso a elas;
- **Exclusividade:** além de escasso, quando algo é colocado como exclusivo para um grupo de pessoas, o poder desse princípio é mais persuasivo, gerando normalmente respostas positivas do grupo. O grupo se sente privilegiado por ter acesso à exclusividade. Esse fenômeno ocorre com bens de luxo, acesso a área VIP e coleções limitadas para quem fizer parte de um clube seleto. A aplicação desse princípio independe de classe social, pois a ideia é buscar um lugar seleto no contexto em que a pessoa vive ou trabalha;

- **Competição por recursos escassos:** segundo Cialdini (2012, p. 254), "não apenas desejamos mais o mesmo item quando escasso, como nosso desejo atinge o máximo quando estamos competindo por eles". O autor complementa: "A sensação de estar concorrendo por recursos escassos possui propriedades motivadoras poderosas". Basta dizer ou deixar a entender que existe outra pessoa interessada no "assunto", caso não decidamos logo. Seja um imóvel, um carro, uma vaga de emprego ou um rival no relacionamento.

O fundamento psicológico que está por trás de todos os exemplos citados é que o ser humano em sua essência é mais motivado a fazer algo para não perder do que para ganhar. Em geral, não gostamos de perder nada. Mesmo quando vencemos, ficamos lamentando as perdas no meio do caminho. Ouvi de uma especialista que ajuda pessoas a adquirirem mais saúde e qualidade de vida que devemos usar a expressão "eliminar peso em vez de perder peso". Simplesmente porque mesmo que seja peso, o pensamento de "perder algo" não é bem processado por nosso subconsciente.

Quase todos nós somos vulneráveis ao Princípio da Escassez em algum momento. Mesmo tendo acesso aos conceitos e compreendendo-os intelectualmente, é difícil controlar nosso comportamento quando estamos diante desse gatilho mental.

Cialdini (2012, p. 257) apresenta o dilema da seguinte forma:

> Conhecer as causas e o funcionamento das pressões da escassez pode não ser suficiente para nos proteger delas, porque conhecer é um ato cognitivo, e os processos cognitivos são suprimidos por nossas reações emocionais às pressões da escassez.

Em minha visão, o laboratório humano onde é possível observar esse tipo de comportamento são os leilões de obras de arte ou de qualquer outra mercadoria que se enquadre numa disputa. É impressionante até onde vai o ser humano: pagar milhões em dinheiro para ter a posse de uma obra de arte. Imagino alguém em uma roda de pessoas da alta sociedade dizendo: "Sou o dono do quadro original de Monalisa, obra de Leonardo da Vinci". Isso realmente gera na pessoa uma sensação de ser superior, mas vamos em frente.

ALGUMAS APLICAÇÕES NA CARREIRA

- **Gerencie informações relevantes:** mantenha-se atualizado sobre as informações-chave que apoiam o processo decisório da área, empresa ou negócio em que você atua. Tenha acesso a fontes confiáveis de informação e vá além da análise comum. A maioria das pessoas não terá tempo ou interesse em fazer isso e, ao mesmo tempo, estão ávidas por informações que as ajudem. Seja habilidoso para encontrar oportunidades de fornecer informação de qualidade. Entenda o contexto do negócio e aprenda a ser percebido como uma fonte de informações relevantes. Não estou dizendo para usar táticas sujas, como sonegar informações, apenas avalie a utilidade e a oportunidade para fornecer uma informação que praticamente ninguém tem em momentos decisivos.

- **Seja um recurso escasso:** como profissional, veja-se como um recurso humano, dotado de expertise e com características únicas que podem gerar valor para uma organização. Ao perceber-se assim, responda: como você pode aprimorar suas habilidades e tornar-se um especialista em alguma área valorizada pelo mercado? Não há receita fácil, o caminho é aprofundar-se na área de especialidade indo além do senso comum. Nessa situação você deve se posicionar como um recurso escasso em sua rede de relacionamento profissional. Se realmente formos percebidos como um recurso escasso e valioso, a tendência é sermos disputados pelos clientes e parceiros internos e externos ao negócio.

- **Gerencie recursos únicos e/ou exclusivos:** quais recursos você gerencia que que são escassos e/ou exclusivos em sua rede de relacionamento profissional? Recursos escassos podem ser: equipamentos, espaço, pessoas talentosas, contatos, parceiros, tempo etc. Saiba como usá-los de forma estratégica, mas sem gerar atrasos ou prejuízos para as pessoas e para o negócio.

Escreva uma aplicação para seu contexto:
_____
_____
_____

CUIDADOS

- **Informação irrelevante:** valide constantemente se as informações que gerencia são relevantes para sua rede. Não confie somente em sua visão. Lembre-se: informação boa é informação útil ou pode servir apenas como especulação e fofoca.

- **Valor não percebido:** ao decidir ir mais fundo em uma área de especialização, perceba a tendência da profissão e do mercado para não ir muito fundo em algo que perderá valor rápido.
- **Perder a visão do todo:** ao focar no desenvolvimento de um conjunto de habilidades técnicas para aumentar sua expertise em determinada área do conhecimento, tome cuidado para não se tornar um excelente profissional técnico e perder a visão sobre o negócio em que atua.

PRINCÍPIO DA COERÊNCIA E DO COMPROMISSO

Todas as vezes que alguém assume um compromisso em público, as chances de a pessoa o cumprir aumentam. Esse princípio revela a forte tendência para sermos coerentes com aquilo que manifestamos. Entenda pelo seguinte exemplo: quando você diz em público que vai fazer ou participar de algo, fica difícil fazer o contrário, porque você seria percebido como alguém incoerente, que não cumpre os compromissos. E ninguém gosta de ser percebido assim.

Segundo Cialdini (2012, p. 67), "depois que fazemos uma opção ou tomamos uma posição, deparamos com pressões sociais e interpessoais exigindo que nos comportemos de acordo com esse comprometimento".

O autor complementa a força desse princípio ao afirmar que "o impulso de ser (e parecer) coerente constitui uma arma muito potente de influência social, muitas vezes nos levando a agir contra nossos melhores interesses" (CIALDINI, 2012, p. 69). Sobre a última afirmação, atente-se à palavra "impulso" para responder o seguinte: o que nos impulsionou na primeira vez a assumir o compromisso?

Algumas respostas possíveis:

- Era difícil falar não para o chefe em público;
- A maioria já tinha concordado e eu me senti pressionado a também concordar;
- Não quero ser visto como alguém do contra, que vive criando restrições para as coisas acontecerem;
- Vi uma oportunidade de mostrar minha competência.

Enfim, os motivos podem ser diversos, mas o fato é que um compromisso público foi assumido. Feito isso, fica difícil mudar de ideia e dizer que não era bem aquilo que você tinha dito. Isso o faria perder credibilidade em sua rede de relacionamento e o Princípio da Coerência e do Compromisso, segundo Robert Cialdini, diz que não tendemos a fazer isso. Ficamos "presos" ao que falamos e, quando assinamos algum documento ou registramos nosso compromisso por escrito, a pressão por mantermos a coerência aumenta.

Em entrevista para a *Harvard Business Review* (HBRB), Cialdini (2013, p. 63) responde por que é importante botar tudo no papel:

> Por algum motivo, as pessoas cumprem aquilo que está escrito: a impressão é que a decisão se torna mais consciente. Também é preciso pedir que assumam compromissos sobre os próximos passos e agendem outra conversa; e a essa altura, já estarão prontas para descrever o progresso que fizeram. Pouco a pouco, o compromisso se torna mais concreto.

ALGUMAS APLICAÇÕES NA CARREIRA

- **Assuma pequenos compromissos:** no início da relação, tenha a iniciativa de assumir pequenos compromissos com o objetivo de estreitar os laços com os envolvidos. Sua proatividade é um sinal concreto que você faz parte do grupo. Após ganhar a confiança e entender o perfil do grupo, se possível, assuma compromissos que podem gerar mais sacrifício ou riscos para você, considerando o potencial benefício que você vislumbra na situação.
- **Gere pequenos compromissos:** ao assumir pequenos compromissos, você está estimulando que outras pessoas também o façam. Dar o primeiro passo é um movimento para gerar compromissos para outras pessoas envolvidas. Esse é um comportamento natural de grupo, a divisão de tarefas. Como você deu o primeiro passo, teve a oportunidade de escolha.
- **Faça que todos se posicionem:** não confie na frase: "Quem cala consente". Pelo contrário, muitas vezes os silenciosos são os mais resistentes. Desenvolva a habilidade de fazer perguntas abertas para que todos se posicionem em público. Para os assuntos mais relevantes, nunca converse sozinho com o interlocutor. Sempre que possível, leve alguém, mesmo que a pessoa não tenha uma função objetiva em relação ao problema. Mas o fato de ela testemunhar o compromisso assumido, como vimos, é um ingrediente essencial para levar o outro a ser coerente com a posição tomada.

Escreva uma aplicação para seu contexto:

_____
_____
_____

CUIDADOS

- **Compromissos frágeis:** não use a técnica para levar alguém a assumir um compromisso que de antemão você sabe que a pessoa não tem condições de executar.
- **Ilusão:** não se iluda com falsos compromissos. Algumas pessoas podem dizer "sim" por fora com um grande "não" por dentro. Gerencie o passo a passo da expectativa antes de comprometer muito recurso, energia e tempo. Teste com habilidade se a pessoa está seguindo o combinado, sem manifestar desconfiança.
- **Gerencie a agenda:** ao assumir compromissos e estimular os outros a fazerem o mesmo, aprimore-se na gestão de sua agenda e na do outro. Isso mesmo, precisamos aprender a gerenciar a agenda do outro como forma de alinhar expectativas. Lembre-se de que os compromissos ocorrem dentro de uma linha de tempo que é limitada para todos.

PRINCÍPIO DA AFEIÇÃO

Afeição, afinidade e simpatia provocam uma sensação de conexão entre as pessoas. Esse princípio no livro original em inglês é conhecido como *liking*, que traduzindo significa "gostar". O princípio afirma que é mais fácil dizer sim para pessoas que conhecemos, gostamos e nos identificamos. Cialdini (2012, p. 170) diz que o que choca "é saber que essa regra simples é usada de centenas de maneiras por estranhos para fazer com que concordemos com seus pedidos".

Mas quais são os fatores que fazem uma pessoa gostar de outra? Segundo Cialdini (2012, p. 173), "os cientistas sociais vêm formulando essa pergunta há décadas e acumularam indícios que permitiram identificar uma série de fatores causadores de afeição". Selecionei três para conversarmos:

- **Atratividade física:** gosto de formular a seguinte pergunta em meus workshops para explorar esse fator: "Vocês acham que as pessoas mais bonitas, segundo os padrões convencionais de beleza, têm mais chance de obter sucesso na carreira?". Normalmente recebo 100% de respostas afirmativas para essa questão. Observe que a pergunta não diz que serão bem-sucedidas por serem bonitas, mas que existem grandes chances. Segundo Cialdini (2012, p. 175), a reação automática se "enquadra numa categoria que os cientistas sociais denominam efeitos auréola". Esse efeito ocorre quando alguma característica positiva de

uma pessoa se sobressai na forma como ela é vista pelos outros. Geralmente, a atratividade física associa-se a pessoas de boa aparência e a traços favoráveis como gentileza, talento, confiança etc. Não estou promovendo um debate moral e muito menos dizendo que beleza é mais importante do que competência para o sucesso profissional. O ponto de vista que concordo com os cientistas sociais é que a beleza e/ou a boa aparência traz uma vantagem competitiva logo na largada, enquanto a competência ainda não foi testada;
- **Semelhança:** Cialdini (2012, p. 177) defende que "os pesquisadores e profissionais de persuasão sabem que um dos fatores mais influentes é a semelhança". O modo de se vestir é um bom exemplo. Estudos demonstram que somos mais inclinados a cooperar com pessoas mais semelhantes a nós. Essa semelhança pode ser identificada de várias maneiras, desde nosso histórico acadêmico ou profissional até nossos hobbies.
- **Familiaridade:** segundo Cialdini (2012, p. 181), o efeito desse fator ocorre em parte na forma como inconscientemente a familiaridade determina a afeição. Com frequência não percebemos como nossa atitude em relação a algo foi influenciada pelo número de vezes que estivemos expostos àquilo no passado.

Em resumo, nossa mente pega um atalho para favorecer aquilo que já é conhecido por nós, que de alguma forma já tivemos contato.

ALGUMAS APLICAÇÕES NA CARREIRA

- **Simpatia consciente:** algumas pessoas, por características do próprio perfil, têm dificuldade para serem simpáticas em suas relações. Mesmo que seja um esforço, o recomendado é que no mínimo sejam educadas nas expectativas mínimas. A simpatia consciente significa estarmos atentos às pessoas e ao ambiente para não sermos sabotadores de nossa própria imagem profissional.
- **Busca de informação:** normalmente, as pessoas gostam de falar delas mesmas e, com o crescimento do fenômeno das redes sociais, tornou-se mais fácil buscar informações que nos ajudem a identificar semelhanças.
- **Aparência física:** reforçando a questão dos símbolos de autoridade que tratamos em outro princípio, a aparência é nosso cartão de visita. Sabemos que podemos ser julgados em questão de segundos

somente por ela. O desafio é manter o cuidado necessário, sem exageros, seguindo os códigos do ambiente de negócios e da profissão. Não significa se encaixar em um padrão, já que podemos explorar nosso estilo, desde que seja em um tom agradável aos olhos dos outros, não somente ao nosso.

Escreva uma aplicação para seu contexto:
_____
_____
_____

CUIDADOS

- **Vestir um personagem falso:** cuidar da aparência não significa sacrificar a própria identidade e tornar-se um personagem falso para agradar os outros. Junto com a "embalagem" as pessoas buscam um conteúdo verdadeiro e de valor.
- **Popularidade:** desenvolver habilidade social para ser mais conhecido e admirado pelas pessoas do meio não significa investir em ganho de popularidade. Ser popular também traz seus custos. Seja agradável tomando cuidado para não ofuscar demais os outros. Além disso, perceba o limite entre a simpatia e a chatice.
- **Falsas semelhanças:** não entre em assuntos apenas por simples interesse e curiosidade para tentar promover uma identificação com o interlocutor. Sempre que possível, encontre semelhanças onde a troca de informação e conhecimento agregue valor a ambos.

VANTAGENS E DESVANTAGENS DOS ATALHOS

Como vimos, buscamos os atalhos para facilitar o processo decisório para situações que achamos menos importantes ou nas quais corremos menos riscos. Pudemos perceber que, em todas as situações, nossa boa-fé pode estar sendo manipulada por aproveitadores que dominam essas técnicas.

Agora vamos saber, segundo Cialdini (2012, p. 28), quais são as vantagens e desvantagens do nosso consentimento automático.

> A **vantagem** dessa reação de atalho está em sua eficiência e economia. Ao reagir automaticamente a uma característica desencadeadora informativa, o indivíduo poupa tempo, energia e capacidade mental.

A **desvantagem** dessa reação reside em sua vulnerabilidade a erros tolos e custosos. A probabilidade de erro aumenta ainda mais quando outros indivíduos procuram se beneficiar estimulando (por meio da manipulação de características desencadeadoras) um comportamento automático desejado em momentos inapropriados.

DESAFIOS E PERSPECTIVAS

Cialdini tinha como motivação inicial, ao pesquisar sobre os princípios de persuasão, nos ajudar a entender seu funcionamento para nos defendermos do abuso dos profissionais de persuasão, como vendedores, publicitários etc.

Com o avanço dos seus estudos, ele trouxe outra contribuição: apoiar profissionais de diversas áreas a usarem os princípios dentro de seus contextos de carreira e negócio.

O autor e outros psicólogos sociais continuam com as pesquisas, disseminando esse conhecimento ao redor do mundo e trazendo atualizações de suas aplicações e tendências de comportamento com os novos desafios da vida moderna.

Sabemos que o contínuo avanço tecnológico gera novos comportamentos individuais e sociais. Convivemos com várias fontes e estímulos de informação que ocorrem em uma velocidade cada vez mais difícil de interpretar. Estamos todos delegando cada vez mais nossas decisões corriqueiras para aplicativos e dispositivos eletrônicos. Consequentemente, nosso comportamento progressivamente está sendo moldado pelo conceito da Internet das Coisas, ou seja, estamos dia após dia nos tornando robotizados, agindo no piloto automático.

Em meu ponto de vista, o boom das redes sociais, das soluções virtuais ou da velocidade do avanço tecnológico tende a reforçar os seis princípios de persuasão catalogados por Robert Cialdini, quiçá não faça surgir outros.

Trazer a tecnologia da informação para as mãos das pessoas atribuiu a elas poder. Contudo, como crianças com um brinquedo novo, muitos estão maravilhados usando os meios de comunicação sem total consciência e responsabilidade. Produzindo ou sendo distribuidores de *fake news*. Quem reproduz e/ou distribui uma notícia falsa está novamente respondendo a um atalho. Sem conferir a fonte e a veracidade da notícia, compartilha-a automaticamente, confiando que a fonte seja fidedigna. Até mesmo quando desconfia que não seja, aproveita e se apoia nela para emitir opiniões.

Outro desafio do momento é o crescimento da polarização e divergências extremas em todas as camadas sociais. Percebemos muitas pessoas apoiando-se em símbolos que geram alguma referência para julgarem automática e, precipitadamente, qualquer tipo de evento ou pessoa.

Uma das causas para todo atalho, em minha visão, é a preguiça social. Acredito que tenhamos que nos tornar cada vez mais vigilantes de todos os desafios apresentados para conscientemente aplicá-los e/ou respondermos a eles com responsabilidade, principalmente quando tratamos do futuro de nossas carreiras.

CONVERSAS INFLUENTES

Convidado: Marcelo Spaziani
Biografia: Vice-presidente de vendas da IBM América Latina

Gianini – Qual a importância da influência em sua trajetória na IBM?
Spaziani – O que eu penso sobre influência: entrei na IBM sem indicação. Foi uma circunstância em que eu estava fazendo uma boa faculdade, na área de exatas que a empresa tinha interesse, passei no programa de trainee que abre muitas oportunidades em um momento em que a empresa estava adequando o seu quadro de funcionários. Logo que entrei vislumbrei uma oportunidade de ascender rapidamente na organização. Como eu não tinha nenhum tipo de indicação, entendi que para crescer eu teria que apresentar resultado. Felizmente entrei na área de vendas. Digo felizmente porque em vendas o resultado é objetivo. Você tem uma meta e você faz ou não faz. Até àquele momento eu tinha pouca consciência sobre o processo de influência.

Gianini – E como foi sua primeira transição para a liderança?
Spaziani – Quando o resultado dependia mais de mim, a necessidade de exercer influência não era tão presente, ainda que eu devesse praticá-la inconscientemente por atuar em vendas. A mudança para o papel de gestor de pessoas fez com que eu despertasse para o tema, porque agora tinha que obter resultados a partir da equipe. Eu vinha de uma carreira muito acelerada, recebendo prêmios em conferências de vendas, sendo reconhecido. Contudo, sabia que minhas habilidades técnicas não seriam suficientes para mobilizar a equipe. Foi quando no primeiro ano como gestor o meu gerente me chamou e disse algo que nunca esqueci: "Quando você reconhece alguém da sua equipe, você automaticamente está sendo reconhecido". Comecei a perceber que apesar de ter o poder formal do cargo, tinha que aprender a criar um ambiente positivo de trabalho, a construir uma equipe. Nesse período eu lembro que comecei um MBA. Tinha um professor que dizia que existiam dois perfis de pessoas, o "coisólogo"

e o "gentólogo". Eu sempre me identifiquei muito com o perfil de "gentólogo", eu gosto de gente.

Gianini – Quando foi que você começou a praticar influência de forma mais consciente?

Spaziani – Foi em 1998 no MBA. Eu me lembro até hoje quando tomei conhecimento sobre um processo de como influenciar pessoas. De como você influencia uma decisão dentro de uma estrutura organizacional. De como você apresenta e transforma uma ideia em um projeto corporativo. Antes de entrar em contato com esse instrumento, eu agia muito com a intuição. Como sempre fui muito aberto e acreditava muito nas pessoas e nas relações, isso ajudava muito. Conseguia extrair resultado da equipe e manter um clima organizacional bom. Eu tinha uma boa relação com a equipe, com a gerência e com a organização de uma forma geral. Contudo, quando me deparei com essa metodologia, o meu desempenho como influenciador tornou-se consciente e consequentemente muito melhor. Eu lembro que a metodologia dizia o seguinte: "Quando você for vender uma nova ideia, identifique para quem você irá vendê-la, quem tem o poder de decisão". Ela ensinava a mapear a estrutura de poder para identificar quem se reportava ao decisor. E dos que se reportam a ele, quem são os influenciadores. A estratégia é examinar as relações formais e informais para identificar as pessoas que podem ter uma resposta positiva, neutra ou negativa sobre a ideia. Todo esse movimento aumenta a chance de aprovação. Um gestor dificilmente tomará uma decisão contrária às pessoas que têm mais influência sobre ele. Entretanto, apesar de simples, essa metodologia pode ser difícil de praticar no dia a dia se você não estiver atento.

Gianini – Você notava a diferença no resultado quando usava uma metodologia para influenciar pessoas?

Spaziani – Sim. É claro que não era sempre que eu a utilizava ou utilizo. Mas sempre que surgia uma ideia importante ou um desafio para o negócio, recorria a ela. Cabe ressaltar que o mapeamento serve para dentro, mas também para fora da empresa. Por exemplo, quando se vende um projeto para um cliente é fundamental identificar quem é o decisor. Como você trabalha a estrutura organizacional do cliente para ter apoio para um novo projeto ou uma iniciativa de inovação. Esse modelo me ajudou muito e reforçou em mim a seguinte crença: eu não acredito que quando alguém tem uma posição ela seja suficiente para liderar ou influenciar uma equipe. Eu me lembro de um período em que eu era responsável por um setor, mas que, por uma decisão organizacional global, as pessoas que estavam comigo não se reportavam diretamente a mim, mas formalmente ao meu chefe. Ainda assim, eu tinha a missão de consolidar os resultados e ser o líder daquele setor. Em nenhum momento usei a força com eles. O que adotei foi a minha capacidade de geração de valor para eles. Quando me buscavam, eu tinha que estar ali como alguém que poderia dar orientação, uma nova perspectiva, apresentar ou construir com eles ideias para superar certo desafio. Eu tinha como premissa agregar valor e ganhar a confiança deles. Ao final de um ano passei a ser o gestor formal com uma grande aceitação de todos.

Gianini – Você poderia compartilhar um caso prático de exercício de influência?
Spaziani – Depois que eu ajudei a criar a Organização de Software Brasil, assumi uma unidade de negócio que atendia ao mercado financeiro. Eram quatro unidades de negócio e eu era o gerente de uma delas. E então senti falta na organização de uma estrutura mais adequada para a área de soluções da indústria financeira. Nós tínhamos naquele momento um gerente da área de soluções que também era responsável pela área de operações. Pensei "isso não vai funcionar", porque uma pessoa de estratégia não pode ser a mesma de operações. Depois de dez dias na posição, demandando requerimentos para esse gerente percebia que de fato ele não dava conta. Foi quando coloquei a metodologia em prática. Olhei para os meus pares, éramos quatro. Analisei quem eram as pessoas que tinham mais influência sobre o diretor. Entre os meus pares, eu tinha uma relação pessoal mais forte com um deles, que era da mesma turma de trainee de quando entrei na IBM. Enquanto tinha passado por diversos segmentos, ele ficou durante doze anos atendendo ao setor financeiro. Portanto, tinha profundo conhecimento da área. Ele era o cara que tinha influência. Fui nele e disse: "Estou percebendo essa situação e entendo que nós temos um problema organizacional, nós deveríamos ter uma estrutura separada para a área de soluções". Ele respondeu: "Também acho, mas eu já tentei e não consegui". Então falei: "Eu não tentei, mas sozinho vai ser muito mais difícil. Se nós formos juntos, acho que a gente tem chance". Ele topou trabalharmos juntos. Então perguntei: "Quais são os outros influenciadores?". Ele me deu dois nomes. Então fomos falar com cada um deles juntos. Porque a minha meta era ter o apoio de todos. Os outros dois toparam. Durante quinze dias, após o expediente nós quatro ficávamos desenhando a nova estrutura. Quando finalizamos o trabalho, levamos a proposta para o nosso chefe, o diretor da área. Por uma feliz coincidência, ele tinha acabado de participar de um planejamento da IBM Brasil e tinha identificado que os setores não tinham uma área de soluções de indústria adequada. Ele saiu com a responsabilidade de voltar para o presidente com uma proposição. Quando levamos para ele o novo desenho, ele olhou e disse: "Gente, gostei, vamos em frente. Só que agora teremos que fazer isso não só para o

segmento financeiro, mas para todos os segmentos de indústria". Foi fantástico, um alinhamento dos planetas. Fomos então a todos os gestores de indústria levando a ideia, e todos a compraram. Em seguida fomos ao vice-presidente de vendas que disse assim: "Isso é fantástico, quero apresentar para o presidente". Assim fomos todos para a reunião. Estavam presentes os outros três que participaram do desenho, eu e meu chefe. Após a apresentação, o presidente aprovou a mudança e alteramos a estrutura organizacional da IBM.

RESUMO DO CAPÍTULO

Objetivo do capítulo
Esclarecer o conceito e o funcionamento dos gatilhos mentais, adaptando os seis princípios de persuasão ao desenvolvimento de carreira.

Contextualização

O que é gatilho mental?

Seis princípios de persuasão

- Reciprocidade: em geral, as pessoas tendem a retribuir gentilezas;
- Autoridade: as pessoas tendem a seguir especialistas e pessoas em posição de autoridade;
- Aprovação social: tendemos a fazer o que outros acham mais apropriado;
- Escassez: damos mais valor àquilo que é mais escasso;
- Coerência e compromisso: todos querem ser coerentes ou pelo menos parecer que são;
- Afeição: é mais provável que as pessoas digam sim para pessoas que gostam e acham semelhantes a elas.

Aplicação na carreira e cuidados

Vantagens e desvantagens

Desafios e perspectivas

Conversas influentes

> **Próximo capítulo**
>
> O próximo capítulo explorará com profundidade o conceito central do processo de influência: Moedas de Troca. Entender o que os outros mais valorizam é um elemento-chave no desenvolvimento das habilidades sociais. Esse conhecimento o apoiará a pavimentar uma carreira sólida ao inspirar a cooperação mútua e a reciprocidade em sua rede de relacionamento.

QUESTÕES PARA DEBATE

1. Selecione um dos princípios de persuasão e apresente mais dois exemplos diferentes dos mencionados no livro.
2. Por que tendemos a consentir automaticamente aos princípios de persuasão?
3. Quais os principais benefícios em aplicar os princípios de persuasão em sua carreira?
4. Quais os principais desafios para aplicar os princípios de persuasão em sua carreira?

CAPÍTULO 10

COMO USAR AS MOEDAS DE TROCA NA CARREIRA

> Existe em cada ser humano um profundo
> desejo de ter a aceitação dos outros, de tal modo
> que possa se aceitar a si mesmo.
> *Les Giblin*

OBJETIVO DO CAPÍTULO

Por que é importante entender o que os outros valorizam para influenciá-los? Este capítulo explorará o conceito central do processo de influência: Moedas de Troca. Entender o que os outros mais valorizam e ter habilidade para estimular a cooperação mútua são elementos-chave no desenvolvimento das habilidades sociais.

MOEDAS DE TROCA

Significa que, para conquistar a cooperação de uma pessoa, precisamos entregar a ela algo que **ela valorize**. Erramos ao pressupor que aquilo que é importante para nós também seja importante para o outro.

Cohen e Bradford (2012, p. 39) afirmam que "a influência se torna possível quando você tem o que os outros desejam". É desta forma que os autores definem o conceito: "A metáfora das moedas de troca – que significa algo que é valorizado pelo outro – pode ajudar a determinar o que você poderia oferecer a um potencial aliado em troca de cooperação".

Antes de avançarmos, precisamos alinhar uma premissa sobre o comportamento humano no que diz respeito às expectativas: de alguma forma, temos expectativas quando fazemos algo para o outro.

Os autores complementam, "se é verdade que todo mundo espera ser pago de uma forma ou de outra, então é importante analisar essa questão de uma forma ou de outra" (Cohen; Bradford, 2012, p. 50). Contudo, cabe reforçar o aspecto ético nos tipos e formas de trocas de moeda para estimular a cooperação e conquistar o compromisso do outro na dinâmica do processo de influência.

Você concorda que todos nós temos expectativas naquilo que fazemos para os outros e que de alguma forma esperamos algum tipo de recompensa?

Não reduza recompensas a aspectos financeiros ou materiais. Há vários tipos de recompensas quando estudamos o universo das pessoas. Boa parte das recompensas são de cunho emocional e algumas – dependendo, é claro, das crenças que guiam o comportamento – podem ser também de caráter transcendental (religioso).

Vejamos o que Glibin (1989, p. 1) nos orienta sobre isso: "Sejamos honestos a esse respeito: verdadeiramente, queremos algo de outras pessoas. Queremos sua boa vontade e sua amizade; desejamos sua aceitação e seu reconhecimento". E complementa:

> Vamos deixar bem claro uma coisa: ter êxito nas relações humanas, significa dar para outra pessoa algo que ela deseja em troca do que deseja. Qualquer outro método de tratar com as pessoas, simplesmente não funciona.
>
> Você pode operar sobre uma base de intercâmbio equitativo ou de dar e receber. Se você propõe dar às outras pessoas as coisas que elas querem e necessitam, invariavelmente lhe retribuirão aquilo que você necessita
>
> A chave do êxito nas relações humanas consiste em aprender o quanto pudermos sobre a natureza humana tal **como** ela é, e não como nós pensamos que ela deveria ser. Aprendamos a trabalhar **com** a natureza humana e não **contra** ela (Glibin, 1989, pp. 2-4, grifos do autor).

Para pôr em prática, o primeiro desafio do processo de influência é descobrir o que as pessoas querem e checar se você ou alguém em quem confia detém a(s) moeda(s) certa(s) para satisfazê-las.

Não existe caminho para essa descoberta que não passe pela habilidade de empatia. Para saber o que é valor para pessoa – seja seu chefe, par, funcionário, cliente ou qualquer pessoa que possa gerar impacto em sua carreira –, temos que nos colocar no lugar dela. Precisamos ter a habilidade para compartilhar com o outro aquilo que ele deseja – recursos, tempo, informação, apoio, expertise, contatos – para criar um sistema de reciprocidade na relação.

DEZ CARACTERÍSTICAS DAS MOEDAS DE TROCA

1. O sistema de troca baseia-se na confiança mútua;
2. As moedas devem ser lícitas. Se desejar usar moedas ilícitas é por sua conta e risco e não é o que recomendo;
3. Devem ser valorizadas pelo outro, adequadas às expectativas de quem está recebendo;
4. Podem ser tangíveis ou intangíveis;
5. Podem ser recursos que possuímos ou que podemos emprestar de alguém que confiamos para atender a um pedido;
6. Há expectativa de retorno, com ou sem prazo determinado;
7. Busca-se uma compensação equivalente. É uma expectativa implícita na relação. Entretanto, não significa que isso ocorrerá, porque as partes podem dar um valor diferente para a mesma moeda segundo o grau de necessidade de cada um para obtê-la. Além disso, existem questões de percepções e custos emocionais envolvidos difíceis de mensurar. Muitas vezes uma moeda simples e fácil de ser doada por alguém tem um valor enorme para outro;
8. É legítimo lembrar o outro das vezes que o ajudamos para conseguir o apoio dele quando necessário;
9. Quanto mais específica e valorizada pelo outro, mais poderosa se torna a moeda;
10. Perceba o momento e o local certo para ofertar a moeda. Algumas pessoas, por exemplo, podem se sentir constrangidas em receber uma oferta de moeda(s) na frente de outras.

DEZ FORMAS DE COMO NÃO USAR AS MOEDAS DE TROCA

1. Não deve ser uma chantagem de nenhum tipo;
2. Podemos ter expectativas, mas o outro não é obrigado a nos compensar no futuro. Ele pode se sentir obrigado, mas nós não podemos obrigá-lo. Não pressione;
3. Muitas vezes o outro não "devolve" uma moeda que precisamos simplesmente porque ele não tem ou não pode, e temos que entender isso. Do que adianta obtermos o que precisamos prejudicando o outro?;
4. Não devemos fingir interesse pelo outro oferecendo um tipo de ajuda para manipular uma situação, conseguir o que precisamos e depois descartar a pessoa;
5. Não devemos extorquir, mesmo que de forma indireta, expondo a pessoa em público e ameaçando-a. Atacar o ego de alguém é estupidez;
6. Não devemos pedir apoio fazendo falsas promessas. Oferecendo moedas que não temos e que dificilmente vamos conseguir;
7. Não devemos ser sempre os "tomadores" na relação, ou seja, aquele que sempre pede e nunca está disponível para ajudar;
8. Não devemos exagerar na oferta de moedas para não gerar desconfiança. Lembre-se do ditado popular: "Quando a esmola é demais, o santo desconfia";
9. Achar que aquilo que valorizamos e que achamos importante também é importante para os outros;
10. Não devemos padronizar as moedas para um grupo de pessoas imaginando que todos vão gostar. As pessoas são diferentes, certo?

AS TRINTA MOEDAS MAIS RELEVANTES PARA A CARREIRA

Cohen e Bradford mapearam uma lista com 27 moedas que as pessoas acham mais interessantes no ambiente profissional e as agruparam em cinco categorias: inspiração, tarefas, posição, relacionamento e pessoais.

Inspirado no trabalho desses autores, construí uma lista com 30 Moedas de Troca. Ou seja, ampliei a lista anterior, adaptei alguns significados, substituí algumas moedas por outras e as agrupei em seis categorias com cinco moedas em cada uma:

- Moedas de inspiração;

- Moedas de operação;
- Moedas de posição;
- Moedas de relacionamento;
- Moedas de autoestima;
- Moedas organizacionais.

Na verdade, existem centenas de moedas. Ao entender o conceito central sobre o tema, você poderá criar sua própria lista e adaptá-la a seu contexto para progredir na carreira.

Quadro 10.1 As trinta moedas mais relevantes para a carreira

Moedas de inspiração	
Integridade	Os membros de uma organização tendem a agir de acordo com o que percebem ser ético, moral ou a coisa certa a fazer.
Visão	Preencher a lacuna entre a situação presente e a situação desejada pelas pessoas, estimulando-as a agir.
Coragem	Coragem para enxergar a realidade e agir sobre ela encoraja os outros as enfrentarem os seus medos.
Desafio	Impulsiona as pessoas a superarem os seus limites, lidando com algo que pode criar um marco em sua carreira.
Reconhecimento	Precisamos ouvir dos outros que são competentes na função que exercem e que sua contribuição é valiosa. Dar o crédito a quem merece.
Moedas de operação	
Recursos	Qualquer recurso que gerenciamos e é valorizado pelo outro: pessoas, equipamentos, dinheiro, tempo, informação.
Resposta rápida	Resposta ágil para as demandas. Atender pedidos no prazo. Retornar prontamente os contatos.
Performance	Alto desempenho no papel que exerce, com foco nos resultados e na gestão de indicadores.
Aprendizagem	Possibilidade de aumentar a curva de aprendizagem. Adquirir novos conhecimentos e habilidades.
Informação	Controlar ou ter acesso a fontes confiáveis de informações valiosas que podem ajudar as pessoas a resolverem questões-chave.

Moedas de posição	
Reputação	Desfrutar de uma boa reputação abre portas para participar de fóruns de decisão e momentos estratégicos do negócio.
Visibilidade	A oportunidade de ser notado por superiores e/ou pessoas-chave do negócio.
Status	Posição de destaque na organização e/ou comunidade de negócios.
Carreira	O pedido abre uma oportunidade para a pessoa crescer na carreira.
Autonomia	Quando sua posição pode conferir liberdade e autonomia, estimulando a criatividade do interlocutor.
Moedas de relacionamento	
Confiança	É a moeda de influência, caracterizada pela soma de competência mais integridade profissional.
Contatos	Rede valiosa de contatos que podem apoiar outras pessoas a obterem influência, informação e recursos.
Senso de pertencimento	Possibilidade de fazer parte do círculo íntimo do negócio e se conectar a pessoas importantes.
Elogio	Tecer elogios pelo comportamento e/ou desempenho da pessoa. Elogiar de forma específica, pessoal e genuína.
Gratidão	Agradecer prontamente a todo tipo de apoio, de forma específica e sincera.
Moedas de autoestima	
Abertura	Abrir as portas para que as pessoas se aproximem de nós. Ser acessível às pessoas.
Atenção	Reconhecer a presença e existência da pessoa tirando-a do campo invisível. Ouvir as pessoas. Ouvir mostra respeito.
Aceitação	Oferece compreensão e afeto aceitando as pessoas com suas limitações.
Aprovação	Focar os pontos fortes aprovando e reforçando os comportamentos positivos e os esforços da pessoa.
Apreciação	Valorizar genuinamente a pessoa, fazendo-a encontrar o melhor de si. Elevá-las a um nível mais alto.

Moedas organizacionais	
Compliance	Agir de acordo com as políticas e normas da organização.
Estratégia	Cascatear, disseminar, compreender e conectar a estratégia do negócio com as atividades do dia a dia.
Inovação	Demonstrar capacidade para explorar novas possibilidades, estimulando a criação de valor para o negócio.
Apoio Político	Demonstrar interesse e compromisso em oferecer as suas habilidades sociais e políticas para o bem da organização.
Resultado	Comportamento orientado a resultados. Focar no que é importante e canalizar os recursos da área para atingir os objetivos da organização.

Fonte: O autor.

Para conhecer as moedas mapeadas por Cohen e Bradford na íntegra, inclusive uma lista de moedas negativas, consulte o livro *Influência sem autoridade*.

MOEDAS DE INSPIRAÇÃO

Elas refletem objetivos inspiradores que atribuem significado ao trabalho que uma pessoa faz. São cada vez mais valorizadas pelas pessoas em todos os níveis das relações de trabalho e são essenciais para criar vínculos emocionais duradouros nas redes de relacionamento, o que traz inúmeras oportunidades na carreira.

INTEGRIDADE

Sem integridade não existe influência, existe manipulação. Integridade é uma virtude inspiradora por si só. Mesmo assim, torna-se mais valorizada diante do volume de maus exemplos testemunhados principalmente na vida profissional. É como se recebêssemos autorização para vestir um personagem para entrar no jogo do vale tudo. Ilusão, porque antes do cargo existe uma pessoa. Pessoas que emanam integridade são admiradas, mesmo por adversários e concorrentes que podem discordar das ideias, mas não duvidam do caráter. É pedra preciosa que constrói a reputação de uma carreira no mercado e num mundo cada vez menores.

Provavelmente, a maioria dos membros de uma organização gostaria de agir de acordo com o que percebe ser ético, moral ou a coisa certa a fazer. Mas essas pessoas geralmente sentem que isso não é possível em sua empresa. Justamente pelo fato de exibirem um padrão mais elevado do que só a eficiência ou a conveniência pessoal, elas respondem àquelas solicitações em que sentem que estão fazendo "certo". Sua autoimagem é tal que preferem ficar pessoalmente incomodadas a fazer qualquer coisa que considerem inadequadas. Isso faz que se sintam bem a respeito de si mesmas, de modo que a virtude se torna a própria recompensa. As pessoas se sentem motivadas quando julgam fazer o que é correto e alinhado com seus valores pessoais ao mesmo tempo em que as eximem da culpa.

VISÃO

Cohen e Bradford (2012, pp. 40-9) revelam:

> Talvez seja a maior de todas as moedas. Retratar uma visão estimulante do futuro da empresa, ou do departamento, e transmitir uma noção de como a cooperação de seu aliado vai ajudar a alcançar esse futuro podem ser altamente motivador. Isso poderá ajudá-lo a superar objeções pessoais e inconveniências se você conseguir inspirar o potencial aliado a ver o significado maior que está por trás da sua solicitação.

Mortensen (2010, p. 149), por sua vez, nos traz um aprendizado inspirador sobre essa moeda, ao afirmar que:

> As pessoas compram uma ideia quando percebem que existe uma visão clara e sólida que elas podem "tocar", provar, sentir e ver. As pessoas querem saber: Qual é o plano? Qual é o nosso destino? Qual é a meta? Em outras palavras qual é a visão?

E deixa claro ainda o que essa moeda precisa oferecer: "Sua visão precisa preencher a lacuna entre a situação presente e a situação **desejada** por eles – a posição deles e onde gostariam de estar" (Mortensen, 2010, p. 149).

Não sei como você opera e qual é seu nível de desempenho e compromisso quando precisa trabalhar às cegas. Normalmente são baixos. O ser humano busca sentido naquilo que faz, simplesmente porque dessa forma consegue projetar sua carreira. Quando projetamos nossas carreiras em um futuro inspirador e palpável nos sentimos mais seguros e tendemos a nos entregar por inteiro ao trabalho. Sentimos que temos mais domínio sobre as nossas carreiras, ou seja, não estamos deixando-as à deriva em um navio sem rumo.

Seja qual for sua posição de carreira, corporativa ou não, em cargo de comando ou não, lembre-se de que a visão é uma moeda valiosa para ajudar as pessoas a enxergarem um cenário geral e compreenderem melhor seus destinos. Eu poderia afirmar que uma forte visão alimenta e faz renascer a esperança. A visão dá sentido para as ações.

CORAGEM

É comum no mundo do trabalho esquivar-se de situações difíceis para manter a segurança do emprego ou negócio. Aqueles que se posicionam com coragem, enxergando a realidade como ela realmente é, encorajam os outros a tomarem decisões difíceis, aumentando, com isso, o nível de compromisso dos envolvidos. A coragem ajuda a superar dificuldades e tem a capacidade de operar e modificar uma situação de inércia e improdutividade. Muitas vezes o que falta é uma dose de coragem para reavivar a esperança de todos.

Quando uma pessoa se sente encorajada, é capaz de feitos incríveis e fica energizada para superar qualquer adversidade. E aquele que semeia a coragem em nós torna-se uma pessoa de influência em nossa vida. Tente se lembrar daqueles que o encorajaram a superar os momentos mais difíceis de sua vida e de sua carreira. É difícil esquecer e não ser grato a essas pessoas.

DESAFIO

Cohen e Bradford classificaram originalmente essa moeda na categoria de tarefas, mas a remanejei para moedas de operação. Contudo, tomei a liberdade de transferi-la para a categoria de inspiração por entender que a palavra "desafio" está diretamente ligada a questões emocionais e que impulsiona as pessoas a se superarem para alcançar novos resultados. Segundo os autores:

> A chance de trabalhar em tarefas que envolvam desafios é uma das moedas mais valorizadas nas empresas modernas. O desafio sempre aparece entre os cinco itens mais citados nas pesquisas que avaliam o que os colaboradores acham mais importante em seus trabalhos. Levando ao extremo, algumas pessoas fariam qualquer coisa para ter uma chance de trabalhar em tarefas difíceis (Cohen; Bradford, 2012, p. 42).

Para muitos, é o desafio que fará a pessoa explorar todo o seu potencial, expor o talento e invocar um comportamento acima da média. Conseguir provar que é capaz de realizar algo, em si já é uma grande recompensa. Lembrando que o desafio deve ser compatível com as habilidades e o potencial da pessoa.

RECONHECIMENTO

Dar crédito a quem merece por um trabalho bem-feito representa uma das moedas mais poderosas de influência. Cohen e Bradford (2012, p. 44) afirmam que:

> Muitas pessoas vão se debruçar alegremente sobre um projeto quando acreditam que as suas contribuições serão reconhecidas. No entanto, é impressionante observar quantos não conseguem distribuir esse reconhecimento ao seu redor, ou fazem isso apenas em ocasiões especiais. Provavelmente não é coincidência que praticamente todos os gestores, identificados em grandes pesquisas como os que obtiveram mais sucesso em introduzir a inovação em suas empresas, tenham sido os mesmos que tiveram o cuidado de partilhar esse crédito e repassar os louros assim que a inovação foi implantada. Eles todos reconheceram a importância de retribuir usando essa moeda valiosa.

Almeida (2012, p. 28) define reconhecimento como:

> O ato de tomar conhecimento, aprovar ou apreciar uma atividade ou serviço demonstrando tudo isso para o autor da atividade ou grupo no que está inserido. Além disso, é fornecer um feedback positivo a alguém, que o faz sentir-se bem a respeito do que fez ou está fazendo.

Como existem várias maneiras de demonstrar reconhecimento, poderíamos ter criado uma categoria só para essa moeda. Contudo, pelo significado e poder que ela tem para inspirar alguém à ação preferi deixá-la neste grupo. Outras moedas distribuídas em outras categorias compõem exemplos de reconhecimento: aprendizagem, elogio, aceitação, visibilidade etc. Sempre é válido reforçar que a moeda se torna poderosa quando inspira o outro.

Compartilho uma das frases que mais gosto de Bob Nelson (2007, p. 52) sobre reconhecimento: "Todos aqueles que trabalham recebem um salário, mas nem todos recebem reconhecimento. É por isso que ele é importante para as pessoas".

Quando empresas, gestores e empreendedores possuem recursos limitados para oferecer um salário digno, quando o funil para promoções é estreito, quando as perspectivas para crescer na empresa não são de curto prazo, mais se torna necessário para todos aplicar com criatividade e autenticidade a moeda do reconhecimento.

Completo a apresentação dessa moeda novamente apoiando-me na explicação de Bob Nelson (2007, p. 12):

> Ainda que dinheiro seja importante para os colaboradores, o fator que os motiva a se empenhar de verdade – atingir altos níveis de desempenho – é aquele tipo de reconhecimento cuidadoso e pessoal que revela verdadeiro apreço por um trabalho bem-feito.

MOEDAS DE OPERAÇÃO

Essas moedas estão diretamente ligadas ao cumprimento de um trabalho. Elas dizem respeito à capacidade de uma pessoa de executar suas tarefas ou à satisfação que surge a partir dessa realização. De fazer as pessoas se sentirem úteis e capazes.

RECURSOS

Os recursos são extremamente disputados nas organizações e nos negócios. Atuando como coaching executivo e facilitador de treinamento, percebo como uma sala de reunião ou de treinamento está se tornando cada vez mais um recurso escasso nas organizações. Recursos podem ser: espaço, máquinas, equipamentos, pessoas, tempo, ou seja, tudo o que for necessário para a execução de uma tarefa ou para viabilizar um projeto. Gestores disputam talentos, orçamentos e tempo dos tomadores de decisão. Se você possui recursos e pode fornecê-los, emprestá-los, negociá-los, cedê-los para que as pessoas alcancem os objetivos sem comprometer os resultados, você tem uma moeda valiosa para estimular a cooperação mútua e fortalecer sua rede de influência. Como vimos no capítulo anterior, os recursos se tornam mais valiosos quando escassos na organização.

RESPOSTA RÁPIDA

Responder rapidamente a uma demanda gera credibilidade e denota respeito com a agenda dos outros. Em um mundo cada vez mais repleto de tarefas e compromissos, ser reconhecido como alguém que entrega as tarefas no prazo e que responde prontamente a e-mails, telefonemas ou outros meios de comunicação, abre oportunidades valiosas na carreira. Principalmente considerando que a maioria não faz isso. De todos os exemplos de recursos, um dos mais importantes é o tempo. Simplesmente porque é o único que nenhuma pessoa ou organização tem mais que a outra. Todos possuem a mesma quantidade de tempo para operacionalizar os negócios e tomar as decisões necessárias. O tempo não volta e não é possível comprar mais tempo para entregar a meta do mês ou entregar o objetivo do ano.

PERFORMANCE

Quem domina os processos-chave do negócio e a gestão dos principais indicadores apresenta uma vantagem competitiva na carreira percebida com grande valor. É louvável uma pessoa com garra para o trabalho. Contudo, para apresentar alto desempenho, ela também precisa de uma forte visão de processo, principalmente diante de um cenário cada vez mais competitivo. Performance tem relação direta com a capacidade de execução e o domínio de ferramentas, sistemas e processos, além da habilidade de se relacionar com as pessoas. Em resumo, é a capacidade de um profissional entregar ou superar o que se espera dele.

APRENDIZAGEM

Aprender enquanto se faz. A pesquisa de doutorado realizada por Bob Nelson que deu origem ao seu livro sobre o que os colaboradores mais valorizam como práticas de reconhecimento, revelou o seguinte a respeito do tema aprendizagem e desenvolvimento: o gestor apoiar o aprendizado de novas habilidades (90%); o gestor discutir as opções de carreira com o funcionário (81%); o colaborador ter permissão para desenvolver atividades de aprendizagem (79%); e o gestor conversar sobre aprendizagem após a conclusão dos projetos (66%).

Talvez você possa estar se perguntando: "Que empresa é essa para eu enviar o meu currículo?". A pesquisa revela as aspirações de um mundo ideal de trabalho – mas não quer dizer que isso não ocorra nas empresas. Pelo contrário, sou um dos agentes desse processo de aprendizagem. Uma inquietação que não é só minha é o papel dos gestores nesse processo, mas esse é assunto para outro fórum de discussão. O fato é que as pessoas querem se envolver em atividades que ajudem na ampliação de seus conhecimentos e no desenvolvimento de novas habilidades.

Nelson (2007, p. 84) explica que "um prêmio de treinamento tem dois objetivos: reforçar o comportamento desejável e ajudar o profissional a desenvolver habilidades para aprimorar as suas qualificações". Do ponto de vista da empresa, é óbvio que a expectativa é que o investimento em treinamento seja convertido em resultados para o negócio. Enquanto do ponto de vista do colaborador, além de sentir que está se desenvolvendo, ele pode ganhar um incremento no currículo, principalmente quando no plano de desenvolvimento estão incluídos cursos técnicos ou de pós-graduação em escolas de referência.

INFORMAÇÃO

Informação sempre representou algum tipo de poder. Em meio a uma avalanche de informações, as pessoas estão cada vez mais ávidas por informações segmentadas que as ajudem a resolver questões-chave do negócio. O problema é que temos cada vez menos tempo para nos dedicarmos a essa atividade como gostaríamos. Parece que ficamos sempre com aquela sensação de que falta alguma coisa, de que estamos desatualizados. Toda novidade que chega desperta nossa curiosidade. Queremos saber se a falta de alguma informação nos traz alguma ameaça e quais informações valem a pena buscar e gerenciar para criarmos mais oportunidades na carreira e nos negócios.

Quem consegue antecipar e obter informações adquire várias vantagens competitivas, sendo a principal a tomada de decisão com qualidade e no tempo correto. Informação aumenta nosso poder para influenciar decisões na empresa e nos coloca como um profissional diferenciado que passa a ser observado por aqueles com mais poder que detêm influência no processo sucessório.

MOEDAS DE POSIÇÃO

Essa categoria de moedas reforça a posição de uma pessoa na organização e/ou em sua rede de relacionamento profissional e, assim, indiretamente, amplia sua capacidade de fazer as coisas acontecerem, implementar projetos, conquistar aliados e avançar na carreira.

REPUTAÇÃO

Reputação está relacionada ao legado profissional que estamos construindo. São as marcas que ficam em nossa identidade profissional, percebidas pelas pessoas com as quais nos relacionamos e que construíram uma imagem sobre nós. Essa moeda está intimamente ligada à nossa autoimagem, ao nosso ego. Não desejamos que ela seja ameaçada, assim como os outros também não. Entender a autoimagem de uma pessoa, ou seja, como ela se vê, é a chave para decifrá-la. Owen (2011, p. 56) diz que "uma vez que você entende a autoimagem da pessoa, consegue que ela faça mais ou menos qualquer coisa, desde que isso reforce sua autoimagem", entenda-se também reputação.

Para Cohen e Bradford (2012, p. 44):

> Uma boa reputação pavimentará o caminho para diversas oportunidades, enquanto uma ruim pode rapidamente excluir a pessoa de um projeto ou dificultar o seu desempenho. A pessoa que tem boa reputação vive sendo convidada para reuniões importantes, é consultada sobre novos projetos, e todos a querem do seu lado na hora de vender ideias. Já a pessoa que tem talento, mas passa uma imagem ruim, pode ser ignorada e nem ser convidada a emitir opiniões.

Além de zelarmos pela nossa reputação para que ela abra portas na carreira, temos que ser hábeis politicamente para não ameaçarmos a reputação das pessoas das quais dependemos. Quando as pessoas sentem que sua reputação pode ser afetada, tendem a ser mais resistentes ao processo de influência.

VISIBILIDADE

Em boa parte do mundo as redes sociais crescem exponencialmente, potencializando a necessidade das pessoas de obterem mais visibilidade. A pergunta é: quem tem mais *views*? Esse movimento digital só é mais um sinal da necessidade "narcisista" do ser humano. Apesar do tom de crítica, o objetivo sempre é de compreender a natureza humana, como ela é e não como achamos que deveria ser. Outro contraponto é entender o movimento estratégico por trás da visibilidade. Ela é uma ação de venda, basta lembrarmo-nos da máxima: "Quem não é visto, não é lembrado".

Desde que sejamos éticos, se as pessoas buscam e se importam com visibilidade, se temos a chance de proporcionarmos a elas o que desejam, como em toda oferta de moeda, precisamos de habilidade social para identificar a hora e a dose certa. Para gestores de equipe, o desafio ao lidar com essa moeda é muito maior, porque proporcionar visibilidade mais para uns do que para outros pode ser percebido como favoritismo e gerar um boicote na liderança. Mas, sem dúvida, buscar um lugar ao céu é um movimento natural de carreira. O palco é o local onde podemos expressar nossos talentos e, principalmente, sermos percebidos por pessoas de poder que os desconhecem. Na empresa ou fora dela, no mundo presencial ou digital, precisamos deixar marcas de nossos feitos para gerar mais oportunidades de convites e indicações de trabalho e negócios.

Sobre essa moeda, Cohen e Bradford (2012, p. 44) comentam que:

> Colaboradores ambiciosos percebem que, em uma grande organização ou em sua rede profissional, as oportunidades de trabalhar para ou com pessoas poderosas, ou de ser reconhecidos por elas, podem ser um fator decisivo para a conquista de oportunidades futuras, de informação ou de uma promoção.

Empreendedores sabem que vincular o seu nome ou seu negócio a pessoas, organizações ou associações de prestígio pode gerar várias oportunidades.

É comum nas organizações, instituições de ensino ou qualquer classe profissional as pessoas disputarem espaço para ganharem visibilidade. Todos querem expor os seus talentos e serem reconhecidos pelos influenciadores e tomadores de decisão.

Cabe reforçar que visibilidade não é necessariamente uma moeda valorizada ou desejada por todos. Alguns são mais reservados e querem distância do "palco". Preferem encontrar outro caminho para demonstrarem o seu valor.

STATUS

Mais do que visibilidade, status representa estar em uma posição mais favorável que a de outros, conferindo à pessoa prestígio e reconhecimento social. Essa condição pode trazer vantagens no ambiente de trabalho e na rede de relacionamento ao destacar os atributos que levaram a pessoa a tal posição. Taticamente precisamos identificar quais são os símbolos de status de uma organização e/ou comunidade de negócios para utilizá-los para fazer alianças e conquistar o apoio das pessoas. Status para alguém, por exemplo, é viajar a trabalho com todas as despesas pagas, mas, dependendo do momento da carreira e vida da pessoa, pode ser um sacrifício ter que viajar e ficar longe da família e de sua rotina semanal pós-trabalho.

CARREIRA

Por mais que seja óbvio, cabe ressaltar que todos, ao atenderem a um pedido, podem estar fazendo a seguinte pergunta para si mesmos: "Como esta atividade pode contribuir para minha carreira?" Considero carreira uma moeda de posição por entender que as pessoas precisam investigar as possíveis trilhas de carreira que existem na organização ou no modelo de negócios. Estrategicamente, precisamos saber como o nosso pedido pode apoiar a carreira do outro, ou seja, ele deve perceber que ao atender o nosso pedido terá um ganho em seus objetivos de carreira.

AUTONOMIA

Vivemos um momento em que as estruturas hierárquicas estão ficando mais achatadas e as estruturas de negócio exigem mais dinamismo no processo de decisão e no fluxo de informações. Modelos de negócio mais horizontais e matriciais são tendências mundiais, além de horários flexíveis, equipes remotas, estações de trabalho e *home office*. Todos esses elementos são sinais que apontam para a autonomia do colaborador e a necessidade da formação de equipes autodirigidas. Como consequência, para que o negócio ganhe velocidade e inovação, as pessoas aspiram a um ambiente de confiança e que estimule a criatividade com permissão para decidirem sobre a melhor forma de executarem o trabalho.

MOEDAS DE RELACIONAMENTO

O foco das moedas que pertencem a essa categoria está em fortalecer as relações, criando vínculos mais duradouros e valiosos. Moedas de relacionamento denotam nosso interesse genuíno pelas pessoas.

CONFIANÇA

Podemos observar essa moeda por duas perspectivas: precisamos ser o parceiro de confiança das pessoas que pretendemos influenciar e, ao mesmo tempo, é necessário depositar confiança nas pessoas que trabalham conosco.

Owen (2011, p. 136) e Mortensen (2010, p. 103), respectivamente, concordam que "a confiança é a moeda da influência" e que "a confiança é essencial na persuasão". Ambos admitem que a confiança é a cola que dá credibilidade ao processo de influência e reforçam a premissa da firmeza do carácter e do aprimoramento de nossa habilidade de comunicação para sermos mais congruentes quando interagirmos com nossos interlocutores. Os autores indicam em seus estudos que as pessoas querem confiar umas nas outras. Owen (2011, p. 137) informa que "o dobro das pessoas acredita, em comparação às que não acreditam, que uma pessoa comum fale a verdade". Em geral, as pessoas com quem trabalhamos nos dão esse voto de confiança, a não ser que tenhamos deixado rastros que mostrem o contrário.

Confiança não é só uma questão de caráter. Quando falamos em resultados para o negócio, também é uma questão de competência, ou seja, não basta ser íntegro, o profissional também precisa demostrar capacidade para lidar com as questões técnicas e operacionais da organização. Quando ganhamos a confiança das pessoas, as deixamos mais seguras para atenderem a nosso pedido e, assim, preparamos uma estrada longa de influência na relação.

Inspiro-me muito com os livros de John C. Maxwell. Em *Liderar é influenciar*, o autor traduz da melhor forma o poder dessa moeda: "Se você expressar ceticismo e dúvida com relação aos outros, eles retornarão sua falta de confiança com mediocridade. Mas se você acreditar neles e esperar que obtenham sucesso, eles farão o máximo tentando fazer o seu melhor" (Maxwell, 2011, p. 89).

CONTATOS

Uma pessoa de influência é um profissional com contatos. Um profissional influente não é valorizado apenas por suas capacidades técnicas de influências, mas principalmente pela rede de contatos que pode ser acionada quando necessário. Uma rede de contatos valiosa representa um ativo social que eleva o valor do profissional na empresa e no mercado.

Gosto de exemplificar nos workshops de influência a seguinte situação: toda vez que você disser sim ou não para alguém, não olhe somente a pessoa, olhe para a rede que está por trás dela. Lembre-se: o sim ou o não pode não ser só para ela. Portanto, prepare-se e tente investigar com quem está falando. O mesmo serve para você. É importante que as pessoas saibam de suas relações. Só tome cuidado para não se transformar em um exibicionista sem propósito. Você deve conhecer um pouco de gente assim. Eles gostam de dizer que são amigos de celebridades, políticos, executivos famosos ou empreendedores de sucesso para impressionar. No íntimo, fazemos a seguinte pergunta: "E eu com isso?".

Devemos revelar o valor de nossa rede com um objetivo, não para nos vangloriarmos de nosso ciclo seleto de amigos. E, entre nós, nem todos precisam ser necessariamente nossos "amigos". Basta que exista respeito, admiração, interesse e um objetivo mútuo na relação. Quando as pessoas dizem que são amigas de alguém estão com a intenção de vender para nós uma intimidade que na maioria das vezes não existe. Cuidado para não escorregar nessas armadilhas.

SENSO DE PERTENCIMENTO

Todos nós desejamos fazer parte de uma tribo. Ela nos atribui identidade de grupo ao mesmo tempo que aumenta nossa significância no mundo. O desejo de pertencer é universal. Buscamos nos associar aos outros para nos sentirmos incluídos nas decisões mais importantes. Mesmo quando uma ideia é boa, mas não participamos de sua construção, tendemos a resistir a ela por nos sentirmos menos importantes, por não terem nos consultado. O fato é que quando a ideia nos impacta, todos nós desejamos participar.

Owen (2011, p. 66) diz:

> Quando as pessoas dispõem desse senso de pertencimento, o compromisso é voluntário e elas passam a se autorregular. Não trabalham porque o chefe ordenou, e sim porque não querem desapontar seus colegas nem se desapontar. Quando as pessoas têm um senso de pertencimento, até mesmo o trabalho trivial torna-se significativo.

Cohen e Bradford (2012, p. 45) complementam o entendimento sobre o poder dessa moeda quando afirmam que "para algumas pessoas, fazer parte do círculo íntimo pode ser uma moeda das mais valorizadas. Quem possui essa moeda tem acesso a informações privilegiadas". Além de nos sentirmos importantes por estarmos conectados a uma rede, precisamos do outro como espelho para nossa própria evolução. Concluem os autores:

> A chance de ser incluído em eventos, tarefas ou planejamentos relevantes tem valor em si. Certas pessoas adquirem seu próprio sentido de relevância ao estarem perto de onde a ação acontece, e se esforçam para conseguir esse tipo de acesso (Cohen; Bradford, 2012, p. 45).

O oposto também é verdadeiro, isole alguém do grupo e o seu engajamento tende a diminuir. Pessoas isoladas ou excluídas sofrem emocionalmente e, consequentemente, ficam desmotivadas e improdutivas.

ELOGIO

A crítica gera controle, enquanto o elogio gera compromisso. Elogio é uma das moedas de relacionamento mais poderosas, mas requer cuidado e habilidade. Elogios não devem ser genéricos, devem ser específicos, porque assim parecem ser mais verdadeiros. Um elogio sincero libera energia e anima o espírito.

Giblin (1989, p. 142) explica o poder do elogio nos relacionamentos assim:

> As pessoas desejam receber elogio e apreço em todas as partes: no lar, no colégio, no escritório, na fábrica. Quando damos aos demais o que eles desejam, é muito mais provável que sejam generosos e nos ofereçam o que deles queremos, ou seja, sua habilidade, seu trabalho, suas ideias, sua cooperação, ou qualquer outra coisa.

Na pesquisa que Bob Nelson (2007, p. 21) fez com colaboradores a respeito das formas de reconhecimento, o elogio foi eleito o mais importante. Os colaboradores identificaram quatro formas de elogio pessoal: "receber um agradecimento pessoal pela execução de um bom trabalho" (88%); "ouvir um elogio verbal" (86%); "ser procurado por um gestor para ser elogiado" (82%); e "ser elogiado por um trabalho bem-feito na frente de outra pessoa" (61%). O autor apresenta algumas diretrizes para um elogio eficaz.

O mais breve...	O mais positivo...
O mais sincero...	O mais prático...
O mais específico...	...possível!

GRATIDÃO

O mínimo que esperamos quando atendemos a um pedido ou apoiamos alguém voluntariamente é um sinal de agradecimento. Pessoas mal-agradecidas passam a não serem bem-vistas em seu meio. Há uma convenção social que diz: agradeça as gentilezas. A gratidão é a moeda que gera uma recompensa psicológica automática. Pode parecer tão básica para alguns, que passam a negligenciá-la em suas relações. Contudo, por mais básica que ela possa aparentar, muitas vezes corremos o risco de pagar um preço alto demais por não a praticar. Não basta entender a gratidão como um gesto de reconhecimento pela ajuda alheia, devemos manifestá-la todas as vezes que formos ajudados. Essa moeda está diretamente ligada ao Princípio da Reciprocidade. Digamos que o primeiro ato do senso de obrigação futura é a gratidão. Por incrível que pareça, falar "obrigado" é muito difícil para algumas pessoas, enquanto que para outras o que falta é habilidade. Les Giblin (1989, p. 144), nos ajuda apresentando seis regras para dizer obrigado:

> Seis dicas para dizer "obrigado":
>
> Os agradecimentos devem ser sinceros.
>
> Agradeça de todo o coração. Coloque algo de sentimento e vida. Não deixe que soe como algo rotineiro, mas como algo especial.
>
> Diga-o claramente – não balbucie.
>
> Diga sem temor. Não aja como se estivesse meio envergonhado de que a outra pessoa saiba que você quer lhe agradecer.
>
> Agradeça dizendo o nome próprio.
>
> Personalize o agradecimento, nomeando a pessoa a quem você agradece. Se são várias pessoas as que você deve agradecer, não diga somente "obrigado a todos", mas sim procure nomeá-las.
>
> Olhe para a pessoa que você está agradecendo.
>
> Se ela é digna de que lhe deem os agradecimentos, é também digna de receber atenção.
>
> Faça o propósito de agradecer as pessoas.
>
> De forma consciente e deliberada, comece a buscar coisas pelas quais possa agradecer. Não se limite a esperar até se lembrar. Faça-o deliberadamente até que isso se converta em um hábito.
>
> Agradeça às pessoas quando elas menos esperam.
>
> Um "obrigado" resulta ainda mais eficaz quando a outra pessoa não espera ou não necessariamente pensa que o merece.

MOEDAS DE AUTOESTIMA

A função dessa categoria de moedas é ajudar as pessoas a gostarem mais de si mesmas e apoiá-las a elevarem a autoestima. Para introduzir as moedas dessa categoria, apresento três ensinamentos fantásticos de Giblin (1989, pp. 14-23):

> Cada ser humano constitui uma personalidade única em seu gênero. A força mais poderosa que existe dentro de toda pessoa é conservar essa individualidade.
>
> O alimento do ego tem o mesmo propósito que o alimento do corpo: a conservação de si mesmo. O corpo necessita de alimento para sobreviver. O ego, ou a individualidade de cada pessoa, necessita de respeito, aprovação e uma sensação de conquista.
>
> Um dos desejos universais de cada pessoa é de se sentir importante, conseguir que sua dignidade como ser humano seja confirmada pelos outros, ser valorizado e levado em consideração. Você tem a possibilidade de aumentar o sentimento de estima pessoal da outra pessoa. Tem a possibilidade de fazer com que a pessoa se aceite um pouco mais. Está a seu alcance fazer com que se sinta estimada e aceita.

Sou suspeito, a edição que tenho do livro de Giblin está cheia de anotações, *post-its* e comentários. É um dos autores que mais entende como funciona a natureza humana.

As cinco moedas dessa categoria já foram descritas no Pentagrama de Influência apresentado no Capítulo 7. Peço que volte a ele e as leia com mais detalhe, se sentir necessidade. Nesta seção vou resumir e apresentar de outra maneira como aplicá-las.

ABERTURA

É demonstrando fé nas pessoas, deixando a porta aberta para que se aproximem de você; é ajudá-las a olharem para fora de si mesmas para encontrar uma pessoa de confiança que está lhes estendendo a mão. Se você estiver com a autoestima baixa, é justamente quem mais terá dificuldade em confiar no outro e abrir a porta para que ele se aproxime de seu mundo. Para sermos influentes, precisamos estar bem com nós mesmos.

ATENÇÃO

É reconhecer a presença e existência da pessoa tirando-a do campo invisível. A melhor maneira de dar atenção para uma pessoa é praticando a arte de escutar. Ouvir mostra respeito e atende a uma expectativa humana básica: ser notado. Em um mundo onde as pessoas estão carentes de atenção, essa moeda tem um valor que não pode ser desconsiderado, principalmente na correria do mundo do trabalho, onde as pessoas nem mais olham umas para as outras durante uma conversa. Agir de maneira atenciosa em um mundo repleto de desatentos coloca-nos numa posição diferenciada nos relacionamentos.

ACEITAÇÃO

Todo mundo quer ser alguém. Aceitação é entender as pessoas para que possamos ajudá-las a lidar com as próprias dificuldades e realizar seus sonhos. É oferecer compreensão e afeto aceitando as pessoas com suas limitações, permitindo que elas sejam elas mesmas em nossa presença. A vida já é muito dura para a maioria e tudo o que as pessoas menos querem é mais alguém para julgá-las. Quando acolhemos a pessoa permitindo que ela não precise representar um papel em nossa presença, damos um passo enorme para conquistá-la. É mais fácil influenciar uma pessoa que se sente respeitada e aceita. Pessoas que estabelecem normas rígidas, impondo sua régua do que é justo e razoável, dificilmente servirão como ponto de referência para quem busca aceitação e terão pouco poder de influência.

APROVAÇÃO

É fazer a pessoa perceber o que tem de bom. Identificar comportamentos que comprovam que ela está no caminho certo. Entender da natureza humana é compreender que todos buscam aprovação de alguma forma, almejam ser significativas e serem bem vistas pelos outros. Enquanto a aceitação tem uma ênfase "negativa" em acolher a pessoa apesar de suas falhas, a aprovação visa destacar os aspectos positivos das pessoas.

APRECIAÇÃO

É o ato de engradecer as pessoas para aumentar seu potencial. Em um mundo altamente competitivo, vivemos mais em comparação do que em relação com os outros. Existe uma tendência de depreciarmos as pessoas, ou seja, diminuir o valor delas para nos sentirmos melhor. A apreciação tem o sentido oposto, o foco está em apreciar, isto é, ascender em valor a outra pessoa para que ela se sinta melhor. É ajudá-las a crescer, a subir para outro nível. É manifestar apreço pelos talentos únicos e especiais que só a pessoa tem, por mais que sejam limitados segundo a exigência de outras pessoas. É entender que o máximo que ela pode oferecer já é tudo o que ela tem. Apreciar aumenta a capacidade da pessoa para aprender e crescer.

MOEDAS ORGANIZACIONAIS

As categorias de moedas apresentadas anteriormente estavam focadas nas pessoas que você precisava influenciar. Naturalmente, além das pessoas, é necessário ter um olhar estratégico sobre o cargo e/ou posição que ela ocupa na organização e no mercado para entender em que momento ela está, o que ela não quer e o que ela necessita.

As moedas organizacionais dão um passo além e são extremamente poderosas, pois institucionalizam seu pedido, dando a ele uma roupagem mais profissional e legítima.

Segundo Cohen e Bradford (2012, p. 52), as moedas organizacionais (os autores chamam de corporativas) são menos diretas, pois focam oferecer benefícios para o departamento ou para a empresa. As moedas que geram valor para a organização são apreciadas por não darem conotação de que você está querendo promover trocas para atender exclusivamente a seu interesse pessoal. Os autores argumentam que "ao mesmo tempo, a pessoa ganha a satisfação psicológica de 'ser do bem' ou de 'fazer a coisa certa', que são moedas nem um pouco triviais".

Algumas pessoas tendem a ser mais resistentes se interpretarem que seu pedido visa a um benefício pessoal. Se tudo o que fizermos for para servir a nossos próprios interesses, então poucos sentirão que podem confiar em nós.

Outra observação é que as moedas organizacionais devem ser adaptadas à linguagem cultural da empresa. Portanto, entre um empregador e outro, entre um cliente e outro, devemos perceber quais são os valores (reais) que são praticados e defendidos pelos interlocutores.

Como nos outros grupos, são diversas as moedas organizacionais. Selecionei cinco que julgo serem as mais relevantes. Você pode criar sua própria lista adaptada ao seu contexto.

COMPLIANCE

Essa moeda recebeu uma atenção nacional e mundial nesta década devido aos vários escândalos de grandes corporações pelo mundo e os efeitos da Operação Lava Jato no Brasil. As empresas e os institutos enrijeceram políticas e normas para protegerem os negócios. Agir de acordo com o *compliance* corporativo ou do setor promove segurança jurídica e institucional nas relações de trabalho e negócio. As pessoas querem ter garantias de que estão fazendo o que é correto para não colocarem a sua reputação, emprego ou organização em risco. Deixar claro que seu pedido segue as normas e políticas da organização favorece a chance de ele ser atendido.

ESTRATÉGIA

Para ascender na carreira e estabelecer diálogos mais inteligentes, todo profissional deveria aprimorar a visão estratégica. Quanto maior o cargo ou a responsabilidade por um projeto de negócio, mais importante se torna a competência de olharmos o negócio a longo prazo. Quem possui miopia organizacional e de mercado acaba, muitas vezes, defendendo somente o próprio território sem se preocupar com o futuro da organização.

A moeda de estratégia gera vantagem competitiva na carreira, pois coloca o profissional do presente no futuro, enquanto alguns só conseguem enxergar o curto prazo e automaticamente serem vítimas da mudança.

INOVAÇÃO

Inovação é a capacidade de transformar uma ideia criativa em valor para o cliente. Dificilmente uma organização não aprecia essa competência, pois ela se tornou um fator crítico para o futuro de qualquer negócio. Pesquisar, entender e acompanhar as tendências de inovação do setor é uma exigência para qualquer profissional que visa evoluir na carreira e no negócio. Contudo, apesar do discurso de inovação e de toda a pressão de mercado, muitas pessoas e culturas ainda resistem a ela pelo simples e velho medo da mudança.

Inovação, mais do que inteligência, é uma atitude. É necessário coragem para ser diferente, romper com velhos paradigmas para gerar valor para quem precisa. É um olhar diferenciado centrado na necessidade do outro. É a busca incessante pela descoberta de novas possibilidades. Quem apresenta esse comportamento nas organizações tem vantagem competitiva na carreira diante de outros competidores presos ao *status quo*.

APOIO POLÍTICO

É a habilidade social para entender a dinâmica de poder na organização e no ambiente de negócios e atuar como um agente influenciador para fazer as coisas acontecerem, fornecendo apoio para as pessoas e os projetos que de fato representam valor para o negócio. Significa se conectar e entender o mundo das pessoas e entrar em situações difíceis para mediar conflitos, diminuir tensões e apoiar os envolvidos a enxergarem com mais clareza os interesses comuns e as oportunidades de desenvolvimento. Essa competência relacional, para alguns, muitas vezes ocorre de forma invisível. É natural que primeiro as pessoas defendam seus interesses e enxerguem somente seus pontos de vista sobre determinada situação. Na maioria das vezes, as pessoas estão até sendo autênticas e bem-intencionadas. Contudo, possuem um quociente político baixo e olham somente aspectos técnicos e operacionais. Essas pessoas também são extremamente importantes para o negócio e precisam, muitas vezes, do apoio político de quem detém essa habilidade para conectar as melhores pessoas, ideias e projetos para o bem da organização.

RESULTADO

Entre nós, na hora da verdade, todas as moedas organizacionais anteriores são colocadas em xeque quando os resultados não acontecem. Por uma questão de lógica, toda organização precisa de resultados para justificar a existência. Sem eles, mesmo uma missão nobre de servir a sociedade não sobrevive. Orientação para o resultado é uma competência que indica que devemos começar do fim para o começo. Todos os esforços e recursos devem ser mobilizados visando um objetivo comum. Por mais que reconheçamos a importância de todas as outras categorias de moeda, uma organização não é um clube de amigos, é um instituto criado para servir a sociedade e gerar valor para as pessoas de forma eficiente.

Sem resultado as contas não são pagas, pessoas são desligadas, fornecedores são prejudicados e todo o ecossistema do negócio entra em falência. A arte dos negócios está em encontrar o equilíbrio entre a ganância e o lucro exagerado com a missão e a qualidade de vida de todos os envolvidos.

FECHANDO A CAIXA DE FERRAMENTAS

Com as Moedas de Troca fechamos a caixa de ferramentas propostas neste livro. Lembrando que exploramos no Capítulo 8 as seis bases de poder e as onze táticas de influência, no Capítulo 9 apresentamos os seis princípios de persuasão e neste capítulo as trinta Moedas de Troca agrupadas em seis categorias. Todas essas ferramentas combinadas e selecionadas de acordo com o perfil da pessoa ou grupo que você pretende influenciar constituirão o Mapa de Influência.

Cuidado com as moedas negativas e com o desequilíbrio no processo de trocas. Não seja percebido pela sua rede como um tomador de moedas ganancioso, que dá as costas para as pessoas depois que consegue o que quer. Pense ao contrário, seja um doador e confie no Princípio da Reciprocidade.

Aprenda a investigar o mundo do outro e decifrar o interesse das pessoas para ser assertivo na entrega das moedas. Lembre-se de que a melhor maneira de entender as pessoas está na habilidade de comunicação usando as seguintes dicas básicas:

- Conecte-se com as pessoas por meio da empatia;
- Faça perguntas abertas, inteligentes e estimulantes para entender o mundo delas;
- Pratique a escuta ativa;
- Só então teste a efetividade das moedas, apresentando-as na linguagem que o interlocutor entenda;
- Posicione-se do início ao fim como um parceiro de confiança, interessado em construir benefícios mútuos na relação.

Para aprofundar-se no conceito das Moedas de Troca, recomendo fortemente a leitura do livro *Influência sem autoridade*.

CONVERSAS INFLUENTES

Convidado: Allan Cohen
Biografia: Professor da Babson College e coautor do livro *Influência sem autoridade*

Gianini – De todas as táticas que um profissional pode utilizar para influenciar alguém, a troca sempre estará presente, pois mesmo que inconscientemente todos buscam alguma recompensa no que fazem. Entretanto, por que muitos entendem essa tática como barganha ou chantagem?
Allan Cohen – As pessoas entendem isso mal porque não se trata de buscar recompensa, mas sim de descrever um processo natural de reciprocidade. Isso é construído na interação humana. As pessoas naturalmente esperam retribuir quando algo é feito para elas e esperam algum tipo de retorno quando fazem algo pelos outros. É compreensível quando há um relacionamento em que esse

retorno não seja consciente ou pensado. A reciprocidade não é uma forma de barganha ou chantagem, é apenas o movimento natural de dar e receber. Com amigos e bons colegas, só é notado quando a outra parte, ao longo do tempo, não retribui de alguma maneira razoável. Em todas as culturas isso se revela verdadeiro e aparece com crianças pequenas. Lembre-se de que o "pagamento" pode não ser mais do que um sorriso, uma palavra de agradecimento, a disposição de fazer um favor em algum momento no futuro – não necessariamente um reembolso imediato. É simplesmente natural levar em conta que as relações funcionam com o dar e o receber da reciprocidade. Dar um nome a esse processo natural pode deixar algumas pessoas desconfortáveis porque acham que é uma barganha, mas só se torna assim quando a outra pessoa não nos conhece muito bem. Em minha opinião, qualquer outra tentativa de ter influência, como reivindicar perícia, apelar à razão, argumentar mais alto e mais difícil, ser particularmente simpático ou carismático, etc., são formas de oferecer algo (potencialmente) valioso para a outra pessoa. Observar o processo subjacente de troca ou reciprocidade apenas ajuda a focar a necessidade de pensar sobre o que é importante para a outra pessoa.

Gianini – O que fazer quando o influenciador não tem as Moedas de Troca que interessam ao outro e ao mesmo tempo precisa muito da cooperação dele para avançar com o trabalho?
Allan Cohen – Estou partindo do pressuposto de que o influenciador não tem autoridade para ordenar a cooperação. A coisa a fazer é então descobrir o que a outra pessoa ou grupo se importa ou valoriza. Raramente isso é apenas uma coisa, embora os influenciadores às vezes só possam pensar em uma "moeda" óbvia de forma fixa. Para ajudar no diagnóstico, eles podem pensar sobre a situação da outra parte: a natureza de seu trabalho, as pressões e demandas, o que os chefes deles esperam, como são avaliados e recompensados, o que os colegas esperam deles, a educação e treinamento que tiveram e o que lhe chama a atenção disso, a cultura do grupo de trabalho e da organização, a história do relacionamento e o que poderia estar causando preocupação à outra parte e assim por diante. Esse tipo de diagnóstico pode frequentemente sugerir o que pode realmente ser importante e o que o influenciador pode precisar fazer ou oferecer, ou a forma de moldar a linguagem usada na conversa, a fim de ajudar a outra parte a perceber que há um benefício para ela cooperar. Olhar para isso do ponto de vista da parte a ser influenciada pode ser extremamente útil para desbloquear possibilidades não vistas e a princípio valiosas ou razoavelmente atraentes para a outra parte. Não é inconcebível que nunca haverá algo que o influenciador tenha ou que a outra parte queira ou valorize, mas fazer esse tipo

de diagnóstico e pensar sobre isso da maneira que descrevi muitas vezes leva à possibilidade de resolver alguma coisa. Alternativamente, pode ser possível trazer um terceiro que tenha o que é desejado e fazer uma coalizão de forma que todos ganhem.

Gianini – Quais os dois principais desafios em mapear o universo da pessoa que pretendemos influenciar?

Allan Cohen – O primeiro maior desafio é deixar de lado nossos próprios preconceitos e preocupações com o que queremos e tentar enxergar o mundo do ponto de vista da outra pessoa. Muitas vezes estamos tão apegados com o que é importante para nós que não paramos para perguntar qual é a situação da outra pessoa e como seria a sensação de estar em seu lugar. Às vezes, apenas conversar com um terceiro pode ajudar a enxergar a perspectiva de alguém.
O segundo maior desafio é, provavelmente, se sentir desconfortável com a ideia de que, se eu me permitir entender a situação e o universo da outra pessoa, posso perceber que a minha posição não é perfeita e tenha que ser mudada para que os meus sentimentos sobre a outra parte também mudem. Pode ser difícil admitir que algo da minha parte possa ter sido tendencioso e consequentemente bloqueado um ponto de vista que não tenha sido útil. Isso pode estar causando problemas que tendem a aumentar a resistência da outra pessoa.

Gianini – No Brasil existe uma questão cultural que gera antipatia pela expressão "Moedas de Troca". Por essa razão encontro certa resistência dos participantes de workshop quando a uso. Eles resistem porque a entendem como uma tática suja para chegar ao objetivo. Como o professor lidou com situações similares nos workshops que conduziu?

Allan Cohen – As moedas são apenas uma metáfora do que as pessoas valorizam. Se alguém acha que descobrir o que outra pessoa valoriza é uma tática suja, eu perguntaria se enganar uma pessoa para aceitar a sua tentativa de influência é uma tática menos suja. Como eu entendo a cultura brasileira, há uma grande ênfase em sutilmente manobrar outras pessoas para fazer o que você quer por meio da bajulação. Perdoe-me se isso é apenas um estereótipo, embora eu certamente tenha visto isso em ação. Se eu estou correto, como isso poderia ser menos "sujo"? E se é isso que é usado, não é outro tipo de tentativa de trocar moeda, acariciando o ego da outra pessoa em troca de cooperação? Acho que no treinamento seria útil pedir às pessoas exemplos do que fazem para conquistar a cooperação dos outros e depois usá-los para ilustrar exatamente esse problema.

Gianini – No Brasil a questão da hierarquia ainda é muito forte. Quando converso com meus clientes de coaching sobre a possibilidade de eles influenciarem o chefe, eles normalmente sentem um grande bloqueio. Quais dicas o professor poderia deixar para os leitores do livro sobre como influenciar o chefe e/ou as pessoas mais poderosas na organização?

Allan Cohen – Tenho duas respostas curtas, além da recomendação de ler o que já escrevemos sobre esse assunto em *Influência em autoridade*. A primeira resposta está contida na pergunta acima. Os chefes que se importam muito com a hierarquia geralmente querem ter certeza de que sua posição é respeitada, de que alcançarão seus objetivos, de que receberão lealdade de seus subordinados e de que estes buscam se antecipar aos problemas, que vêm com soluções e não apenas reclamações ou problemas, e assim por diante. À medida que passam a enxergar a realidade dessas situações, é possível dar um passo consistente de como influenciar os chefes ou outras pessoas poderosas. Sempre pense no que o chefe se preocupa. Amarre sua abordagem e o que você diz aos objetivos do chefe e da organização. Mostre como você irá ajudá-lo a alcançar o que é importante aos olhos dele ou dela. Pense em como o chefe gosta de se comunicar. Entradas curtas e concisas? Análises longas antes das conclusões? Reuniões exploratórias informais? Honre o estilo de comunicação, mesmo que não seja o seu favorito. Pense no tipo de informação que o chefe gostaria de ter para se sentir à vontade – com o chefe dele ou outros agentes do negócio – e dê isso antes mesmo de ser perguntado. Em outras palavras, tente olhar o mundo através da perspectiva e das preocupações do chefe, e se você puder descobrir o que é importante, entregue isso em troca do tipo de resposta que você precisa para entregar o seu trabalho e avançar na carreira.

RESUMO DO CAPÍTULO

Objetivo do capítulo
Apresentar o conceito e as seis categorias de Moedas de Troca.

Moedas de Troca

- Dez características das Moedas de Troca;
- Dez formas de como NÃO usar as Moedas de Troca;
- As trinta moedas mais relevantes para a carreira;

- Categorias de Moedas de Troca: inspiração, operação, posição, relacionamento, autoestima e organizacionais.

Fechando a caixa de ferramentas

Conversas influentes

Próximo capítulo

O próximo capítulo conclui o livro explicando como elaborar o Mapa de Influência, combinando poderes, táticas de influência e Moedas de Troca para aumentar a efetividade durante o processo. A aplicação do Mapa de Influência é direcionada para influenciar os principais *stakeholders* que podem impactar uma carreira: gestores, pares, equipe e parceiros. O Mapa de Influência é um instrumento poderoso que nos ajuda na preparação – "amolar o machado" – para a ação de influência.

QUESTÕES PARA DEBATE

1. Quais os principais cuidados na aplicação das Moedas de Troca na carreira?
2. Quais os principais benefícios na aplicação das Moedas de Troca na carreira?
3. Quais moedas são as mais valiosas de acordo com o contexto e momento de carreira?
4. Quais são as moedas que você mais valoriza e que impactam seu comportamento no trabalho?

CAPÍTULO 11

APLICAÇÕES DE INFLUÊNCIA NA CARREIRA

> Influência é um processo de conquista, não de disputa.
> *Gianini Ferreira*

OBJETIVO DO CAPÍTULO

O objetivo deste capítulo é ajudar você a construir sua própria trilha de carreira, organizando e fornecendo dicas de aplicação das principais ideias e ferramentas de influência apresentadas no livro. Tem-se também a ambição de estimular você a praticar a aprendizagem ativa, com sessões interativas que o levarão a responder roteiros de perguntas e aplicar as ferramentas de influência adaptadas ao seu contexto.

Enfim, este último capítulo não é um resumo, mas de certa forma vamos resgatar algumas premissas-chave para visualizar o todo.

Serei enfático e firme em relação aos pontos que não podemos titubear. Vamos juntos?

COMO APROVEITAR AO MÁXIMO ESTE CAPÍTULO

Aprendi na vida que, quando adotamos um método nos tornamos mais efetivos. Você tem a liberdade de seguir ou não minha sugestão, porque sabemos que as pessoas aprendem por caminhos diferentes. Independente do método, se você chegou até esta parte do livro, confio que tenha um compromisso com a carreira e fará o possível para pôr em prática tudo o que estiver a seu alcance.

Leia este capítulo pela primeira vez respondendo mentalmente às perguntas, refletindo e projetando possibilidades. Dessa maneira, você não interromperá a leitura e construirá uma visão do todo. Com todas as peças encaixadas, releia o capítulo e interaja de maneira mais estruturada para construir seu caminho de influência na carreira. Recomendo um caderno para anotações e respostas.

VOCÊ INFLUENTE

Todos, de alguma forma, exercem influência. Todo ser humano causa impacto na vida das pessoas. Dentro e fora da empresa, em nosso histórico, ao nos conectarmos com outras pessoas exercemos alguma influência. Contudo, sem acesso aos estudos sobre o assunto, praticamos aleatoriamente e sem saber que existiam ferramentas poderosas que poderiam ter tornado nossa vida mais fácil. A proposta deste livro é mudar essa situação e colocar você no centro da influência, apoiando-o a usar essa competência para avançar na carreira, partindo do ponto em que está.

Toda carreira tem seus desafios, e toda empresa apresenta obstáculos, tensões e insatisfações. Toda organização é um sistema de interação social e político que pode gerar satisfação, recompensa, medos e conflitos. É natural reclamar de onde estamos. Quando estava no mundo corporativo, era comum ouvir nos corredores frases assim: "Nesta empresa acontece de tudo", "Só nesta empresa mesmo", "Olha, vou te falar, tem coisas que só acontecem aqui". Também me lembro de na época ter reproduzido essas crenças. Se você já tem um tempo de estrada como eu, sabe que toda organização, independente do porte ou segmento, é uma teia de relacionamentos previsível. O problema é que criamos expectativas irreais e nos frustramos rapidamente por idealizar o mundo que gostaríamos. E, quando as coisas dão erradas, deixamos escapar a velha frase: "Mas não deveria ser assim". Indo direto ao ponto e sem quebrar a sua esperança, a questão não é se deveria ou não ser assim, mas sim ter consciência e inteligência para reconhecer rapidamente as coisas como elas são e ter coragem e habilidade para operar nessa realidade. Ser protagonista exige que aprendamos a influenciar o sistema em vez de lutar contra ele.

Para ser influente, você precisa ser o parceiro de confiança das pessoas que pretende influenciar. Confiança e credibilidade representam os principais objetivos a serem conquistados em qualquer relação. Por mais que nos achemos pessoas de confiança, isso importa pouco. Temos de ser consideradas pessoas de confiança pelos outros.

Os conceitos e ferramentas abordados neste livro, em especial os que são tratados neste capítulo e no apêndice, servem para qualquer tipo de carreira. Todos possuem um grupo de *stakeholders* que precisam influenciar.

CONSTRUINDO A PRÓPRIA HISTÓRIA DE CARREIRA

Conforme ilustrado na Figura 11.1, o influenciador começa pelo fim. Este é um dos componentes da mentalidade do influenciador: "Onde quero estar?". Das três perguntas a seguir, essa é a primeira a ser respondida, as demais ganham significado e vida somente quando visualizamos um futuro desejado. A partir de agora essas perguntas o ajudarão a contar o restante da sua própria história de carreira.

1. Onde quero estar?
2. Onde estou?
3. Como chegarei lá?

Figura 11.1 Trilha de Carreira

Fonte: O autor.

ONDE QUERO ESTAR?

Essa pergunta nos impulsiona para o futuro e nos leva a pensar em perspectiva. O foco no resultado esperado traz vários benefícios, entre eles assumir desde já a responsabilidade pelo próprio destino. Como vimos no Capítulo 5, não cabe ao influenciador o papel de vítima, certo?

A ideia de afirmar que somos totalmente responsáveis por nosso destino pode ferir algumas crenças religiosas por interpretarem que estamos negando, segundo seu ponto de vista, nossa dependência de Deus sobre o futuro. Entendo e respeito, porque inclusive faço parte daqueles que dobram os joelhos e pedem proteção e discernimento a Deus para as principais decisões. Contudo, não devemos responsabilizar Deus por nossas escolhas. A muleta espiritual talvez seja a mais difícil de ressignificar quando o tema é protagonismo.

Gosto da frase atribuída a Gabriel Pensador sobre esse tema: "Não adianta olhar para o céu com muita fé e pouca luta".

Portanto, pegue neste momento tudo o que é seu, deixe o que não é seu, organize sua bagagem e vamos viajar rumo ao destino desejado.

Além de responder onde deseja estar, para deixar mais tangível o exercício de projeção, é fundamental que você seja o mais específico possível e determine um prazo.

Pense grande, mas não deixe o otimismo beirar a loucura, de tal forma que nem mesmo seu coração acredite. Se você realmente deseja algo, tem que desejá-lo de todo o coração.

Exemplos:

- Desejo estar na posição de diretor de marketing em uma empresa multinacional, no Rio de Janeiro, até dezembro de 2022.
- Desejo estar na posição de coordenador do curso de pós-graduação em uma instituição de ensino renomada, em São Paulo, até junho de 2021.
- Desejo estar em uma carreira internacional, na posição de coaching e conferencista educacional, atuando principalmente no mercado norte-americano, até outubro de 2025.
- Desejo atuar em duas carreiras paralelas: como professor de educação física do ensino superior e empreendedor na área de personal trainer, na região da Grande BH, até dezembro de 2023.

Se não conseguir ser tão específico, coloque o mais próximo do que deseja.

Agora é com você!
Faça o Exercício 1 – Objetivo de carreira no Apêndice.

Sobre o prazo, ele nos ajuda a olhar para a linha do tempo de trás para frente e edificar o que precisa ser feito – etapa por etapa para garantir o alcance do objetivo. Deixo como exemplo o projeto deste livro:

Desejo estar na posição de autor, lançando meu primeiro livro por uma editora renomada, cujo título é Influência na carreira, em uma livraria de referência na cidade de São Paulo, com um público rotativo de no mínimo oitenta pessoas, em 10 de outubro de 2018.

Quadro 11.1 Linha do tempo: onde quero estar?

01/03/17	20/03/17	15/05/18	20/05/17	31/12/17	05/02/18
Começar a escrever o livro com cerca de duzentas páginas. Definir objetivo e sumário do livro *Influência na carreira*.	Fazer os apontamentos das principais bibliografias disponíveis.	Consultar a opinião de alguns consultores sêniores sobre o projeto.	Escrever sete capítulos do livro.	Apresentar o projeto do livro para algumas editoras renomadas.	Fechamento de contrato com uma editora renomada.
04/04/18	**15/05/18**	**10/06/18**	**15/09/18**	**20/09/18**	**10/10/18**
Conclusão do livro.	Fechamento do projeto gráfico.	Agendar o lançamento do livro em uma livraria de referência em São Paulo.	Entrega dos livros pela gráfica.	Enviar duzentos convites para o lançamento.	Lançamento do livro.

Fonte: O autor.

O objetivo de carreira para sair da imaginação e começar a se tornar algo concreto deve usar a técnica **SMART**.

Quadro 11.2 Técnica SMART

S (específico)	Livro *Influência na carreira*. Duzentas páginas. Editora renomada. Livraria de referência em São Paulo. Duzentos convites, oitenta convidados. Lançamento em 10/10/18.
M (mensurável)	Número de páginas para escrever em média por semana. Número de convites, confirmações e cálculo de *no-show* para lançamento.
A (atingível)	Projeto factível por já ser reconhecido como especialista no tema e possuir uma rede de parceiros para apoiar o acesso a editoras renomadas.
R (relevante)	É o projeto mais importante de minha vida, pois além de compartilhar um conteúdo relevante, o livro me ajudará a fazer a próxima transição de carreira, posicionando-me oficialmente como autor e palestrante.
T (temporal)	Estabelecer um prazo tornou o livro a principal prioridade de 2017/18, levando-me a abrir mão de outros trabalhos para cumpri-lo. O dia 10/10/18 é a data de meu aniversário.

Fonte: O autor.

Ao analisar o quadro que aplica a técnica SMART ao projeto do livro, você acha que o organizei cem por cento da forma em que está antes de começar a escrever o livro? Sendo sincero, não! Contudo, os principais elementos sim. Outros pontos foram surgindo de forma orgânica durante o processo. Mas a partir do momento em que assinei o contrato com a editora, tudo ganhou forma em poucos minutos na reunião de planejamento. Como consultor, conheço e ensino a meta SMART há tempos, portanto isso facilitou o processo de extrair todas as informações pendentes que já estavam incubadas em forma de desejos.

Se você me perguntar como deve organizar seu planejamento, responderei que a escolha é sua, mas que use a técnica SMART para preencher o quadro o máximo que conseguir e que o mantenha na parede de seu espaço de trabalho, na geladeira de sua casa ou onde preferir.

> **Agora é com você!**
> Faça o Exercício 2 – Técnica SMART no Apêndice.

Utilizo com frequência as técnicas da linha do tempo, começando do fim para o começo, e a SMART nas sessões de coaching de carreira e ambas sempre se mostraram eficazes para apoiar os coachees (clientes de coaching) a alcançarem os objetivos de carreira.

ONDE ESTOU?

Chegou o momento de olhar para a realidade da situação atual com objetividade. A realidade em que você está agora é fruto das escolhas do passado. Concorda? Cuidado com as muletas!

Quero convidá-lo a fazer uma breve retrospectiva pelo livro para exercitar o autoconhecimento, respondendo a um breve checklist para alimentar sua trilha de carreira. Responda a algumas perguntas-chave sobre cada capítulo para acompanhar o caminho lógico que desenhei para chegar até este momento.

As respostas darão as primeiras diretrizes para o futuro. Cem por cento das pessoas que estão lendo este livro durante o processo de leitura trazem um pensamento comum: "Muita coisa seria diferente se eu tivesse tido acesso a esse conteúdo antes". Se você também teve essa sensação durante a leitura, o próximo exercício tende a reforçá-la. Eu mesmo me sinto assim. Porém sinta a sensação sem perder muito tempo com ela. Vamos em frente!

Agora é com você!
Faça o Exercício 3 – Retrospectiva com perguntas
de carreira no Apêndice.

CHECKLIST DO PATRIMÔNIO DE CARREIRA

Se não respondeu às perguntas da retrospectiva do livro, tudo bem. O importante é que você tenha refletido, ainda que brevemente, sobre elas. Contudo, para qualificar e aprofundar seu projeto de influência na carreira, não deixe de respondê-las posteriormente.

Avançando, vamos fazer um checklist de seu patrimônio de carreira, ou seja, o saldo das escolhas e relacionamentos construídos no passado que o trouxeram até este momento. Dependendo de seu tempo de experiência, talvez você ainda não tenha subsídios para completar todas as situações do checklist ou pode ser o contrário e você tenha tanta bagagem que precisará priorizar as principais informações.

Reconhecer o estado atual requer, além de autoconhecimento e humildade, uma boa dose de franqueza consigo mesmo. A tendência deste exercício é tocar em algumas emoções e é bom que isso aconteça. Nossa memória afetiva é a mais forte que temos. Aproveitando o exercício, caso tenha alguma questão mal resolvida consigo mesmo, liberte-se de toda a culpa e torne o perdão algo prático, começando com a parte mais difícil, perdoar a si mesmo.

> **Agora é com você!**
> Faça o Exercício 4 – Checklist do patrimônio de carreira no Apêndice.

Parabéns! Até este ponto você já fez grandes avanços e explorou ao máximo os exercícios. Reconheço que este capítulo está exigindo muita energia mental e a visita a algumas emoções boas e outras nem tanto. Mas, reiterando, como o tema de carreira representa a área que mais ocupa seu tempo de vida, seja de preocupação seja de dedicação, você está lapidando seu propósito de vida em relação ao trabalho. Seja firme e vamos juntos até o fim.

COMO CHEGAREI LÁ?

1. PREPARAÇÃO

FERRAMENTAS DE INFLUÊNCIA
Todo projeto requer três etapas básicas: 1) Preparação; 2) Aplicação e 3) Avaliação e próximos passos. Desde o início deste capítulo, enveredamos para a etapa de preparação. A partir de agora, continuaremos com ela dando foco aos princípios e ferramentas de influência.

MATRIZ DE INFLUÊNCIA NA CARREIRA
Tenho usado com frequência essa matriz nas sessões de coaching de carreira. Ela cai como uma luz na mente de meus clientes e o impacto é imediato. Se você quer prosperar na carreira, precisa entender quem são as pessoas-chave que precisa influenciar. Estas não são as únicas, mas esquecer delas é fator decisivo para ficarmos estagnados.

Quadro 11.3 Matriz de Influência na carreira

Chefe (Mais gestores de níveis acima)	Pares (Competidores × parceiros)
Equipe (Direta ou indireta)	RH (Mais comitê de pessoas)

Fonte: O autor.

A matriz anterior deixa claro quais são as pessoas-chave que você precisa se preparar para influenciar. Elas representam a rede primária de influência. O Quadro 11.3 representa a Matriz de Influência convencional para quem atua no mundo corporativo. Essa mesma matriz pode ter diversas características distintas dependendo do porte da empresa, do modelo de negócio e das diversas mudanças nos modelos de trabalho. Por exemplo, alguns gestores lideram equipes remotas, ou seja, à distância. Os membros dessa equipe estão espalhados regionalmente, com papéis similares ou não. Alguns atuam dentro da estrutura do cliente e fazem parte de uma equipe mista que possui um chefe do cliente liderando a equipe, sujeita às regras e cultura do cliente. Eles muitas vezes se veem em conflito ao ter que atender às diretrizes de liderança entre o chefe formal e o chefe do cliente. Esse é apenas um dos exemplos possíveis.

Migrando para outro exemplo de carreira, vejamos no Quadro 11.4 como seria a Matriz de Influência de um professor universitário.

Quadro 11.4 Matriz de Influência do professor

Chefe Coordenador do curso (Diretores/dono)	Pares Professores (Do mesmo ou de outros cursos)
Equipe (Secretaria, setor de multimídia, de manutenção etc.)	Clientes Alunos

Fonte: O autor.

No exemplo de carreira de professor, você poderia considerar o coordenador do curso, o diretor da escola e o dono da escola no campo "Chefe", os demais professores que atuam em seu curso como "Pares" e, dependendo da disciplina que lecionam, "competidores diretos"; no campo "Equipe", você pode considerar toda a equipe de apoio, como funcionários da secretaria, TI, equipe multimídia, secretária da diretoria, equipe de manutenção, equipe de segurança e portaria etc. Caso a instituição de ensino tenha uma área de desenvolvimento de carreira, o que é raro, considere e apoie a pessoa responsável por esse desafio. Na matriz, transfira este *stakeholder* para o campo "Equipe". E, no último campo, coloque o *stakeholder* mais importante de todos: os clientes, ou seja, os "Alunos".

Se for um professor do Ensino Fundamental, talvez seja mais relevante para você substituir "Equipe" por "Pais", por exercerem uma influência mais direta sobre a carreira do professor. A matriz representa o círculo primário de influência. Como veremos a seguir, a rede de influência é muito maior. Priorize os *stakeholders* que podem gerar mais impacto em seu projeto de carreira.

Imaginem a Matriz de Influência de um jogador de futebol profissional: técnico, cartolas, empresários, equipe do clube, outros jogadores, imprensa, patrocinadores, ex-jogadores etc.

E a Matriz de Influência de artistas, músicos, atores, funcionários públicos etc. Cada qual vive desafios peculiares dentro do Círculo de Influência – e muitos não têm consciência dos impactos que ele traz para suas carreiras.

Desde 2001, quando saí do mundo corporativo e migrei para os mercados acadêmico e de consultoria, passei a ter mais de uma matriz. Com o tempo, aprendi a aperfeiçoá-las, aproveitando a sinergia entre elas. A matriz de professor de pós-graduação é diferente de minha matriz como consultor parceiro de grandes consultorias em educação corporativa. Além disso, com o tempo fui acionado por clientes diretos, decidi fazer algumas prospecções e estruturar minha consultoria. Nesse último exemplo, a minha matriz já é de empreendedor. E, para encerrar meu exemplo, que não é o foco deste livro, estou iniciando a carreira de autor, abrindo uma nova Matriz de Influência que envolve outros agentes, como editoras, livrarias, mídia digital, assessoria de imprensa, leitores, outros autores, patrocinadores etc. Estou tecendo essa nova matriz e também a rede de influência – assunto a seguir – enquanto escrevo este livro.

> **Agora é com você!**
> Faça o Exercício 5 – Matriz de Influência na carreira no Apêndice.

REDE DE INFLUÊNCIA NA CARREIRA

A Rede de Influência na Carreira amplia nossa visão para três perguntas:

- Você tem clareza de sua rede?
- De onde posso emprestar influência?
- Com quem posso contar?

Figura 11.2 Rede de Influência na Carreira

Fonte: O autor.

Significa entender quais são os principais *stakeholders* que podem impactar o seu crescimento profissional. Exploramos bem o conceito e a importância de rede de influência no capítulo sete. Portanto, neste momento vou destacar apenas alguns pontos-chave.

- Você precisa selecionar quais *stakeholders* são os mais importantes. Qualidade é mais importante que quantidade;
- Você não influencia pessoas jurídicas ou títulos de *stakeholders*, você influencia pessoas. Na sua seleção, registre os nomes que representam cada *stakeholder* e faça um inventário do mundo deles;

- Relacione-se com sua rede com regularidade e interesse. Que seja uma prática de netwoking autêntica e objetiva, e não uma prática de "mediaworking", que significa frequentar eventos para "fazer média", ou seja, tirar fotos e ficar de "blá-blá-blá" com pessoas influentes sem a troca de nenhum conteúdo de valor.

Eu não sei qual é o seu estágio de carreira e nem o seu grau de influência. Mas independentemente disso, nunca é demais emprestar influência da rede quando necessário. Este movimento estratégico depende da qualidade do mapeamento que fez na etapa anterior. Quais são os tipos de *stakeholders* cuja credibilidade e prestígio podem lhe conferir uma vantagem competitiva diante dos seus competidores?

Além de mapear possíveis aliados, você precisa com honestidade avaliar como está o saldo em cada relação. Com quem você pode realmente contar? Com quem você tem crédito para pedir ajuda? Com quem você está em débito e precisa equilibrar a relação?

> **Reforço**: mesmo que você seja competente tecnicamente, sem uma forte rede de influência o seu avanço na carreira é lento e limitado. A não ser que prefira contar com a sorte!

INVENTÁRIO DE INFLUÊNCIA

Chegou o momento de colocar a habilidade de empatia em prática. Como vimos no Modelo Bradford-Cohen de Influência sem Autoridade, no Capítulo 7, uma terceira etapa diz que devemos praticar empatia para entender o mundo dos outros. Os mesmos autores (COHEN; BRADFORD, 2012, p. 68) nos brindam com o que eles chamam de Mapa de Perguntas para ampliarmos o nosso conhecimento sobre as pessoas que pretendemos influenciar. Para construir o Inventário de Influência, além do Mapa de Perguntas, também utilizei a Lista de Verificação de Influência de Jo Owen (2011, p 47) para completá-lo. É óbvio que não resisti e fiz minhas adaptações.

Aplique o inventário primeiro para as principais pessoas de sua Matriz de Influência na carreira e depois para as mais importantes de sua Rede de Influência na Carreira. Use os itens de pesquisa do inventário de influência que forem mais relevantes para cada caso.

Agora é com você!
Faça o Exercício 6 – Inventário de influência na carreira no Apêndice.

PORTFÓLIO DE INFLUÊNCIA

O Portfólio de Influência, no Apêndice, organiza os principais conceitos apresentados nos Capítulos 8 (bases de poder e táticas de influência), 9 (princípios de persuasão) e 10 (Moedas de Troca) para compor a caixa de ferramentas de influência. A proposta é ajudá-lo a fazer uma consulta rápida para além de fixar os conceitos e apoiá-lo a selecionar as principais ferramentas para a elaboração do Mapa de Influência.

MAPA DE INFLUÊNCIA

O Mapa de Influência, no Apêndice, é a ferramenta mais importante para exercer influência na carreira, pois ele organiza e combina os conceitos-chave, proporcionando um quadro-geral para potencializar as investidas de influência. Em seguida, explico como elaborar o mapa e as dúvidas mais frequentes apresentadas.

Como usar?

- *Stakeholders*: apesar de no campo "2" estar "Pares", neste local você deve colocar o nome específico da pessoa que pretende influenciar, a qual pertence a esse grupo. Se você for influenciar três pares, por exemplo, cada um deve estar em um campo separado. Esse mesmo exemplo serve para os demais *stakeholders*, porque, por incrível que pareça, também para o campo "Chefe", em alguns modelos de negócios existem colaboradores com mais de um.
- **Bases de poder:** selecione até três bases de poder "suas" que tem mais potencial para influenciar o outro.
- **Princípios de persuasão:** selecione até três gatilhos mentais que você entende que serão mais efetivos para o contexto.
- **Táticas de influência:** independente de suas preferências, as táticas de influência selecionadas devem estar alinhadas ao contexto do pedido e principalmente ao perfil do outro.
- **Moedas de Troca – "O que eu tenho a oferecer":** Selecione moedas específicas, ou seja, não coloque o nome do grupo de moedas. Exemplo: Informação. Você sabe que ela pertence ao grupo de moedas de operação, mas não precisa pôr no mapa. Em seguida, no campo "Exem-

plo específico", insira que tipo de informação o outro precisa. Exemplos: status de lançamento do novo produto, relatório de vendas por região, entrada de um novo concorrente, mudança nas regras de crédito etc.
- **Moedas de Troca – "O que eu quero obter"**: igual à explicação anterior, com exceção que é algo que você quer.

Outro exemplo: promoção, aumento de salário, patrocínio para fazer um curso, folgar em um feriadão prologando, se encaixam na moeda "Reconhecimento", que pertencem ao grupo "Inspiração".

- **Coalizão:** esse campo é simples de entender. Caso você tenha selecionado como uma das táticas de influência a tática "Coalizão", que significa que você recorrerá ao apoio de um aliado para aumentar a chance de influenciar o alvo, você assina o campo "S" (sim) e escreve o nome do aliado. Caso não tenha selecionado essa tática, deixe esses campos vazios.

Chegou o momento de pensar taticamente em como combinar as ferramentas de influência para avançar na carreira.

> **Agora é com você!**
> Faça o Exercício 7 – Mapa de Influência no Apêndice.

2. APLICAÇÃO

A etapa de preparação tem dois objetivos: apoiá-lo a conhecer melhor o perfil da pessoa a ser influenciada e muni-lo das melhores ferramentas de influência para potencializar os resultados de carreira. Agora, chegou o momento de aplicá-las.

Avancemos!

Três dicas valiosíssimas para exercer poder de influência em sua carreira:

Todos são seus clientes: o primeiro ponto de vista para rever a forma com que interage com todos os *stakeholders* de sua rede de influência é a partir de agora vê-los como clientes. Isso mesmo, seu chefe é seu cliente, seus pares são seus clientes, os membros de sua equipe são seus clientes, assim como o RH e os demais componentes da rede.

Todos têm aspiração na carreira: sempre que for influenciar alguém, lembre-se de que, por mais difícil que seja a relação, o potencial influenciado é mais um ser humano, com todos os defeitos que ele possa ter, genuinamente defende os próprios interesses e aspirações de carreira. Seja quem for, ele não é o seu inimigo. Ele pode até pensar assim, mas você não. Não transforme a vida real em um drama de cinema.

Mais inteligência social: não tenha dúvida que você precisa dar o máximo do seu potencial, contudo saiba que isso não é o suficiente. Você, antes de tudo, precisa ter inteligência social para perceber a dinâmica das relações e encontrar os atalhos para avançar na carreira.

Na prática, exercer poder de influência é saber conduzir uma conversa influente. Uma conversa influente segue a seguinte estrutura básica:

1. Conecte-se genuinamente com a pessoa;
2. Tenha coragem e habilidade para expor qual o objetivo da conversa;
3. Faça perguntas influentes e propositivas;
4. Pratique a escuta empática;
5. Use a melhor tática de influência. A tática deve ter a linguagem (conteúdo, palavras) alinhada com o perfil do interlocutor;
6. Apresente a Moeda de Troca que mapeou anteriormente ou durante a escuta empática;
7. Saiba pedir o que você quer;
8. Gere um compromisso depois da conversa. Combine o próximo passo.

Você pode considerar na conversa o uso de algum gatilho mental e incluir outros elementos de comunicação para incrementar o processo. Contudo, o roteiro indicado demonstra-se extremamente efetivo. Não o entenda como um passo a passo linear, pois não é assim que funciona uma conversa. O processo é dinâmico e talvez você tenha que recuar para uma etapa anterior antes de avançar e ajustar com base principalmente na escuta empática.

Com quem você pode usar essa estrutura? Com qualquer pessoa, é óbvio, adaptando outros elementos que veremos a seguir, dentro do contexto. O objetivo é ser um parceiro de confiança de quem pretende influenciar. Isso significa gerenciar expectativas e compromissos. Você precisa garantir na conversa que as percepções e as expectativas sejam entendidas corretamente. Lembre-se de que comunicação é a ação de tornar algo comum. Você não pode encerrar uma conversa influente sem verificar se ambos entenderam tudo da mesma forma.

INFLUENCIANDO SUA MATRIZ DE CARREIRA

Com objetividade, utilize as ferramentas apresentadas para aplicação da influência em sua matriz de carreira, começando primeiro por seu chefe.

Novamente, adapte a Matriz de Influência à sua carreira. Se você é um empreendedor, sua Matriz de Influência poderia ser como a apresentada no Quadro 11.5.

Quadro 11.5 Matriz de Influência do empreendedor

Investidor (Se for majoritário, é seu chefe)	Sócio(s) (Pares/Família)
Equipe (Família?)	Clientes

Fonte: O autor.

Dependendo do modelo e porte do empreendimento, a matriz anterior precisa ser adaptada, incluindo os *stakeholders* mais importantes. Se for uma franquia, por exemplo, o cenário muda. Se o projeto empreendedor estiver vinculado a uma incubadora ou aceleradora de empresas também encontraremos outro cenário. Se o modelo de negócio for digital, outros agentes, fornecedores e profissionais especializados comporão uma equipe multidisciplinar, alguns como colaboradores e outros como terceiros. Enfim, não é possível explorar todas os modelos de carreira neste livro, mas também não é o foco. O objetivo central é que você compreenda o modelo e o adapte ao seu contexto.

A seguir, exploraremos a aplicação dos conceitos para a Matriz de Influência na carreira do mundo corporativo, que engloba a maioria dos leitores deste livro.

COMO INFLUENCIAR O CHEFE

A maioria das pessoas desconhece ou desacredita da possibilidade de influenciar o próprio chefe. Contudo, muitos já fazem isso sem perceberem e, principalmente, sem técnica alguma. Eu poderia listar uma série de exemplos disso ou uma série de pesquisas, artigos científicos e livros que abordam o assunto. No fim do capítulo, deixarei uma lista para você se aprofundar. Neste momento, saiba que a relação com seu chefe é o elemento central de suas ações de influência na carreira.

Você pode não gostar de seu chefe atual por uma série de motivos. Ele pode ter uma lista de defeitos que não caberiam nesta seção. Talvez você não tenha o chefe que pediu a Deus. Mas vamos ser realistas e objetivos: atualmente, é o chefe que você tem. Portanto, o melhor que pode fazer é aprender a lidar com ele e, melhor ainda, influenciá-lo. A outra opção você já sabe, é continuar sendo vítima da situação em vez de assumir a direção de sua própria carreira. E, se você não conseguir lidar com ele e muito menos influenciá-lo e a situação se tornar insuportável porque está atrasando sua carreira e o deixando doente, a opção mais provável é ativar a alternativa de carreira. Veremos isso mais adiante, ainda neste capítulo.

Por enquanto, mentalize a seguinte metáfora: "Seu chefe pode ser seu cliente mais difícil, mas também é o mais importante".

Cohen e Bradford (2012) apresentam alguns dos problemas mais comuns na relação com o chefe. Usei a lista deles como base, adaptando o texto e criando outras situações problemáticas.

Quadro 11.6 Problemas com o chefe

Problema	Descrição
1	Seu chefe resiste a aceitar ideias para melhorar as coisas em sua área.
2	Seu chefe não executa bem o trabalho dele e não aceita ajuda.
3	Seu chefe é distante e ausente.
4	Seu chefe não o ajuda a aumentar seu espaço na empresa, não lhe dá mais desafios e autonomia.
5	Seu desempenho é impactado por falta de orientação de seu chefe.
6	Seu chefe não o vê como parceiro, apenas como um recurso para ele.
7	Seu chefe vive colocando a equipe em conflito com outras áreas em função da falta de habilidade nos relacionamentos com os pares e da pressão que recebe do gestor dele.
8	Seu chefe é passivo demais, não sabe se posicionar e diz "sim" para todo mundo, sobrecarregando a equipe.
9	Seu chefe é rude, trata a equipe com grosseria e gosta de humilhar as pessoas em público para reforçar a posição de poder.
10	Seu chefe é um covarde e manipulador, mente e faz jogo para proteger o próprio emprego ou tentar uma promoção.

Fonte: Adaptado de Cohen; Bradford (2012, pp. 155-69).

A lista anterior não apresenta vida fácil para ninguém. Entretanto, é possível gerenciar essa relação aplicando os conceitos e as ferramentas de influência. Não desanime se estiver vivendo um ou mais dos problemas destacados, você não é o único nem será o último.

De certa forma, você é responsável pela eficácia de seu chefe. Entenda que primeiro isso é um sinal de inteligência, pois o sucesso dele pode significar o seu, e vice-versa. O que não é sábio? Tratá-lo como um inimigo e promover sabotagens, mesmo que inconscientes e/ou indiretas para prejudicá-lo. Cuidado com as armadilhas sociais espalhadas pelas más influências. Por exemplo, faz parte da natureza humana falar dos outros, faz parte também da natureza humana falar mal dos outros, principalmente quando eles geram algum impacto em sua vida. Agora entenda, falar mal do chefe é um convite muito tentador. Mas envenená-lo nas rodas de conversa é a principal estupidez profissional que alguém pode cometer. Não caia nessa. Em vez disso, aceite a responsabilidade do relacionamento com seu chefe e siga a abordagem indicada por Cohen e Bradford (2012, p. 153):

1. Encare-o como um aliado em potencial (um parceiro);
2. Certifique-se de que você compreende bem o universo dele;
3. Esteja ciente dos recursos (Moedas de Troca) que você já tem ou pode adquirir que interessam a ele;
4. Estabeleça conversas corajosas, seja hábil e honesto na relação.

Cuidados:

- Não caia na armadilha da bajulação gratuita e despropositada. Não se torne um "puxa-saco" ou percebido como um pelos colegas. Você pode elogiar o chefe, mas saiba como e onde;
- Se não tolerar seu chefe de forma alguma, saiba que nenhuma técnica o ajudará. Afaste-se o mais rápido que puder para não cavar um buraco em sua carreira.

MOEDAS DE TROCA PARA O CHEFE

Preparei uma relação de Moedas de Troca para lidar com o chefe, adaptadas dos livros de Cohen e Bradford e de Guy Kawasaki. Visite o Quadro 11.7 e selecione as que fizerem sentido para seu momento de carreira.

Quadro 11.7 Moedas de Troca para o chefe

Ser um parceiro de confiança	Deixe o chefe seguro quanto à sua lealdade.
Alto desempenho	É a forma mais tradicional de acumular crédito com o chefe. Ser proativo e superar as expectativas. Como dica, gerencie expectativas prometendo menos e entregando mais.
Segurança na área	Não deixe o chefe inseguro com as atividades que são de sua responsabilidade, ou seja, não deixe sua área ser mais um dos itens de preocupação dele.
Atenção aos fatores políticos	Leve em conta os fatores políticos nas questões corporativas na relação com os pares e demais *stakeholders*.
Manter o chefe informado dos problemas	Tenha coragem e agilidade para informar o chefe dos possíveis problemas antes que eles ocorram ou avisá-lo assim que o problema surgir.
Ser uma fonte de solução	Não basta informar o chefe sobre o problema, leve sempre uma possível solução. Reforço: nunca leve só o problema.
Fontes de informação	Faça que o chefe saiba que pode contar com você como uma fonte de informação sobre o que ocorre na organização.
Representar o chefe	Represente o chefe nas demais áreas da empresa em situações formais ou informais.
Defender e apoiar as decisões do chefe	Mesmo que não concorde, não é prudente discordar do chefe para os colegas, na presença ou ausência dele. Se algo o deixa desconfortável, procure o chefe posteriormente e apresente de forma assertiva a preocupação.
Prevenir problemas	Tome a iniciativa em vez de esperar instruções para prevenir problemas.
Cuidar da imagem de seu chefe	Reforce ou proteja a imagem de seu chefe na organização.

Fazer o que o chefe pediu	Sobre essa moeda, Guy Kawasaki (2011, p. 166) diz: "Largue tudo e faça o que o chefe está pedindo". Contudo, não penso bem assim. Seguem minhas dicas: No momento do pedido, mostre o quadro-geral a seu chefe e lembre-o de outras atividades que está realizando. Valide nesse momento se é para interromper a(s) outra(s) atividade(s) para atender ao pedido. Esse posicionamento pode ajudar você a influenciar para cima e não ficar sobrecarregado. Todavia, entenda se o contexto dá espaço para essa rápida negociação. Caso não, esclareça com ele qual é o prazo específico e mobilize-se imediatamente para atender à solicitação. Se o pedido dele não impactar as outras atividades, faça o que Kawasaki sugeriu.
Faça um protótipo	Para tarefas relevantes, prepare rapidamente um esboço e valide com ele antes de executar toda a tarefa.

Fonte: Adaptado de Kawasaki (2011, pp. 16-171) e de Cohen; Bradford (2012, pp. 94-5).

COMO INFLUENCIAR OS PARES

Não sei qual é sua posição, mas vamos entender pares como os colegas que estão no mesmo nível que você. Caso não tenha uma posição de liderança e deseje uma, você pode considerar que os colegas de área são seus pares/parceiros ao mesmo tempo que podem ser também seus concorrentes, caso desejem o mesmo que você. Ainda nessa posição, você pode considerar como pares aqueles que estão em outro setor, área e que possuem um chefe direto que não é o seu, mas que tanto seu chefe como o deles respondem para o mesmo superior, porque de alguma forma estão inseridos em um contexto que tem mais fatores comuns do que diferentes.

Se você ocupa uma posição de liderança, seus pares são todos os que ocupam o mesmo nível que você, tendo o mesmo chefe ou não. Nesse contexto, existe um mundo ambíguo de cooperação e competição entre vocês, porque é natural que, além de disputar a agenda do chefe, vocês compitam por recursos, como o mesmo orçamento. Outro fator é que é natural a ambiguidade de objetivos entre as áreas. Algumas metas são conflitantes, ao mesmo tempo que todos buscam um objetivo comum para a organização.

Owen (2011, pp. 183-4) descreve da seguinte forma essa situação:

> As organizações são criadas para o conflito. Diversos departamentos, funções, unidades de negócios terão prioridades e perspectivas diferentes. A rivalidade interna é um modo simples de determinar as prioridades da

organização como um todo. Se os administradores querem obter influência, poder ou resultados positivos, eles não podem evitar o conflito. Devem abarcá-lo e utilizá-lo em seu benefício.

Dominar as ferramentas de influência é um grande passo para gerir conflitos. É preciso saber quando é a hora de ser firme diante de um conflito e também quando evitá-lo. O autor faz uma analogia com a Guerra Fria. As batalhas são "lentas, disputas exasperantes a respeito de projetos, pessoas, prioridades". O autor brinca com a situação dizendo que "muitas vezes equivalem a pouco mais do que a rotina ritual de machos tentando pleitear domínio uns sobre os outros".

Um influenciador não entra nesse jogo emocional. Posturas assim revelam toda a incompetência social e política e o caminho certo para uma implosão na carreira.

Novamente, a orientação principal é que, mesmo diante desse cenário, o influenciador seja um parceiro de confiança de seus pares. O influenciador precisa aprender a tecer sua rede de influência dentro e fora da organização, e um aspecto-chave dessa rede é sua relação com os pares. Mesmo diante das disputas, existe um olhar organizacional sobre esses relacionamentos. Há uma interdependência clara e poucos trabalhos serão concluídos com qualidade sem a cooperação mútua. O conceito de reciprocidade que exploramos ao longo do livro representa o princípio central para estabelecer relações prósperas e produtivas.

Cohen e Bradford nos trazem as seguintes contribuições sobre como lidar com pares:

- **Certifique-se de que realmente compreende as situações dos colegas, o mundo deles:** não suponha que a resistência à ação de influência seja sem motivo. Em vez de sair rotulando, investigue para descobrir que tipos de pressões seu par sofre, quais são os critérios pelos quais ele é avaliado e o que compõe sua agenda de prioridades;
- **Comece com pequenas trocas e seja específico:** o objetivo é criar um modelo de reciprocidade com pequenas trocas específicas que não gerem um custo alto para o par. Conforme o vínculo entre vocês for se estreitando, as trocas podem ganhar outras proporções;
- **Perceba outras possibilidades de troca:** conhecendo melhor o mundo de seu colega e quais são as tarefas prioritárias para ele, procure outras possibilidades de troca que fortaleçam a relação entre vocês. Procure áreas e interesses comuns;

- **Não feche as portas:** mesmo que a relação seja difícil e seu par viva dificultando sua vida, não feche as portas. Talvez você ainda não tenha encontrado uma moeda valiosa para ele ou esteja errando na abordagem. E, como sempre, lembre-se de que o mundo dá voltas.

O desafio está no equilíbrio entre a cooperação e a competição. Entre um e outro, na dúvida, opte pela cooperação investindo em relacionamentos de longo prazo.

Outro fator estratégico é olhar os pares como fontes de aprendizagem. Como você não sabe tudo, os pares são uma rica fonte de informação. Observe o estilo de liderança deles, como se posicionam nas reuniões, como se preparam para os momentos decisivos e como lidam em situações de conflito. E, acima de tudo, ouça com atenção para descobrir o roteiro pessoal de cada um. Você perceberá palavras e frases que se repetem, crenças e vícios de linguagem que normalmente revelam como eles pensam e o que valorizam.

Os pares também são uma rica fonte de feedback, procure estabelecer conversas francas e dirigidas ao desenvolvimento profissional de ambos. Com a confiança entre vocês estabelecida, proponha que ambos tenham liberdade para uma troca de percepção sobre comportamento e desempenho. Agendem conversas estruturadas com o objetivo de crescerem juntos.

Faça sua parte, cumpra os prazos acordados, seja pontual com os compromissos, retorne e-mails e ligações e seja leal. Sua postura tende a influenciar a cultura de liderança em seu nível.

Acima de tudo, selecione as ferramentas que apresentamos. Entre elas, entenda principalmente a dinâmica de poder que existe entre vocês, sabendo reconhecer e lidar com os colegas que exercem alguma fonte de poder maior que a sua.

Deixo três dicas poderosas para construir parcerias incríveis com seus pares:

1. **Resolva o máximo possível qualquer situação entre vocês sem escalar a hierarquia.** Você gera três problemas, no mínimo, quando reporta ao chefe algo que poderia ser resolvido entre vocês:
    - Ocupará a agenda de seu chefe que normalmente já é sobrecarregada;
    - Pode ser percebido como um colega de trabalho desleal por seu par;
    - Poderá ser percebido como alguém desleal pelos demais colegas, perdendo a confiança do grupo.
2. **Não diga que não concorda (discorda) do par.** *Como assim Gianini?* Calma, explico. Não estou dizendo que você não deva discordar de alguém. A questão é como você faz isso. Em vez de falar "discordo" ou

"não concordo", existem outras maneiras bem mais estratégicas e ao mesmo tempo assertivas para aplicar. Exemplos:
- "Tenho um ponto de vista que gostaria de acrescentar na conversa."
- "Acho que você pode olhar por outro ângulo a situação, por exemplo…"
- "Gostaria de fazer uma contribuição: o que enxergo da situação é o seguinte…"

Aprendi o próximo exemplo com um dos participantes de um workshop de influência que ministrei. É simples, sutil e muito poderoso.

- Sabe, o que me preocupa…"

Afinal, todos temos direito de ter um ponto de preocupação sobre qualquer assunto.

O que todos os exemplos têm em comum? Você pediu a palavra com elegância e em seguida foi direto ao ponto, com uma postura afirmativa e propositiva focou o assunto e não a pessoa.

Quando você diz "discordo" ou "não concordo", por mais que seja da ideia, a expressão bate direto no ego da pessoa. Ela entende assim: "Discordo de você", "Não concordo com você", "Sua ideia não é digna de ser levada em consideração".

O que está por trás desta explicação? Vamos recorrer novamente a Giblin (1989, p. 100) para explicar. Segundo o autor:

> Nós gostamos das pessoas que concordam com a gente. E não gostamos das que discordam de nós. Toda pessoa que concorda com a gente confirma nosso próprio valor e nosso amor-próprio. Toda pessoa que discorda de nós constitui uma ameaça para nosso amor próprio.

Essa dica pode ter valido a leitura deste livro. Quando a descobri, meus relacionamentos mudaram substancialmente para melhor.

3. **Permita ao par manter as aparências.** Digamos que diante de uma ação de influência você sente que convenceu seu par em uma reunião, mas para ele é difícil assumir. Consideremos que de fato, por dentro, ele esteja convencido. Contudo, ele está preso ao gatilho mental de coerência e compromisso, ou seja, defendeu e expôs a posição dele para outras pessoas dentro e fora da reunião e agora fica difícil mudar de ideia, mesmo concordando com você.

Les Giblin (1989, p. 123) explica assim essa situação:

> Muitas vezes, a outra pessoa mudaria com prazer sua opinião e estaria de acordo com você se não fosse por uma coisa. Ela já se comprometeu definitivamente; defendeu sua posição com unhas e dentes e agora é difícil mudar de posição de bom grado. Se ela se declarar de acordo com você, seria o mesmo que admitir que estava equivocada.

O autor nos dá uma dica para lidar com a situação: "Para começar, suponha que a outra pessoa conhecia os fatos: 'Lógico, entendo perfeitamente como você pôde pensar isto e aquilo, posto que naquele momento você ainda não estava a par de tal coisa'" (GIBLIN, 1989, p. 123).

Se a outra pessoa estava equivocada, procure alguma desculpa para eximi-la do erro. "Qualquer um de nós poderia ter pensado o mesmo nessas circunstâncias" (GIBLIN, 1989, p. 123).

Peço licença a Giblin para fazer uma adaptação e criar outro exemplo a partir do entendimento do conceito:

Em uma situação similar, eu cheguei a defender uma ideia e depois que me deparei com informações que desconhecia, tive que mudar o meu ponto de vista. Aliás, o que foi muito bom, porque nesse mundo corrido, é difícil saber de tudo.

Essas dicas foram especialmente selecionadas para te ajudar a lidar com os pares, mas você pode adaptá-las para usar com qualquer profissional no seu ambiente de trabalho e de negócios.

Enfim, explore as demais ferramentas para aumentar o seu poder de influência com os pares. Este livro pode te oferecer uma grande vantagem competitiva em relação a eles. Mas para isso, você precisa praticar. Especialmente em relação aos pares, reforço a mensagem que abriu este capítulo e que é como um mantra que uso em todos os workshops de influência: "Influência é um processo de conquista, não de disputa".

COMO INFLUENCIAR A EQUIPE

As dicas desta seção são mais efetivas para quem lidera uma equipe formalmente, mas também podem ser aproveitadas por aqueles que ainda não possuem o cargo e exercem liderança indireta ou por aqueles que lideram times temporários em projetos e/ou iniciativas com prazos determinados.

A influência é a principal ferramenta da liderança. Os que usam o cargo para conseguir o que querem das equipes estão presos ao antigo modelo de comando e obediência, insipiente para os novos desafios de carreira.

As principais ferramentas apresentadas neste livro farão uma enorme diferença no exercício de sua liderança. Contudo, a contribuição que quero deixar para você neste momento de sua carreira ou quando se tornar líder é uma mudança radical de mentalidade, porque existe uma forte tendência de você reproduzir os modelos de liderança que observou até hoje, sejam eles bons ou ruins.

Mentalidade do influenciador líder de equipe

Não subestime, não será fácil mudar de mentalidade. Ao ler as orientações você poderá compreendê-las intelectualmente, mas sem esquecer que mudança de comportamento é um grande desafio, requer consciência e firmeza e propósito. Ajuste a mentalidade sobre o que é liderar uma equipe e entre no modelo do século XXI.

- **Mentalidade 1: Veja os membros de sua equipe como clientes.** Você precisa entender as necessidades deles, conquistá-los por meio de uma oferta de valor irresistível e fidelizá-los por meio de um bom Customer Relationship Management (CRM) ou você poderá perdê-los para o concorrente.
- **Mentalidade 2: Sirva sua equipe.** A postura de chefe diz que a equipe deve servi-lo; a postura de líder diz que o líder é que deve servir a equipe, pois como ele não é mais um executor de tarefas, ou pelo menos não deveria ser, seu papel é atingir resultados por meio da equipe.
- **Mentalidade 3: Jogue a capa fora e seja vulnerável.** A ideia de líder herói pode servir para o cinema, como uma ficção, pois, na realidade, os líderes possuem imperfeições como todo ser humano e são incapazes de ver e saber de tudo, ou seja, são vulneráveis e precisam deixar isso claro para humanizar a relação com a equipe. Isso não significa deixarem de ser firmes quando necessário. O mito da liderança heroica deve ser quebrado também com a equipe. A própria equipe pode ter essa expectativa inconsciente por ser um paradigma tão forte e presente na sociedade. Seja franco, direto e honesto com eles e derrube esse mito o quanto antes. Jogue a capa fora, mas nunca a sua autenticidade.
- **Mentalidade 4: Foque os pontos fortes.** Durante muito tempo, o papel do líder desenvolvedor era o de corrigir os pontos fracos dos membros da equipe. Essa abordagem se demonstrou equivocada, pois investe muito dinheiro e tempo em algo que não está na zona de talento da pessoa. O verdadeiro desafio da liderança é o de saber liderar pelos pontos fortes. Descobrir e mobilizar as fortalezas dos membros da equipe para colocar energia boa no lugar certo.
- **Mentalidade 5: Não empacote as Moedas de Troca.** Conheça e destaque a singularidade de cada membro da equipe, proporcionando moedas

específicas para cada um, de acordo com as características e aspirações deles. Líderes equivocadamente empacotam as moedas achando que estão sendo justos. A maioria desconhece o conceito de equidade, que é proporcionar para cada um o apoio à medida que necessitam, para ajudá-los a fazer o máximo que podem como fruto do que são, têm e sabem.

No fim das contas, o comportamento e desempenho de uma equipe é uma resposta da influência direta da liderança.

Ao compreender a essência das cinco mentalidades, aplique as demais ferramentas de influência apresentadas neste livro adaptadas à sua equipe e seja um líder que deixará um legado na vida de cada um. Lembre-se: enquanto eles confiarem em você, darão tudo o que puderem. Comece mapeando o perfil e as moedas que interessam à cada um.

COMO INFLUENCIAR O RH/COMITÊ DE PESSOAS

Recursos humanos (RH)

Muitos profissionais negligenciam a influência do RH em suas estratégias de carreira. Ficam imersos em seus afazeres e olham para o RH como uma central de reclamação. Ainda que em alguns casos a responsabilidade seja do próprio RH que permitiu que essa cultura fosse criada na organização.

O papel desse setor mudou radicalmente, mas nem mesmo alguns RHs perceberam e/ou conseguiram ainda se reposicionar, quanto mais os colaboradores e gestores.

Vamos fazer um breve teste com você. Responda rapidamente a seguinte pergunta: de quem é a responsabilidade pela contratação, desenvolvimento e desligamento de um colaborador? A maioria das pessoas ainda responde que é do RH. Não, nunca deveria ter sido. A responsabilidade é do gestor.

Muito bem, esse é só um dos dilemas que o RH suporta nesses tempos de rápida mudança de visão e modelos de negócio. Além desse, o RH enfrenta diversos outros desafios, tais como conseguir a adesão dos gestores e colaboradores para implementação das novas políticas e ferramentas de gestão de pessoas. Muitas iniciativas do RH declinam por falta de apoio da liderança e consequente baixa adesão dos colaboradores.

Você percebeu quantas oportunidades existem para que você se torne um parceiro efetivo do RH? A "lista de dores" do RH, dependendo do momento da empresa, da cultura organizacional e do tipo de influência do dono, do CEO, do CFO e assim por diante, pode ser grande.

Dicas para ganhar a confiança e o respeito do RH:

1. Seja o primeiro a aderir a uma política e/ou nova ferramenta de gestão;
2. Apoie o RH influenciando outros colegas e gestores a também apoiarem;
3. Conheça as principais ferramentas de gestão de pessoas;
4. Prepare-se para apoiar as iniciativas de desenvolvimento, participando e/ou liberando seus funcionários para os programas de desenvolvimento;
5. Relacione-se com o RH demonstrando interesse genuíno, proporcionando Moedas de Troca que fortaleçam o papel dessa área na organização.

Entenda que o RH pode ser o parceiro estratégico mais importante para a sua carreira. Quando bem posicionado na estrutura e cultura organizacional, a opinião do RH em relação a você para uma futura posição pode ser determinante.

Moedas de Troca para o RH

Cohen e Bradford (2012, p. 210) apresentam as Moedas de Troca mais comuns para o RH. Como sempre, adapte-as ao seu contexto.

Quadro 11.8 Moedas de Troca para o RH

Querem ser conhecidos como "zeladores de pessoas" e "Guardiães da Cultura Organizacional".
Valorizam habilidades.
Podem ser burocráticos, valorizando as normas, regulamentos e políticas.
São chamados para "apagar incêndios" (e às vezes se ressentem disso).
Não compreendem totalmente nem valorizam o aspecto econômico do negócio.
Não compreendem integralmente as pressões sofridas pelos gerentes nem como são as árduas tarefas.
Como costumam ser considerados sem muita força na empresa, preocupam-se em ser incluídos nas decisões gerenciais.
Muitas vezes não são apoiados pelos gerentes na implementação das ferramentas de gestão de pessoas.
Muitas vezes não são apoiados pelos colaboradores na adesão de novas políticas.

Fonte: Cohen e Bradford (2012, p. 210).

Caso você seja um profissional de Recursos Humanos, não fique aborrecido se as moedas acima não refletirem a sua visão. Podem ser incluídas outras

Moedas de Troca e ajustar o que julgar necessário. Os autores acrescentam no seu livro Moedas de Troca para outros departamentos, e abordam também os Representantes de Vendas, Produção, Engenheiros e Financeiro.

Eles reforçam que as listas de moedas desses departamentos são parciais e devem ser consideradas apenas um começo de um diagnóstico de cuidados.

Ademais, todas as ferramentas de influência apresentadas no livro podem ser aplicadas com as pessoas que estão à frente desta área.

Comitê de Pessoas

Em algumas empresas existe o temido Comitê de Pessoas (em cada organização pode ter uma denominação diferente). O comitê é um órgão colegiado que tem por missão avaliar o comportamento e o desempenho de cada colaborador, classificando-os conforme a metodologia utilizada, para tomar decisões sobre ações de desenvolvimento, promoções, retenções, movimentações e até desligamentos. Um dos propósitos é não deixar que o colaborador seja avaliado unicamente por seu gestor. Parte-se da premissa de que pode existir um viés na relação líder-liderado que pode distorcer a versão mais próxima da realidade. Portanto, o comitê é constituído de outros gestores que têm algum tipo de interface com o colaborador. Desta forma, aumenta-se a amostragem de percepções tornando o processo avaliativo o mais justo e democrático possível – pelo menos essa é a premissa central.

O comitê é constituído de gestores que representam áreas distintas. Normalmente, não são todos os membros do comitê que avaliam um colaborador, justamente porque nem todas as áreas que eles representam têm uma interface mais direta que dê subsídios para avaliação, ou seja, os gestores farão parte de subgrupos diferentes para avaliar cada colaborador.

Esse subgrupo, normalmente, avaliará o colaborador com base nas impressões que recebe dos membros de suas equipes na interação com o colaborador, pois são eles os que têm uma relação mais direta e mais evidência sobre o comportamento e desempenho do avaliado. Esse papel é um grande desafio para os avaliadores, pois ocupará um tempo da agenda e requer uma série de características, além de senioridade devido ao alto grau de responsabilidade em influenciar o processo decisório.

Como influenciar o comitê

O primeiro passo é entender o que é o comitê. As informações que apresentei são básicas para você começar o trabalho de diagnóstico. Você deve mapear:

- Quem são os membros do comitê?;
- Como é a sua relação com os membros do comitê e suas respectivas equipes?;
- Quem compõe o subgrupo que avalia você?;
- Como é sua relação com os membros do subgrupo e suas respectivas equipes?;
- Como é a agenda do comitê? Qual a regularidade das reuniões?;
- Quais são os critérios que eles utilizam?;
- Como funciona o ciclo avaliativo?;
- Como é o modelo de avaliação de desempenho?;
- Como foi a última avaliação?;
- Que compromissos de desenvolvimento você assumiu com seu gestor?

Concluída a primeira etapa do diagnóstico, o próximo passo é aplicar as ferramentas de influência com os membros do subgrupo, começando pelo perfil de cada um e as Moedas de Troca. Por fim, elabore o Mapa de Influência para eles.

3. AVALIAÇÃO

A etapa de avalição representa um momento rico para aprendizagem e correção de rotas. Quando se trata de carreira, muitos seguem no piloto automático, imersos nas pressões do trabalho e da vida, sem refletir sobre decisões e ações. O influenciador tem que quebrar esse padrão. Como protagonista de sua carreira, precisa perceber os ciclos e avaliar frequentemente a trilha de carreira.

Em consonância com os objetivos deste livro, o processo de avaliação passa a ser mais criterioso e tangível. A partir de agora, o influenciador pode monitorar os resultados e as ações de influência e ser mais proativo e cuidadoso.

TRANSIÇÃO DE CARREIRA

Duas coisas, no mínimo, podem acontecer em sua trilha de carreira:

1. Você ser demitido: transição forçada.
2. Você decidir iniciar uma transição de carreira: transição planejada.

TRANSIÇÃO DE CARREIRA FORÇADA

Neste caso é prudente que já tenha uma alternativa de carreira desenhada, além de ter cultivado sua rede externa enquanto seguia com o "Plano A".

Uma demissão, como muitas coisas na vida, tem o lado negativo e o positivo.

O lado negativo é quando ela é inesperada, nos atingindo financeira e emocionalmente. E pior, você não tem um "Plano B", uma alternativa de carreira.

Sobre a questão emocional, não finja que nada aconteceu. Não deixe o orgulho camuflar a dor. Viva o luto necessário, mas não deixe que ele dure muito tempo. Um dia está bom, depois prossiga! Acione sua rede, se for o caso, reconheça que não se dedicou à pessoa, que falhou, mas gostaria de contar com o apoio dela para sua recolocação. Novamente, não deixe o orgulho impedi-lo de pedir ajuda.

O lado positivo é que a vida está lhe proporcionando um recomeço. É o momento em que muitas pessoas fazem grandes viradas de carreira. Na fragilidade o indivíduo encontra-se com sua essência e, normalmente, faz as melhores perguntas e reflexões. É a oportunidade para um salto de autoconhecimento, humildade e propósito.

TRANSIÇÃO DE CARREIRA PLANEJADA

Você se preparou, analisou o custo-benefício da transição, cuidou de sua rede de relacionamento e decidiu conscientemente qual é o novo caminho a seguir. Alguns fatores podem ter influenciado a decisão:

- Você sente que esgotou seu ciclo no atual trabalho, não vê mais propósito em continuar;
- Você está desgastado e descrente. Sente-se explorado e pouco valorizado,
- A relação com o gestor chegou no limite. Você tentou fazer a sua parte, mas também é humano e concluiu que não vale a pena o esforço;
- O ambiente que você trabalha é muito corrupto e isso tem machucado seus valores. Você tentou influenciar o sistema, tentou fazer as coisas corretas, mas é uma decepção ética atrás da outra;
- Você já tinha aceitado esse trabalho sabendo que era uma etapa para adquirir experiência, concluir a graduação e até talvez a pós, para depois migrar para desafios maiores, como tentar vaga em uma multinacional que lhe dê mais oportunidade de crescimento.

Ou pode ser o oposto: você cansou do mundo corporativo e decidiu empreender. Também pode estar no período pós-carreira – chegou a hora de tirar o pé e rever a relação do trabalho em sua vida. Pode ter sido uma aposentadoria planejada no tempo e formato tradicional ou, simplesmente, você conquistou independência financeira em um patamar que consegue ter qualidade de vida com mais tempo livre para outros assuntos que não sejam uma atividade remunerada.

Seja qual for o motivo de sua transição de carreira planejada, escrevi este livro para ser sua principal fonte de consulta. Para não o deixar passar por esta jornada sozinho e de forma aleatória.

CUSTO DA TRANSIÇÃO

Uma última e importante dica é avaliar muito bem o custo da transição quando a opção é trocar de empresa. Sabemos que as questões emocionais têm grande influência, mas seja o mais racional possível. Por exemplo, se a questão for de relacionamento com o chefe, recomendo que avalie com cuidado se a melhor opção é sair da empresa para começar tudo de novo em outra. Pense o quanto essa pessoa tem realmente poder sobre você a ponto de fazê-lo mudar o rumo de sua carreira. Podem existir alternativas mais benéficas. Uma delas é investir em sua inteligência emocional e aplicar várias dicas e ferramentas deste livro para gerenciar o relacionamento com o chefe. Quem sabe em breve ele não receba uma promoção ou seja movimentado dentro da estrutura. Ou quiçá seja desligado. Talvez ele inclusive esteja próximo da aposentadoria. Você não tem controle de algumas dessas variáveis enquanto outras pode monitorar. Outra opção seria você se movimentar para outra área ou empresa do grupo.

Sobre o custo da transição, Owen (2011, p. 45) nos faz os seguintes alertas:

A cultura da empresa pode ser diferente, com regras distintas de sobrevivência e sucesso. Frequentemente, o novo empregador e o novo empregado entram em conflito.

O novo funcionário apresenta uma rede de poder muito fraca, não conta com uma rede de influência e confiança para a qual recorrer. Não sabe como fazer as coisas acontecerem, quais alavancas puxar. Deixa de ser uma pessoa influente na antiga empresa e passa a ser um estranho na nova. De repente, ele, um administrador muito eficaz, parece ineficaz porque não consegue fazer as coisas acontecerem. Não entende a questão política.

Avalie se os alertas de Owen fazem sentido. Independente disso, você é o protagonista de sua carreira e muitas vezes, de maneira consciente, você pode preferir ter uma desvantagem a curto prazo e abrir mão de alguns benefícios porque o propósito é muito mais forte.

O QUE VEM A SEGUIR?

Deixo essa pergunta para encerrar o livro. Agora que você detém informações valiosas, qual o seu próximo passo para convertê-las em um conhecimento aplicável à sua vida?

O processo de aprendizagem na arte de influenciar pessoas pode começar de maneira mecânica, e essa fase é natural no início para qualquer assunto. Contudo, a prática consciente e repetitiva aos poucos vai se incorporar ao seu estilo e as habilidades se desenvolverão à medida que os primeiros resultados começarem a aparecer.

Aumentar o poder de influência não significa que você tenha que se tornar uma pessoa que não é. Mantenha sua essência e as características únicas que o fazem um ser humano singular neste planeta.

Desejo que alcance sucesso, segundo a sua visão do que é ser bem-sucedido, conforme os valores e padrões que façam sentido para você.

Nossa relação não acaba por aqui, me envie um convite e inscreva-se nas principais redes sociais para seguir meu trabalho:

// facebook.com/gianiniferreiracoach
// youtube.com/gianiniferreiracoach
// linkedin.com/in/gianiniferreira

Mantenha-se atualizado por meio dos vídeos, artigos e publicações que faço regularmente sobre influência e desenvolvimento de carreira. Sempre que possível, compartilhe para ajudar outras pessoas e comente, assim você me ajudará como uma fonte rica de informação para meu esforço genuíno de conectar as ideias ao mundo real das pessoas.

Além disso, envie sua história para eu publicar em meu blog. Ela pode servir de inspiração para outras pessoas. Seja um agente de influência.

Com todo carinho, afirmo que me senti prestigiado por sua companhia. Muito obrigado por seu tempo. Espero que o livro tenha cumprido sua missão.

TENHO UMA CARTA PARA VOCÊ!

Estimado(a) influenciador(a):

Defina o que é sucesso para você. Inspirado nos ensinamentos de John Maxwell, sucesso para mim é a possibilidade de explorarmos todo o nosso potencial, ativando nossos talentos à potência máxima nesta vida para servir as pessoas. Digo nesta vida porque, independente de sua fé, a certeza que temos neste mundo é que somos finitos.

Seria um grande desperdício você decidir sabotar os seus próprios talentos.

Seria um grande desperdício você não usar o poder de influência para proporcionar a melhor educação para seus filhos.

Seria um grande desperdício você não usar as habilidades de influência para cultivar um casamento (nos moldes que preferir) saudável e feliz.

Seria um grande desperdício você não usar o poder de influência para crescer prosperamente na carreira e conquistar independência financeira para ter mais liberdade e tempo para você e as pessoas que ama.

Seria um grande desperdício você não usar o poder de influência para liderar e desenvolver pessoas.

Seria um grande desperdício você não usar o poder de influência para conquistar mais clientes, firmar alianças de negócio duradouras e prosperar como empreendedor.

Seria um grande desperdício você não usar o poder de influência para apoiar causas sociais.

Seria um grande desperdício você não usar o poder de influência para resgatar da depressão as pessoas que estão se perdendo na carreira.

Seria um grande desperdício para a humanidade não ser impactado pelo poder que você tem para influenciar as pessoas ao seu redor a criar um mundo melhor.

Tenho fé que você dará ao mundo o melhor de si.

Gianini Ferreira

RESUMO DO CAPÍTULO

Objetivo do capítulo
Ajudá-lo a construir sua própria trilha de carreira, organizando e fornecendo dicas de aplicação das principais ideias e ferramentas de influência apresentadas no livro.

Você influente

Construindo a própria história de carreira
Onde quero estar? Onde estou? Como chegarei lá?

- Preparação
- Aplicação
- Avaliação

Transição de carreira

- Transição forçada
- Transição planejada (custo da transição)

Tenho uma carta para você

Apêndice
A próxima parte do livro, o Apêndice, traz uma caixa de ferramentas de influência para que você possa explorar todo o seu potencial e crescer na carreira de forma consciente e próspera.

QUESTÕES PARA DEBATE

1. Quais são os custos de transição de carreira ao trocar uma empresa por outra?
2. Aplique a técnica SMART sobre seu objetivo de carreira e compartilhe com um colega.
3. Quais Moedas de Troca para o chefe mais se aplicam à sua realidade? Explique.
4. Quais os maiores desafios da relação ambígua entre competição e cooperação com os pares?

POSFÁCIO

Recebi o convite para escrever o posfácio sobre este livro e aceitei com muita alegria, pois entendo ser fundamental orientar as pessoas sobre como desenvolver o poder de influência em suas carreiras, principalmente os mais jovens. Este livro abrange as principais etapas de uma carreira, ajudando os leitores a lidar com os diversos grupos de pessoas e prosperarem nos relacionamentos. Em minha trajetória como empreendedor, aprendi que todas as experiências são importantes no processo de amadurecimento de cada profissional. Para vencer uma maratona repleta de barreiras, obstáculos e testes, sem desistir diante dos primeiros sinais de reveses, o profissional deve se preparar e se qualificar para fazer o melhor. E os relacionamentos com as pessoas são mais importantes do que a maioria imagina, porque as empresas são feitas de gente.

Entendo que é a partir desta premissa de interdependência que os profissionais encaminharão bem suas carreiras. Este livro o ajudará a se preparar para atingir o sucesso. Gianini reuniu dicas importantes para você seguir e aplicar, sempre baseado num plano de ação e com metas bem-estabelecidas. O desenvolvimento de habilidades profissionais, principalmente no início de uma trajetória de trabalho, é fundamental para influenciar na velocidade com que a pessoa vai crescer na carreira. Costumo dizer que "ninguém faz nada grandioso sozinho" e os profissionais que aprenderem a tratar bem, conviver com as diferenças e até mesmo influenciar pessoas tanto de sua própria organização como clientes, fornecedores e inclusive familiares, atingirão o sucesso profissional rapidamente.

Nos dias atuais, é muito importante aumentar sistematicamente sua rede de contatos, mapear os perfis para saber o melhor jeito de lidar com as pessoas, ser transparente e ouvir as opiniões, mesmo que sejam diferentes das suas, pois o mundo globalizado necessita de uma comunicação rápida, sincera e autêntica com as pessoas. Dessa forma você será ouvido com respeito e terá muitos aliados.

Recomendo a leitura deste livro para todos que estão em busca da realização pessoal e sucesso profissional. Faça bom proveito desta oportunidade de estudo, pois é dessa forma que atingimos o tão almejado sucesso. Como diria o Gianini, desperte o influenciador que há em você sem perder sua essência. Boa sorte!

Carlos Wizard Martins
Empreendedor e autor do livro
Desperte o milionário que há em você.

REFERÊNCIAS BIBLIOGRÁFICAS

Abreu, A. S. *A arte de argumentar*. 13 ed. Cotia: Ateliê Editorial, 2009.

Adigo. Disponível em: <http://www.adigodesenvolvimento.com.br/>. Acesso em: 13 mar. 2007.

Almeida, L. F. *Reconhecimento & recompensa*. Rio de Janeiro: Qualitymark, 2012.

Bell, A. H.; Smith, D. M. *Como lidar com pessoas difíceis*. Rio de Janeiro: Ediouro, 1994.

Bellman, G. M. *A vocação de consultor*. São Paulo: Makron, 1993.

Benevides, V. L. A. *Os estilos de liderança e as principais táticas de Influência utilizadas pelos líderes brasileiros*. Rio de Janeiro: Escola Brasileira de Administração Pública e de Empresas – Ebape. Centro de Formação Acadêmica e de Pesquisa, Fundação Getúlio Vargas – FGV, 2010. Dissertação (Mestrado Executivo em Gestão Empresarial).

Bolles, R. N. *What Color is Your Parachute? 2017*. 2016. Disponível em: <http://www.penguinrandomhouse.com/books/537247/what-color-is-your-parachute-2017-by-richard-n-bolles/9780399578212/>. Acesso em 13 mar. 2017.

Brene Brown on vulnerability. TED. [s.d.]. Disponível em: <https://www.ted.com/talks/brene_brown_on_vulnerability?language=pt-br>. Acesso em: 20 set. 2017.

Brown, B. *A coragem de ser imperfeito*. Rio de Janeiro: Sextante, 2013.

Buckingham, M. *Destaque-se*. Rio de Janeiro: Sextante, 2012.

_____.; Clifton, D. O. *Descubra seus pontos fortes*. Rio de Janeiro: Sextante, 2008.

CARTER, L.; UNDERWOOD, J. *O princípio da significância*. Campinas, São Paulo: United Press, 2000.

CBO. *Classificação Brasileira de Ocupações*. Disponível em: <http://www.mtecbo.gov.br/cbosite /pages/saibaMais.jsf,>. Acessado em: 10/04/2017.

CIALDINI, R. B. *Influence*: Science and Practice. 5. ed. Allyn And Bacon, 2001.

_____. *As armas da persuasão*. Rio de Janeiro: Sextante, 2012.

_____. "Usos (e abusos) da influência". *Revista Harvard Business Review Brasil*. São Paulo, vol. 91, n. 7, jul. 2013.

_____.; ERICKSON, J. "Persuadir com o coração". *Revista HSM Management*, n. 52, p. 92-96, set/out, 2005.

CLARK, T. *Business Model You:* o modelo de negócios pessoal. Rio de Janeiro: Atlas Book, 2013.

COHEN, A. R; BRADFORD, D. L. *Influência sem autoridade*. São Paulo: Évora, 2012.

COVEY, R.S. *Os sete hábitos das pessoas altamente eficazes*. São Paulo: Nova Cultural, 1989.

DULWORTH, M. *Networking*: saiba como construir as melhores redes de relacionamento pessoas e profissional. São Paulo: Larousse do Brasil, 2008.

DUTRA, J. S.; ALBUQUERQUE, L. Âncoras de Carreira – Extraído de Career Anchors de Edgar H. Schein. Adaptado para Administração de Recursos Humanos. Curso de Pós-Graduação em Administração. São Paulo: FEA-USP, 2010.

_____; _____. Âncoras de Carreira. In: *Career Anchors* de Edgar H. Schein. Adaptado para Administração de Recursos Humanos. Disponível em: <http://www.erudito.fea.usp.br/PortalFEA/repositorio/188/documentos/ancorasde-carreira_graduação.doc>. Acesso em: 11 abr. 2017.

FERRIS, R. G.; DAVISON, L.D; PERREWE; P. L. *Political Skills at Work*. Boston: Nicholas Brealey, 2010.

FRENCH, J; RAVEN, B. The bases of social power. In: CARTWRIGHT, D. (ed.). *Studies in social power*. Ann Arbor, University of Michigan Press, 1959.

GIBLIN, L. *Como ter segurança e poder nas relações com as pessoas*. São Paulo: Maltese, 1989.

GOLEMAN, D. *Inteligência emocional*. Rio de Janeiro: Objetiva, 1995.

GOMES, Maria. *O chamado*: você é o herói do próprio destino. São Paulo: Atlas, 2016.

GUARDINI, R. *As idades da vida*: seu significado ético pedagógico [junto com a aceitação de si mesmo]. Trad. João Câmara Neiva. 2. ed. São Paulo: Palas Athena, 1990.

GUIA DO ESTUDANTE PÓS & MBA. 15. ed. São Paulo: Abril, 2017.

Katz, R. L. *Skills of an effective administrator*. 1974. Disponível em: <https://hbr.org/1974/09/skills-of-an-effective-administrator>. Acesso em: 10 abr. 2017.

Kawasaki, G. *Encantamento*: a arte de modificar corações mentes e ações. Rio de Janeiro: Alta Books, 2011.

Lievegoed, B. C. J. *Fases da vida*: crises e desenvolvimento da individualidade. 7. ed. São Paulo: Antroposófica, 2007.

Lima, L. O. *Piaget para principiantes*. 6. ed. São Paulo: Summus, 1980.

Maxwell, J. C. *Liderar é influenciar*. Rio de Janeiro: Thomas Nelson Brasil, 2011.

Moggi, J.; Burkhard. D. *O espírito transformador*. São Paulo: Infinito, 2000.

_____. *Assuma a direção de sua carreira*: os ciclos que definem o seu futuro profissional. Rio de Janeiro: Elservier: 2003.

Mortensen, K. W. *QI de persuasão*. São Paulo: DVS, 2010.

_____. *As leis do carisma*. Rio de Janeiro: Best Business, 2012.

Nelson, B. *1001 maneiras de premiar seus colaboradores*. Rio de Janeiro: Sextante, 2007.

Owen, J. *A arte de influenciar pessoas*. São Paulo: Lafonte, 2011.

Rapoport, R.; Rapoport, R.N. *The Dual Career Family*. Middlesex, England: Pinguim Books, 1969.

Rifkin, J. *O fim dos empregos*: o declínio inevitável dos níveis dos empregos e a redução da força global de trabalho. São Paulo: Makron Books, 1996.

Rosemberg, M. B. *Comunicação não-violenta*: técnicas para aprimorar relacionamentos pessoais e profissionais. São Paulo: Ágora, 2006.

Rosnay, J. *Ganhei mais vida!* O que fazer com a longevidade? Rio de Janeiro: Bertrand, 2007.

Rotter, J. B. "Generalized expectancies for internal versus external control of reinforcement". *Psychological Monographs,* 1966.

Santille, A. *Efeitos de nível hierárquico e gênero no uso de táticas de influência interpessoal nas organizações*. São Paulo: Instituto de Psicologia, Universidade de São Paulo, 2007. Tese (Doutorado em Psicologia).

Schein, E.H. *Career Anchors*: Participant Workbook. 3. ed. San Francisco: John Wiley & Sons, Inc. Published by Pfeiffer, An Imprint of Wiley, 2006.

Sinek, S. *Como grandes líderes inspiram ação*. 2009. Disponível em: <https://www.ted.com/talks/simon_sinek_how_great_leaders_inspire_action?language=pt-br>. Acesso em: 4 set. 2017.

_____. *Por quê?* Como motivar pessoas e equipes a agir. São Paulo: Saraiva, 2012.

TERZIAN, F. "A lista das 100 pessoas mais influentes do Brasil". *Revista Forbes Brasil*. ano III. ed. 28, fev-15, São Paulo, p. 84-103.

VOUGH, H. C. et al. *Gestão pessoal*: a aposentadoria da próxima geração, Harvard Business Review Brasil, v. 94, n. 6, jun.,2016.

YUKL, G. *Leadership in organizations*. New Jersey: Prentice Hall, 1998.

_____. SEIFERT, C. "Preliminary validation of an extended version of the Influence Behavior Questionnaire". *Society for Industrial-Organizational Psychology meetings*, Toronto, Canada, 2002.

APÊNDICE
CAIXA DE FERRAMENTAS

EXERCÍCIO 1 – OBJETIVO DE CARREIRA

Eu desejo estar...
_____
_____
_____

EXERCÍCIO 2 – TÉCNICA SMART

S (específico)	
M (mensurável)	
A (atingível)	
R (relevante)	
T (temporal)	

EXERCÍCIO 3 – RETROSPECTIVA COM PERGUNTAS DE CARREIRA

Capítulo	Pergunta(s)
1	Por que a influência é importante para a carreira?
2	Quais crenças limitantes você tem sobre carreira que podem ter o atrapalhado até agora?
3	Quais fatores nos primeiros três Setênios o influenciaram mais sobre as escolhas de carreira?
4	Com quais características de seu Setênio atual você mais se identificou e por quê?
5	Qual requisito impacta mais seu momento atual e por quê?
6	Quais são suas competências de influência mais fortes? Quais são suas competências de influência mais fracas ou menos fortes?
7	Descreva duas situações em que sua rede de influência pode contribuir para ajudá-lo a chegar ao estado desejado.
8	Como você pode usar as bases de poder em sua carreira? Quais táticas de influência você precisa aprimorar?
9	Como você pode usar os princípios de persuasão na carreira?
10	Quais as Moedas de Troca mais valorizadas em sua rede, em sua empresa ou em seu negócio que você pode usar agora para avançar na carreira?

EXERCÍCIO 4 – CHECKLIST DO PATRIMÔNIO DE CARREIRA

1	Quais são os cinco pontos fortes que podem o ajudar a alcançar seu objetivo de carreira?	
2	Quais são as cinco pessoas mais importantes de sua rede com as quais você pode contar para crescer na carreira?	
3	Quais são as duas lições mais importantes que você aprendeu com os momentos mais difíceis de sua carreira até agora?	

4	Com quais recursos você pode contar para ajudá-lo a avançar na carreira? (Dinheiro, tempo, conhecimento, saúde, parceiros, blog, ferramentas.)	
5	Como está sua reputação profissional?	
6	Quais as principais qualidades que as pessoas mais relevantes para sua carreira reconhecem em você?	
7	Qual é o histórico de relacionamento com seu gestor atual e com os anteriores?	
8	Qual é o histórico com os pares atuais ou anteriores?	
9	Se você já liderou, qual seu histórico como gestor de equipes?	
10	Quais ferramentas de gestão de pessoas você conhece e/ou domina?	
11	Se ainda não têm, você está disposto a usar as redes sociais como ferramenta de marketing de carreira? Se já possui, como pode aprimorá-las?	
12	Selecione dez pessoas que você já influenciou no trabalho.	
13	Quais as três primeiras pessoas que você recorreria se ficasse sem emprego (trabalho) hoje?	
14	Como você está em relação aos seus concorrentes diretos? Comparado com as pessoas que exercem o mesmo papel que você dentro da empresa ou fora dela, você entende que está em qual situação? ( ) Muito defasado ( ) Defasado ( ) Equivalente ( ) Acima da média ( ) Estágio avançado Por quê?	
15	Conte três boas histórias. Lembre-se de três boas histórias que contenham três elementos: – Suas maiores realizações; – O maior desafio de cada história; – A maior lição de cada história.	

EXERCÍCIO 5 – MATRIZ DE INFLUÊNCIA NA CARREIRA

Chefe	Pares
Equipe	Um ou dois *stakeholders* principais

EXERCÍCIO 6 – INVENTÁRIO DE INFLUÊNCIA NA CARREIRA

Nome		Cargo	
Data de nascimento	__/__/__	Idade	
Último contato	__/__/__	Próximo contato	__/__/__
O que ocorreu?		Próximos passos	

Áreas de pesquisa	O que eu sei	Escala de certeza	Melhores fontes para confirmar
Responsabilidades-chave		Alta Baixa |--|--|--|--|--|	
Tarefas prioritárias		Alta Baixa |--|--|--|--|--|	
Como ele é avaliado na empresa		Alta Baixa |--|--|--|--|--|	
Departamentos e áreas que mais interage		Alta Baixa |--|--|--|--|--|	
Possíveis aspirações de carreira		Alta Baixa |--|--|--|--|--|	
Estilo de comunicação		Alta Baixa |--|--|--|--|--|	
Que orçamento ele controla/possui		Alta Baixa |--|--|--|--|--|	
Quanto tempo tem de empresa		Alta Baixa |--|--|--|--|--|	

Formação acadêmica		Alta　　　　Baixa |--|--|--|--|--|--|	
Principais preocupações no trabalho		Alta　　　　Baixa |--|--|--|--|--|--|	
Experiências anteriores		Alta　　　　Baixa |--|--|--|--|--|--|	
Estilo de liderança		Alta　　　　Baixa |--|--|--|--|--|--|	
Valores		Alta　　　　Baixa |--|--|--|--|--|--|	
Hobbies		Alta　　　　Baixa |--|--|--|--|--|--|	
Onde mora		Alta　　　　Baixa |--|--|--|--|--|--|	
Estado civil		Alta　　　　Baixa |--|--|--|--|--|--|	
Possui filhos		Alta　　　　Baixa |--|--|--|--|--|--|	
Participa de algum órgão de classe		Alta　　　　Baixa |--|--|--|--|--|--|	
É filiado a algum partido político		Alta　　　　Baixa |--|--|--|--|--|--|	
Apoia alguma causa social		Alta　　　　Baixa |--|--|--|--|--|--|	
Grau de influência dele nas decisões		Alta　　　　Baixa |--|--|--|--|--|--|	
Meu grau de relacionamento com ele		Alta　　　　Baixa |--|--|--|--|--|--|	

Aplique o inventário primeiro para as principais pessoas de sua Matriz de Influência e depois para a Rede de Influência na Carreira.

Use os itens de pesquisa do inventário que forem mais relevantes para cada caso.

EXERCÍCIO 7 – MAPA DE INFLUÊNCIA

PORTFÓLIO DE INFLUÊNCIA[1]

Bases de poder	Táticas de influência	Princípios de persuasão (gatilhos mentais)
Legítimo Referência Coercitivo Recompensa Especialização Informação	Persuasão racional Inspiração Troca Consulta Colaboração Agregação de valor Ser agradável Apelos pessoais Pressão Legitimidade Coalizão	Reciprocidade Autoridade Aprovação social Escassez Coerência e compromisso Afeição
Moedas de Troca		
Inspiração	Operação	Posição
Integridade Visão Coragem Desafio Reconhecimento	Recursos Resposta rápida Performance Aprendizagem Informação	Reputação Visibilidade Status Carreira Autonomia
Relacionamento	Autoestima	Organizacionais
Confiança Contatos Senso de pertencimento Elogio Gratidão	Abertura Atenção Aceitação Aprovação Apreciação	*Compliance* Estratégia Inovação Apoio político Resultado

---

1 Fonte de consulta para o Mapa de Influência.

APÊNDICE – CAIXA DE FERRAMENTAS   269

Mapa de influência

Stakeholders		Fontes de poder	Princípios de persuasão	Táticas de influência	O que eu tenho a oferecer?	Moedas de troca – Exemplo específico	O que eu quero obter?	Exemplo específico	Coalizão? (S)	(N)	Com quem?
1	Chefe	1. 2. 3.	1. 2. 3.	1. 2. 3.	1. 2. 3.		1. 2. 3.				
2	Pares	1. 2. 3.	1. 2. 3.	1. 2. 3.	1. 2. 3.		1. 2. 3.				
3	Equipe	1. 2. 3.	1. 2. 3.	1. 2. 3.	1. 2. 3.		1. 2. 3.				
4	RH	1. 2. 3.	1. 2. 3.	1. 2. 3.	1. 2. 3.		1. 2. 3.				
5	Comitê	1. 2. 3.	1. 2. 3.	1. 2. 3.	1. 2. 3.		1. 2. 3.				
6	Cliente	1. 2. 3.	1. 2. 3.	1. 2. 3.	1. 2. 3.		1. 2. 3.				
7	Parceiro	1. 2. 3.	1. 2. 3.	1. 2. 3.	1. 2. 3.		1. 2. 3.				

Contato com o autor
gferreira@editoraevora.com.br

Este livro foi impresso pela gráfica BMF
em papel *Offset* 75 g.